EXPLICATION HISTORIQUE

DES

INSTITUTS

DE JUSTINIEN.

Mes occupations actuelles ne me laissant plus tout le loisir nécessaire, un de mes confrères, qui a fait une étude spéciale du droit romain dans les sources anciennes et dans les auteurs français et allemands, M. Étienne, docteur en droit, avocat à la Cour royale de Paris, a bien voulu m'aider de sa collaboration, afin de hâter l'entière publication de cet ouvrage. C'est pour moi une satisfaction autant qu'un devoir de l'en remercier ici, et de signaler les titres auxquels il a bien voulu coopérer, d'après le plan et les idées générales de l'ouvrage. Ces titres sont, dans ce volume, les six derniers du livre second (titre 20 à 25).

Cet ouvrage se trouve aussi :

à PARIS, chez M. Fanjat, rue M. le Prince, n° 27.

— AIX,	— Aubin.
— CAEN,	— Mancel.
— DIJON,	— Victor Lagier.
— GRENOBLE,	— Prudhomme.
— RENNES,	— Belin.
— STRASBOURG,	— Lagier jeune.
— TOULOUSE,	— Murat.

CORBEIL, IMPRIMERIE DE CRÉTÉ.

EXPLICATION HISTORIQUE

DES

INSTITUTS

DE JUSTINIEN,

AVEC LE TEXTE, LA TRADUCTION EN REGARD, ET LES EXPLICATIONS
SOUS CHAQUE PARAGRAPHE,
POUR TOUTES LES MATIÈRES DES EXAMENS,

D'APRÈS LES TEXTES ANCIENNEMENT CONNUS ET CEUX RÉCEMMENT DÉCOUVERTS;

Par M. J. L. E. ORTOLAN,

DOCTEUR EN DROIT, SECRÉTAIRE EN CHEF DU PARQUET DE LA COUR DE CASSATION.

SECONDE PARTIE,

Augmentée des seize derniers titres du livre second.

PREMIER EXAMEN.

PARIS.

JOUBERT, LIBRAIRE-ÉDITEUR,
Rue des Grés, n. 14, près l'école de droit.
M DCCC XXXV.

EXPLICATION

DES

INSTITUTS DE JUSTINIEN.

EXPLICATION

DES

INSTITUTS DE JUSTINIEN.

PROOEMIUM

INSTITUTIONUM D. JUSTINIANI.

(IN NOMINE DOMINI NOSTRI JESU-CHRISTI.)

Imperator Cæsar Flavius Justinianus, Alemanicus, Gothicus, Francicus, Germanicus, Anticus, Alanicus, Vandalicus, Africanus, Pius, Felix, Inclytus, victor ac triumphator, semper Augustus, cupidæ legum juventuti.

PRÉAMBULE *

DES INSTITUTS DE JUSTINIEN.

(AU NOM DE NOTRE-SEIGNEUR J. C.)

L'empereur César Flavien Justinien, Alémanique, Gothique, Francique, Germanique, Antique, Alanique, Vandalique, Africain, Pieux, Heureux, Glorieux, vainqueur et triomphateur, toujours Auguste, à la jeunesse désireuse d'étudier les lois.

En lisant les diverses constitutions de Justinien, qui ordonnent la rédaction du premier Code, sa confirmation,

---

* Il me semble impossible de rendre le mot de *proœmium* d'une manière digne des lois ; ce n'est ni préface, ni introduction, ni prologue, ni préliminaire, ni préambule. Je n'aperçois point le mot. C'est cette partie des lois destinée à faire leur éloge et à recommander leur étude. Cicéron, suivant l'avis de Platon, la considère comme indispensable ; aussi dans son Traité des Lois ne manque-t-il pas de dire : *Ut vir doctissimus fecit Plato... id mihi credo esse faciendum, ut priusquàm ipsam legem recitem, de ejus legis laude dicam* ; et alors il commence ces éloges et ces conseils à la fin desquels il ajoute : *habes legis proœmium, sic enim hoc appellat Plato.* (Cic. De leg. lib. 2.)

la composition du Digeste, on ne voit à côté du nom de cet empereur que les titres communs de *Augustus*, ou bien *Pius*, *Félix*, etc. C'est dans la constitution que nous avons ici que Justinien, pour la première fois, prend les épithètes nombreuses et emphatiques de *Africanus*, *Vandalicus*, *Gothicus*, etc. C'est que Bélisaire, conduisant sous les murs de Carthage les soldats de l'empire, dispersant les Vandales et leurs auxiliaires, venait de renverser leur royaume dans l'Afrique, et de réduire cette contrée à l'état de préfecture impériale. Justinien se hâta d'attacher à son nom celui des principaux peuples barbares, en y comprenant quelques nations que ses armées n'avaient pas encore vaincues, ou qu'elles ne vainquirent jamais.

Imperatoriam majestatem non solum armis decoratam, sed etiam legibus oportet esse armatam, ut utrumque tempus et bellorum et pacis recte possit gubernari, et princeps romanus non solum in hostilibus præliis victor existat, sed etiam per legitimos tramites calumniantium iniquitates expellat; et fiat tam juris religiosissimus, quam victis hostibus, triumphator.

1. Quorum utramque viam cum summis vigiliis, summaque providentia, annuente Deo, perfecimus. Et bellicos quidem sudores nostros barbaricæ gentes sub juga nostra deductæ cognoscunt; et tam Africa, quam aliæ innumerosæ provinciæ, post tanta temporum spatia, nostris victoriis a cœlesti numine præstitis, iterum

La majesté impériale doit s'appuyer sur les armes et sur les lois, pour que l'État soit également bien gouverné pendant la guerre et pendant la paix; pour que le prince, repoussant dans les combats les aggressions des ennemis, devant la justice les attaques des hommes iniques, puisse se montrer aussi religieux dans l'observation du droit que grand dans les triomphes.

1. Cette double tâche, par les plus grands travaux et les plus grands soins, à l'aide de Dieu, nous l'avons remplie. Nos exploits guerriers sont connus des barbares que nous avons placés sous notre joug; ils sont attestés et par l'Afrique et par tant d'autres provinces que nos victoires, dues à la protection céleste, ont, après un si long

ditioni romanæ, nostroque additæ imperio , protestantur. Omnes vero populi, legibus tam a nobis promulgatis, quam compositis, reguntur.

intervalle, rendues à la domination romaine et rattachées à notre empire. Des lois promulguées ou rassemblées par nous régissent tous les peuples.

Ce n'est point à la conquête de la Sicile et de l'Italie, par Bélisaire et Narsès, que ce passage fait allusion, car cette conquête ne s'effectua que beaucoup plus tard. L'empereur veut désigner les premières victoires de ses armées sur les Perses, sur quelques barbares, mais surtout les défaites récentes des Vandales et la soumission des provinces africaines (*Hist. du Droit. Pag.* 216.)

2. Et cum sacratissimas constitutiones, antea confusas , *in luculentam ereximus consonantiam;* tunc nostram extendimus curam ad immensa prudentiæ veteris volumina , et *opus desperatum;* quasi per medium profundum euntes, cœlesti favore jam adimplevimus.

2. Après avoir amené à une harmonie parfaite les constitutions impériales si confuses jusque-là ; nous avons porté nos soins sur les volumes immenses de l'ancienne jurisprudence , et , marchant comme plongés dans un abîme de difficultés, cet ouvrage, désespéré déjà, par une faveur du ciel, nous l'avons terminé.

Justinien rappelle ici les ouvrages qu'il a déjà fait rédiger sur la législation : le Code, par ces mots, *constitutiones in luculentam ereximus consonantiam :* le Digeste, par ceux-ci, *nostram extendimus curam ad immensa prudentiæ veteris volumina.* A ce dernier travail il donne la qualification de *opus desperatum.* Du reste, le Digeste était terminé dans ce moment, comme le texte lui-même nous l'apprend ; mais il ne fut confirmé qu'environ un mois plus tard. Il est important de bien connoître quelles sont les diverses parties qui composent le corps de droit de Justinien ; quel est leur but, à quelle époque elles furent publiées. Nous avons déjà traité cette matière (*Hist. du Droit, pag.* 210).

5. Cumque hoc, Deo propitio, peractum est; *Triboniano,* viro magnifico, magistro, et exquæstore sacri palatii nostri, nec non *Theophilo et Dorotheo,* viris illustribus, antecessoribus(quorum omnium solertiam, et legum scientiam, et circa nostras jussiones fidem, jam ex multis rerum argumentis accepimus), convocatis; specialiter mandavimus, ut nostra auctoritate, nostrisque suasionibus, componant Institutiones, ut liceat vobis prima legum cunabula non ab antiquis fabulis discere, sed ab imperiali splendore appetere; et tam aures quam animi vestri, nihil inutile, nihilque perperam positum, sed quod in ipsis rerum obtinet argumentis, accipiant. Et quod priore tempore vix post quadriennium prioribus contingebat, ut tunc constitutiones imperatorias legerent, hoc vos à primordio ingrediamini, digni tanto honore, tantaque reperti felicitate, ut et initium vobis et finis legum eruditionis à voce principali procedat.

3. *Ceci fait, grâces à Dieu, nous avons convoqué l'illustre Tribonien, maître et ex-questeur de notre palais, Théophile et Dorothée, hommes illustres et antécesseurs, qui tous les trois nous ont déjà donné plus d'une preuve de leur capacité, de leur savoir dans le droit, de leur fidélité à nos ordres, et nous les avons chargés spécialement de composer avec notre autorisation et nos conseils des Instituts, afin qu'au lieu de chercher les premiers éléments du droit dans des ouvrages vieillis et reculés, vous puissiez les recevoir émanés de la splendeur impériale; que rien d'inutile, rien de déplacé ne frappe vos oreilles et votre esprit; que vous n'appreniez rien enfin qui ne tienne aux affaires mêmes. Ainsi, lorsque jusqu'à ce jour la lecture des constitutions impériales était possible à peine aux premiers d'entre vous après quatre ans d'études, c'est par elle que vous commencerez, dignes d'assez d'honneur et doués d'assez de bonheur que pour vous les premières et les dernières leçons de la science des lois soient parties de la bouche du prince.*

Triboniano, Theophilo et Dorotheo. Voilà les trois rédacteurs des Instituts; ils nous sont connus par ce que nous en avons déjà dit (*Hist. du Droit, pag.* 219). Nous savons que tous les travaux législatifs de Justinien, à l'exception du premier Code, furent faits sous la direction de Tribonien, ou Tribunien ; que Dorothée était professeur de Droit à Béryte, Théophile à Constantinople. C'est ce dernier qui a laissé sur les Instituts une paraphrase grecque qui nous servira fort souvent de guide dans nos explications.

4. Igitur, post libros quinquaginta Digestorum seu Pandectarum, in quibus omne jus antiquum collectum est, quos per eundem virum excelsum Tribonianum, necnon et cæteros viros illustres et facundissimos confecimus, in quatuor libros easdem Institutiones partiri jussimus, ut sint totius legitimæ scientiæ prima elementa.

4. Nous avons donc, après les cinquante livres du Digeste ou Pandectes, dans lesquels tout le droit ancien a été recueilli par le même illustre personnage, Tribonien, aidé de plusieurs hommes célèbres et éloquents, nous avons ordonné qu'on divisât les Instituts en quatre livres renfermant les premiers éléments de toute la science.

5. In quibus breviter expositum est et quod antea obtinebat, et quod postea desuetudine inumbratum, imperiali remedio illuminatum est.

5. On a brièvement exposé ce qui existait autrefois, et ce qui obscurci par le temps et le non usage a été, par la sollicitude impériale, éclairé d'un nouveau jour.

Il est vrai que souvent les rédacteurs des Instituts ont rappelé ce qui existait autrefois. Plusieurs titres sont précédés d'un aperçu historique sur la matière qu'ils embrassent; tels sont, par exemple, les titres des testamens et des successions légitimes. Mais il en est d'autres dans lesquels ces préliminaires manquent absolument. Ainsi on ne donne aucune notion sur l'histoire des actions, matière si singulière, si importante dans l'ancienne législation, et qui avait tant subi de modifications.

6. Quas ex omnibus antiquorum Institutionibus, et præcipue *ex commentariis Gaii nostri*, tam Institutionum, quam rerum cotidianarum, aliisque multis commentariis compositas, cum tres viri prudentes prædicti nobis obtulerunt, et legimus et cognovimus, et plenissimum nostrarum constitutionum robur eis accommodavimus.

6. *Les Instituts tirés de tous ceux des anciens, de plusieurs commentaires, mais surtout de ceux qu'a faits notre Gaïus tant sur les Instituts que sur les causes de chaque jour, nous ont été présentés par les trois jurisconsultes nommés plus haut; nous les avons lus et revus, et nous leur donnons toute la force de nos constitutions.*

Ex commentariis Gaii nostri. Nous avons parlé de Gaïus, de ses ouvrages, surtout de ses commentaires et de leur découverte récente (*Hist. du Droit, pag.* 156). Les Instituts de Justinien sont rédigés sur le même plan que ceux de Gaïus, divisés en quatre livres, comme ces derniers en quatre commentaires; la distribution des matières y est la même, et une infinité de passages sont identiques.

7. Summa itaque ope, et alacri studio has leges nostras accipite; et vosmetipsos sic eruditos ostendite, ut vos spes pulcherrima foveat, toto legitimo opere perfecto, posse etiam rem nostram publicam in partibus ejus vobis credendis gubernari.

D. CP. xi calend. decemb. D. Justiniano PP. A. iii. Cons.

7. *Travaillez donc avec une joyeuse ardeur à apprendre ces lois; et montrez-vous tellement instruits que vous puissiez être animés de l'espérance si belle d'être capables à la fin de vos travaux de gouverner notre empire dans les parties qui vous seront confiées.*

Donné à Constantinople, le 11 des calendes de décembre, sous le troisième consulat de l'empereur Justinien, *toujours Auguste.*

La date que nous avons ici correspond à celle du 22 novembre 533. C'est à cette époque que les Instituts furent confirmés; le Digeste le fut environ un mois après, le 16 décembre, et ces deux ouvrages reçurent leur autorité légale à partir du 30 décembre 533.

INSTITUTS

DE JUSTINIEN.

LIVRE PREMIER.

TIT. I.	TIT. I.
DE JUSTITIA ET JURE.	DE LA JUSTICE ET DU DROIT.

LE mot *jus*, que nous avons mal rendu par celui de *droit*, a diverses acceptions : une première lui est propre, et les autres en dérivent à l'aide de figures du langage.

Jus n'est qu'un mot contracté qui vient de *jussum*. La signification première de ce mot est donc *ordre*, ou *règle généralement prescrite*, c'est-à-dire *loi*.

Jus est aussi défini au Digeste (*I.* 1. *f.* 1.) *ars boni et æqui*, l'art qui détermine ce qui est bon et équitable; or un art n'est qu'une collection de règles : le droit, *jus*, est donc la collection des règles qui déterminent ce qui est bon et équitable, c'est-à-dire la collection des lois. On prend la partie pour le tout; la loi, *jus*, pour leur collection. C'est dans ce sens qu'on dit : droit public, droit civil, droit des gens, (*jus publicum, civile, gentium*).

Jus signifie quelquefois les facultés, les bénéfices accordés par la loi : défendre ses droits, droit de succession, droit de passage, (*jura sua tueri, jus hereditatis, jus itineris*). On prend ici la cause, c'est-à-dire la loi, *jus*, pour les effets qu'elle produit.

Enfin *jus* se dit quelquefois du lieu où l'on rend la justice; appeler en justice, (*in jus vocare*). On prend ici *jus*, la loi, pour le lieu où elle s'applique. (*D. I.* 1. *f.* 11.)

De ces diverses acceptions, il faut dire que les plus communément employées sont la deuxième, où *jus* signifie une collection de règles; et la troisième, où il signifie une faculté, un avantage produits par la loi.

Justitia est *constans et perpetua voluntas* jus suum cuique tribuendi.	*La justice est la ferme volonté de donner toujours à chacun ce qui lui est dû.*

Constans et perpetua voluntas. La justice est une vertu ; elle consiste dans la volonté d'observer fidèlement les lois, de rendre à chacun son droit. On ajoute *constans*, parce que cette volonté doit être ferme et non vacillante ; mais comment entendre l'expression *perpetua ?* faut-il que la volonté soit perpétuelle? Non; car si un homme a eu pendant deux ans la volonté ferme de rendre à chacun son droit, mais qu'au bout de ce terme il ait perdu cette volonté, on n'en dira pas moins que pendant deux ans il a eu de la justice. La justice, comme les autres vertus, est indépendante du plus ou moins de temps que l'on y persévère. L'expression *perpetua* doit être prise dans ce sens que la justice consiste dans la volonté ferme de rendre *perpétuellement* à chacun ce qui lui appartient. Celui-là ne peut se dire juste qui a l'intention de faire droit à chacun pendant un mois, mais de ne plus faire droit le mois d'après. C'est donc par un mécanisme de langage, assez commun dans le génie de la langue latine, qu'on a dit : *Perpetua voluntas jus suum cuique tribuendi*, pour dire : *Voluntas perpetuò jus suum cuique tribuendi.*

Quelques textes, au lieu de *tribuendi*, portent *tribuens*; ce serait alors la justice en action (*justice distributive*) qui se trouverait définie; mais le sens paraîtrait moins exact. On ne peut pas dire *voluntas tribuens*, la volonté ne donne pas, elle conduit à donner (*voluntas tribuendi*); d'un autre côté, on peut être entièrement juste, et, sans le savoir, ne pas rendre à quelqu'un ce qui lui appartient.

<table>
<tr><td>

1. *Jurisprudentia* est divinarum atque humanarum rerum notitia, justi atque injusti scientia.

</td><td>

1. *La jurisprudence est la connaissance des choses divines et humaines, avec la science du juste et de l'injuste.*

</td></tr>
</table>

Jurisprudentia. La décomposition seule de ce mot nous en donne la signification : *juris prudentia*, connaissance du droit. La même étymologie appartient au mot *jurisprudentes*, connaissant le droit, et par suite simplement *prudentes*, les prudents, nom que les Romains donnaient aux hommes versés dans la science des lois (*Hist. du Droit,* pag. 94. 141.).

La définition donnée ici de la jurisprudence paraît au premier coup d'œil assez ambitieuse, *divinarum atque humanarum rerum notitia*, la connaissance des choses divines et humaines; mais il faut ne point séparer cette première partie de la seconde, *justi atque injusti scientia*, et traduire ainsi : la jurisprudence est la connaissance des choses divines et humaines pour savoir y déterminer le juste et l'injuste. En effet, les objets auxquels s'applique la jurisprudence sont les choses divines et humaines, le but pour lequel elle s'y applique est : y déterminer le juste et l'injuste. Il faut donc commencer par connaître ces choses. Cette explication paraîtra encore plus exacte si l'on pèse bien la valeur de ces mots *notitia*, simple connaissance, et *scientia*, science.

Par *choses divines* on n'entend pas seulement ces objets retirés du commerce des hommes, que les Romains nommaient *res divini juris*, comme les édifices consacrés à Dieu, les tombeaux, etc. De même l'expression *choses humaines* ne s'applique pas seulement à ces choses, *humani juris*, destinées à l'usage des hommes, comme les maisons, les terrains, les animaux, etc. Le mot de *rerum* doit être pris dans un sens plus étendu, car la jurisprudence s'occupe pour les choses divines non-seulement des objets matériels, tels que les temples, les tombeaux, mais encore des cérémonies de la religion, de la nomination des pontifes, de leurs pouvoirs, etc.; pour les choses humaines non-seulement des maisons, des terrains, mais encore des hommes eux-mêmes, de leur personne, de leurs droits et de leurs devoirs.

Du reste il est essentiel de bien remarquer la relation qui existe entre ces trois mots : *jus*, *justitia*, *jurisprudentia*. *Jus*, le droit ; *justitia*, la volonté d'observer le droit ; *juris-prudentia*, la connoissance du droit.

2. His igitur generaliter cognitis, et incipientibus nobis exponere jura populi romani : ita maxime videntur posse tradi commodissime, si primo levi ac simplici via, post deinde diligentissima atque exactissima interpretatione, singula tradantur : alioquin si statim ab initio rudem adhuc et infirmum animum studiosi, multitudine ac varietate rerum oneraverimus ; duorum alterum, aut desertorem studiorum efficiemus, aut cum magno labore ejus, sæpe

2. *Après ces définitions générales, passant à l'exposition des lois romaines, nous pensons qu'il vaut mieux expliquer d'abord chaque chose d'une manière simple et abrégée, sauf à les approfondir ensuite plus soigneusement. Car si, dès les premiers pas, nous surchargeons d'une multitude de détails divers l'esprit encore inculte et jeune de l'étudiant, de deux choses l'une, ou nous le forcerons à renoncer à cette étude, ou nous l'amènerons lentement, après un travail long et*

etiam cum diffidentia quæ plerumque juvenes avertit, serius
ad id perducemus, ad quod,
leviore via ductus, sine magno
labore et sine ulla diffidentia ma-
turius perduci potuisset.

3. Juris præcepta sunt hæc :
honeste vivere, alterum non lædere, suum cuique tribuere.

*rebutant, au point où, par une
route plus facile, il se fût trouvé
porté sans peine et sans dégoût.*

3. *Voici les préceptes du droit :
Vivre honnêtement, ne léser personne, donner à chacun ce qui lui
est dû.*

Honeste vivere. L'homme, disent généralement les commentateurs, a deux espèces de devoirs, les devoirs par-
faits, et les devoirs imparfaits. Les premiers lui sont im-
posés par la loi ; s'il veut les violer, on peut le contraindre
à leur observation ; ils sont renfermés dans ces préceptes :
Alterum non lœdere, suum cuique tribuere ; les seconds
viennent de la conscience et de la morale ; aucune loi ne
force à les remplir ; tel est celui de ne pas s'adonner au
jeu, au vin ; *honeste vivere* se rapporte à cette classe de
devoirs ; sous ce rapport, c'est plutôt un précepte de morale
que de droit. Voilà l'explication ordinaire que l'on donne ;
mais ne peut-on pas en trouver une qui soit plus conforme au texte. Ce texte nous annonce des préceptes de
droit (*juris precepta*), et non des préceptes de morale. Or,
qu'entend-on par droit, *jus ?* comme nous l'avons dit, ce
qui est ordonné, (*quod jussum est*). Pourquoi donc ranger
dans le droit des préceptes qu'aucune loi n'ordonne ? Voici,
ce me semble, un développement plus vrai des trois
maximes : 1° des lois servent à garantir les bonnes mœurs
et l'honnêteté publique ; telles sont celles qui défendent
au frère d'épouser sa sœur (1) ; à un homme d'avoir

______

(1) Ins. L. 1. T. 10. § 2.

deux épouses (1); à une veuve de convoler à de secondes nôces avant l'année de deuil (2). Ces préceptes, et tant d'autres semblables, ne sont point des préceptes de morale seulement, mais bien des préceptes de droit. Une peine est infligée à celui qui les viole; ils se trouvent renfermés dans ces mots : *honeste vivere.* 2° Des lois défendent de léser autrui, soit dans sa personne, soit dans ses biens : si, par exemple, j'ai blessé mon voisin volontairement ou involontairement, si je l'ai injurié, si j'ai tué son cheval, il aura le droit de me poursuivre pour me forcer à réparer le préjudice que je lui ai causé : c'est le précepte du droit, *alterum non lædere.* 3° Enfin des lois ordonnent de rendre à chacun ce qui lui appartient. Si mon voisin m'a vendu sa maison, et que je lui en doive encore le prix, s'il m'a prêté son cheval, et que je ne le lui ai point rendu, il aura le droit de m'attaquer pour me contraindre à remplir mes obligations : c'est le troisième précepte, *suum cuique tribuere.* Qu'on remarque bien, pour que le droit soit complet, qu'il doit renfermer ces trois préceptes : *Honeste vivere, alterum non lædere, suum cuique tribuere*; car, si on le restreint aux deux derniers, dans quelle classe rangera-t-on les lois dont nous avons cité des exemples, qui n'ont trait qu'aux bonnes mœurs et à l'honnêteté publique? Elles ne seront comprises ni dans le précepte de ne léser personne, ni dans celui de rendre à chacun ce qui lui appartient.

____

(1) C. L. 5. T. 5. c. 2.
(2) Ibid. T. 9. c. 2. — D. L. 3. T. 2.

4. Hujus studii duæ sunt positiones; *publicum, et privatum.* Publicum jus est, quod ad statum rei romanæ spectat; privatum, quod ad singulorum utilitatem. Dicendum est igitur de jure privato, quod tripertite est collectum : est enim ex naturalibus præceptis, aut gentium, aut civilibus.

4. *Cette étude a deux points : le droit public et le droit privé. Le droit public, qui traite du gouvernement des Romains; le droit privé, qui concerne les intérêts des particuliers. Occupons-nous du droit privé; il se compose de trois éléments : de préceptes du droit naturel, du droit des gens et du droit civil.*

Publicum et privatum. Les nations considérées comme des êtres collectifs ont entre elles des relations; la guerre, la paix, l'alliance, les ambassades exigent des règles particulières. La collection de ces règles forme un droit qu'on nomme droit des nations (*jus gentium*). Un peuple considéré comme un être collectif a des relations avec les membres qui le composent; la distribution des différents pouvoirs, la nomination des magistrats, l'aptitude aux fonctions publiques, les impôts doivent être réglés par des lois; l'ensemble de ces lois forme le droit public (*jus publicum*). Enfin les particuliers, dans leur rapport d'individu à individu, dans les mariages, les ventes, les différents contrats, ont besoin de règles, dont la collection est le droit privé (*jus privatum*).

Les Romains, qui ne se sont élevés qu'en dépouillant, qu'en détruisant les peuples, avaient cependant un droit des nations formé de quelques règles générales pour déclarer et faire la guerre, pour passer et observer des traités d'alliance, envoyer et recevoir des ambassadeurs. Nous avons exposé dans l'histoire du droit les premières institutions de cette nature et la création du collége des Féciaux. (*H. d. dr. pag.* 13.)

Leur droit public se développa promptement; il est dé-fini celui qui traite du gouvernement des Romains (*Quod ad statum rei romanæ spectat*); il faut s'en tenir à cette définition. L'institution des comices, du sénat, la distinction des patriciens, des chevaliers et des plébéiens, la création des tribuns, des édiles, des préteurs, appartiennent à ce droit. Il faut y joindre les cérémonies de la religion, la nomination et les pouvoirs des pontifes, car le *jus sacrum* n'est qu'une partie du *jus publicum;* aussi lisons-nous au Digeste : *Publicum jus in sacris, in sacerdotibus, in magistratibus consistit* (1). Passant des rois aux consuls, des consuls aux empereurs, Rome a vu changer trois fois les bases principales de son droit public; ces bases une fois changées, toutes les institutions accessoires ont éprouvé des modifications, et l'esprit général de la nation n'est plus resté le même. Sous la république les agitations du peuple, les lois des comices, les travaux des citoyens avaient presque toujours pour but les droits publics; aujourd'hui les institutions républicaines ont disparu, l'ancien droit sacré a fait place au droit ecclésiastique ; l'empereur, chef suprême de l'Etat, commande en maître, et tient à sa disposition les magistrats; les sujets obéissent sans songer qu'ils puissent avoir des droits sur le gouvernement. (*H. d. p.* 22. 75. 117. 171.)

Tandis que le droit public a perdu ainsi de son importance, le droit privé, celui qui concerne les intérêts des particuliers (*quod ad singulorum utilitatem pertinet*), a acquis une extension rapide; c'est le seul dont nous ayons à nous occuper dans les Instituts.

_____

(1) D. L. 1. T. 1. l. 1. § 2. Frag. Ulp.

TITULUS II.

DE JURE NATURALI, GENTIUM ET CIVILI.

TITRE II.

DU DROIT NATUREL, DU DROIT DES GENS ET DU DROIT CIVIL.

Si l'on examine les lois en se plaçant au plus haut point d'observation, on verra que tous les objets inanimés ou animés suivent des lois, c'est-à-dire des règles générales d'action ou de conduite. Parmi ces lois, les unes sont purement *physiques*, *matérielles*, et celles-là ne peuvent jamais être violées. C'est ainsi que les astres dans leur cours uniforme, les corps dans leur chûte vers le centre de la terre, les animaux et l'homme lui-même dans leur naissance, dans le développement de leurs forces, dans leur mort, obéissent à des lois invariables, auxquelles il est impossible de se soustraire; mais ces lois sont du ressort de la physique et non du ressort de la jurisprudence. La second classe de lois n'est applicable qu'aux êtres animés, et règle en eux leurs actions qui paraissent le résultat d'un principe immatériel. Les animaux et les hommes connaissent ces lois: elles sont très-peu nombreuses pour les animaux, fort étendues pour les hommes; mais on dirait que plus elles se rapprochent de la matière plus elles sont inviolables; aussi voit-on les animaux s'écarter très-rarement de celles qui leur sont imposées, et les hommes violer souvent les leurs. Quoi qu'il en soit, c'est en examinant cette seconde classe de lois, sous ce point de vue général, que les jurisconsultes romains avaient divisé le droit privé en *droit naturel* ou commun à *tous les animaux*; *droit des gens* ou commun à *tous les hommes*, et *droit civil* ou commun à *tous les citoyens*.

17.

Jus naturale est, quod natura omnia animalia docuit. Nam jus istud non humani generis proprium est, sed omnium animalium quæ in cœlo, quæ in terra, quæ in mari nascuntur. Hinc descendit maris atque fœminæ conjugatio, quam nos matrimonium appellamus; hinc liberorum procreatio et educatio. Videmus etenim cætera quoque animalia istius juris perita censeri.

Le droit naturel est celui que la nature inspire à tous les animaux; car il n'est point particulier aux hommes, mais commun à tous les êtres vivans. De là vient l'union du mâle et de la femelle, que nous appelons mariage; de là la procréation des enfants, leur éducation. Nous voyons en effet les animaux agir conformément aux principes de ce droit comme s'ils le connaissaient.

Omnia animalia docuit. Le droit naturel ainsi défini pourrait se nommer *droit des êtres animés*. Mais les animaux peuvent-ils avoir un droit? Oui, dans le sens que nous l'avons expliqué. Quand on dit qu'ils ont un droit, on ne veut pas dire qu'ils l'aient créé eux-mêmes, ou qu'ils en connaissent les dispositions; on veut dire seulement qu'il est des règles générales auxquelles ils obéissent, poussés par leur seule nature. Ainsi ils se défendent lorsqu'ils sont attaqués; les sexes s'unissent entre eux; les petits sont nourris et élevés par la mère et souvent même par le père jusqu'à ce qu'ils puissent se suffire à eux-mêmes. Toutes ces règles sont tellement nécessaires aux besoins et à l'essence même des animaux qu'elles sont en quelque sorte inhérentes en eux, et qu'ils les suivent par cela seul qu'ils vivent. Mais il est vrai de dire que la jurisprudence, qui ne doit s'occuper en rien des lois physiques et matérielles des corps, ne doit pas non plus s'occuper beaucoup des lois que suivent les animaux; elle est destinée seulement à tracer des règles qui dirigent les hommes. Voilà pourquoi de nos jours on n'entend par droit naturel que celui qui tient à l'organisation naturelle de l'homme ; voilà pourquoi les jurisconsultes romains, après avoir fait mention du droit qui appartient à tous les animaux, parce qu'ils voulaient présenter un tableau général, n'en ont plus rien dit par la suite.

1. *Jus autem civile vel gentium* ita dividitur. Omnes populi, qui legibus et moribus reguntur, partim suo proprio, partim communi omnium hominum jure utuntur ; nam quod quisque populus ipse sibi jus constituit, id ipsius proprium est civitatis ; vocaturque jus civile, quasi jus proprium ipsius civitatis. Quod vero naturalis ratio inter omnes homines constituit, id apud omnes populos peræque custoditur ; vocaturque jus gentium, quasi quo jure omnes gentes utuntur. *Et populus itaque romanus* partim suo proprio, partim communi omnium hominum jure utitur. Quæ singula qualia sint, suis locis proponemus.

1. *Il faut distinguer le droit civil du droit des gens. Tous les peuples, régis par des lois ou des coutumes, ont un droit qui leur est propre en partie, en partie commun à tous les hommes. En effet le droit que chaque peuple se donne exclusivement est particulier aux membres de la cité, et se nomme droit civil, c'est-à-dire, droit de la cité ; celui qu'une raison naturelle établit entre tous les hommes est observé presque par tous les peuples, et se nomme droit des gens, c'est-à-dire droit de toutes les nations. Les Romains suivent aussi un droit applicable en partie aux seuls citoyens, en partie à tous les hommes. Nous aurons soin de le déterminer chaque fois qu'il le faudra.*

Civile vel gentium. Le droit qui est propre aux hommes, le seul dont la jurisprudence doive réellement s'occuper, se divise en droit des gens et droit civil. Le droit des gens est commun à tous les hommes quels qu'ils soient ; le droit civil est commun aux seuls citoyens. Aussi pourrait-on les nommer, le premier, *droit des hommes* ; le second, *droit des citoyens.* Quelle est l'origine de ces droits? Les Instituts nous l'apprennent ici. Le droit des gens (*droit*

des hommes) vient de l'essence des hommes et des relations naturelles qu'ils ont entre eux : (*Naturalis ratio
inter omnes homines constituit*). Le droit civil (*droit des
citoyens*) vient de la volonté du peuple qui l'a créé spécialement pour ses membres : (*Populus sibi constituit*). Si
l'on analyse le droit des gens, on verra qu'il se compose
de deux parties. L'une qui découle des relations premières que les hommes ont entre eux comme hommes,
et qui tiennent à leur simple nature ; de là l'amour des
pères pour leurs enfants et des enfants pour leur père ;
de là l'obligation de n'attaquer personne, le droit de se
défendre quand on est attaqué, le précepte de rendre à
chacun ce qui lui appartient, etc. ; on y retrouve toutes
les lois communes même aux animaux. Cette partie a été
nommée par les commentateurs *droit des gens primaire* ;
c'est de nos jours ce qu'on nomme *droit naturel*. La
deuxième partie dérive des nouvelles relations qui sont
nées entre les hommes dès qu'ils se sont réunis en société : on la nomme *droit des gens secondaire*, parce
qu'elle n'est venue qu'après l'autre. De là les échanges,
le louage, la vente et autres contrats. Dans cette deuxième
partie, les hommes se sont quelquefois écartés des préceptes naturels.

Il suit de ces explications qu'il ne faut pas confondre le
droit des gens (*droit des hommes*) avec le droit des gens
(*droit des nations*) dont nous avons parlé ci-dessus. Il
ne faut pas confondre non plus l'acception que les Romains donnaient au droit civil (*jus civile, droit des citoyens*) avec celle que nous lui donnons de nos jours,
où, ignorant la valeur du mot citoyen, nous prenons
droit civil pour droit privé, droit des particuliers.

Populus itaque Romanus. Appliquons aux Romains les

idées générales que nous venons de développer. Les citoyens de Rome, et surtout de la république naissante, se séparaient totalement des peuples voisins ; s'ils avaient des relations avec eux , ce n'était que sur le champ de bataille. Aussi ne connaissaient-ils guère que la servitude et toutes ses règles qui fussent du droit des gens ; leur droit privé était tout droit civil, aucune partie ne s'appliquait aux étrangers. Mais lorsque les habitants du Latium, puis ceux de l'Italie furent vaincus et rattachés à Rome en qualité de *peregrini*, il fallut bien leur accorder quelques droits. Alors fut créé à Rome le préteu des étrangers (*prætor peregrinus*), chargé de leur rendre justice (*H. d. Dr.*, *pag.* 87) ; alors le droit des gens commença à se mêler au droit civil ; les préteurs continuèrent de plus en plus à y avoir égard, les jurisconsultes le firent entrer pour beaucoup dans leurs écrits ; et le droit privé des Romains se trouva composé de préceptes du droit des gens et de préceptes du droit civil ; les premiers applicables à tous les hommes, les seconds aux seuls citoyens (*H. d. Dr.*, *pag.* 123. 177). Ces préceptes ne se trouvent point séparés et forment deux divisions distinctes, mais ils sont confondus, et la loi ou le raisonnement seul indiquent à quelle classe ils appartiennent. Ainsi la vente, le louage, la société, les échanges et une grande partie de ces contrats ordinaires sont du droit des gens ; mais la tutelle , le contrat de stipulation , le pouvoir de donner ou de recevoir par testament sont du droit civil. Du reste, il faut bien se garder d'une erreur : lorsqu'on raisonne par rapport à un seul peuple, le caractère d'une loi du droit des gens chez ce peuple n'est pas d'être reconnue par tous les hommes, c'est d'être applicable à tous les hommes. Les lois des Romains sur la vente étaient du droit des gens, parce qu'elles pouvaient être invoquées à Rome par tous, étrangers ou citoyens; et cependant il était possible que les peuples voisins n'eussent pas les mêmes lois sur le même objet. De même le caractère des lois civiles n'est pas d'être adoptées par un seul peuple, c'est d'être applicables aux seuls membres du peuple. Les lois sur les tutelles étaient du droit civil, parce qu'elles étaient applicables aux seuls citoyens; néanmoins il eût pu se faire qu'un peuple voisin les adoptât aussi.

2. Sed jus quidem civile ex unaquaque civitate appellatur, veluti Atheniensium; nam si quis velit Solonis vel Draconis leges appellare jus civile Atheniensium, non erraverit. Sic enim et jus quo romanus populus utitur, jus civile Romanorum appellamus, vel jus Quiritum, quo Quirites utuntur. Romani enim Quirites à Quirino appellantur. Sed quoties non addimus nomen cujus sit civitatis, nostrum jus significamus : sicuti cum poetam dicimus, nec addimus nomen, subauditur, apud Græcos, egregius Homerus; apud nos, Virgilius. Jus autem gentium omni humano generi commune est; nam, usu exigente, et humanis necessitatibus, gentes humanæ quædam sibi constituerunt. Bella etenim orta sunt, et captivitates sequutæ, et servitutes, quæ sunt naturali juri contrariæ : jure enim naturali omnes homines ab initio liberi nascebantur. Et ex

2. *Le droit civil prend son nom de chaque cité, celui des Athéniens, par exemple; car on peut, sans erreur, nommer* droit civil des Athéniens *les lois de Solon ou de Dracon; et c'est ainsi que nous appelons* droit civil des Romains, droit civil des Quirites, *le droit dont se servent les Romains ou Quirites : ce dernier nom leur vient de Quirinus. Mais quand nous disons* le droit, *sans ajouter de quel peuple, c'est notre droit que nous désignons; comme, lorsqu'on dit* le poëte, *sans y ajouter aucun nom, on entend chez les Grecs le grand Homère, chez nous Virgile.* Le droit des gens *est commun à tous les hommes, car tous se sont donné certaines règles qu'exigeaient l'usage et les besoins de la vie. Des guerres se sont élevées, à la suite la captivité, l'esclavage contraires au droit naturel, puisque naturellement dans l'origine tous les hommes naissaient libres. C'est aussi*

<table>
<tr><td>

hœc jure gentium omnes penè
contractus introducti sunt , ut
emptio venditio, locatio conductio,
societas, depositum , *mutuum*, et
alii innumerabiles contractus.

</td><td>

ce droit des gens qui a introduit
presque tous les contrats , l'achat
et la vente, le louage , la société ,
le dépôt , le prêt de consommation,
et tant d'autres.

</td></tr>
</table>

Emptio Venditio. La langue des Romains est riche ; aussi dans la désignation des contrats avaient-ils souvent des mots pour indiquer chaque espèce d'engagement qui s'y formait. Ainsi la vente se nommait *emptio venditio*. Le premier mot désignait l'action de l'acheteur , le second celle du vendeur. De même le louage se nommait *locatio conductio*. Le premier mot *locatio* désignait l'action du propriétaire qui donnait à loyer ; le second *conductio* l'action de celui qui prenait à loyer.

Mutuum. C'est le *prêt de consommation*, le contrat par lequel on prête des choses qui se consomment par l'usage, telles que le vin, le blé, l'huile. Le prêt des choses dont on peut se servir sans les détruire, telles que des vêtements , un cheval, etc. se nommait *commodatum*, *prêt à usage.* Il nous faut des périphrases pour indiquer ces nuances.

En résumant tout ce que nous avons dit sur le droit naturel , le droit des gens et le droit civil chez les Romains , quelle définition doit-on en tirer pour chacun de ces droits ? 1° Le droit naturel (*droit des êtres animés*) est celui que la nature inspire à tous les animaux ; 2° le droit des gens (*droit des hommes*) est cette partie du droit privé qui découle des relations communes des hommes et qui est applicable aux étrangers comme aux citoyens ; 3° le droit civil (*droit des citoyens*) est cette partie du droit privé que le peuple n'a constituée que pour ses membres, et qui n'est applicable qu'aux citoyens.

3. Constat autem jus nostrum, quo utimur, aut ex scripto, aut non ex scripto; ut apud Græcos τῶν νόμων οἱ μὲν ἔγγραφοι, οἱ δὲ ἄγραφοι. Scriptum autem jus est, lex, plebiscitum, senatus-consultum, principum placita, magistratuum edicta, prudentum responsa.

3. *Notre droit est écrit ou non écrit, comme chez les Grecs les lois sont écrites ou non écrites. Sont du droit écrit : la loi, le plébiscite, le sénatus-consulte, lesconstitutions des empereurs, les édits des magistrats, les réponses des prudents.*

Aut scripto, aut non ex scripto. L'ordre qui constitue le droit (*jus, jussum*) peut être donné expressément ou tacitement. *Expressément* si l'autorité législative a manifesté sa volonté et l'a consignée par écrit, elle fait loi; *Tacitement* si cette volonté n'a été manifestée que par un long usage communément adopté, elle n'en fait pas moins loi. Le droit écrit est donc celui qui est établi par la volonté expresse du législateur; le droit non écrit celui qui s'est introduit par l'usage et le consentement tacite du législateur.

4. Lex est, quod populus romanus senatorio magistratu interrogante (veluti consule) constituebat. Plebiscitum est, quod plebs plebeio magistratu interrogante (veluti tribuno) constituebat. Plebs autem à populo eo differt, quo species a genere : nam, appellatione populi, universi cives significantur, connumeratis etiam patriciis et senatoribus. Plebis autem appellatione, sine patriciis et senatoribus, cæteri cives significantur. Sed et plebis-

4. *La loi est ce que le peuple romain établissait sur la proposition d'un magistrat sénateur, d'un consul, par exemple; le plébiscite, ce qu'établissaient les plébéiens sur la proposition d'un magistrat plébéien, d'un tribun. Les plébéiens diffèrent du peuple comme l'espèce du genre; sous le nom de peuple sont compris tous les citoyens, même les patriciens et les sénateurs; sous celui de plébéiens, seulement les citoyens autres que les patriciens et les sénateurs. Du reste, depuis la*

cita , *lege Hortensia lata ,* non *loi Hortensia les plébiscites ont eu*
minus valere quam leges cœpe-   *autant de force que les lois.*
runt.

Dans un sens générique la loi est un précepte commun
(*lex est commune præceptum*) (1); mais, dans un sens particulier, c'était, chez les Romains, ce qu'établissait le peuple sur la proposition d'un magistrat sénateur, comme un
consul, un préteur, un dictateur. — Le plébiscite était
ce qu'établissaient les plébéiens sur la proposition d'un
tribun ; on ne connaît pas d'autre magistrat qui proposât
les plébiscites , bien que le texte porte *veluti tribuno.* Le
mot *plebis-scitum* (*ordre des plébéiens*) désigne par sa décomposition même *quod plebs scivit ac ratum esse jussit.*
Quelques auteurs, par analogie et pour désigner la loi, ont
fait le mot de *populi-scitum ,* mais il n'était pas reçu chez
les Romains.

Nous avons vu, dans l'histoire du droit, commencer
sous Romulus même les assemblées du peuple, les comices par curies (*comitia curiata*) (*His. d. d.*, *pag.* 6);
sous Servius Tullius, les comices par centuries (*comitia
centuriata*) (*ib. p.* 16). Telles furent les premières sources
du droit ; mais les dissensions des patriciens et des plébéiens en amenèrent une nouvelle. Ces derniers, retirés
en armes sur une colline au-delà de l'Anio , obtinrent
des tribuns , et, sous la présidence de ces magistrats, ne
tardèrent pas à avoir leurs assemblées (*concilia*) (an 263,
H. d. d., *pag.* 34). Pendant près de deux cents ans, les actes
émanés de ces conciliabules n'eurent pas force de loi par

____

(1) D. L. 1. T. 3. l. 1. f. Papi.

eux-mêmes ; il fallait qu'un décret du sénat les eût sanctionnés, mais, après plusieurs discussions et à la suite d'une nouvelle retraite des plébéiens sur le Janicule (an 468), une loi des comices (*lex Hortensia*) reconnut les plébiscites comme obligatoires (*ib. p.* 68). Depuis, les lois et les plébiscites formèrent ensemble les deux sources du droit ; mais ces derniers devinrent plus fréquents que les lois, si bien que la majeure partie des actes rendus sur le droit sont des plébiscites. Ils survécurent à la république et se prolongèrent jusqu'aux deux premiers empereurs. C'est sous Tibère qu'ont été publiés les derniers que nous ayions : *Lex* JUNIA NORBANA, *de latinitate manumissorum ; Lex* VISELLIA, *de juribus libertinorum* (an de R. 777).

On donnait souvent aux lois et aux plébiscites le nom des magistrats qui les avaient proposés, ou des consuls sous lesquels ils avaient été rendus. On y ajoutait quelquefois le sujet qu'ils traitaient en l'indiquant soit par un ablatif, soit par un génitif, soit par un adjectif : *Lex* VALERIA HORATIA, *de plebiscitis,* loi proposée sous les consuls Valerius et Horatius sur les plébiscites ; *Lex* HORTENSIA, loi proposée par le dictateur Hortensius. — *Lex* CANULEIA, *de connubio patrum et plebis,* plébiscite proposé par le tribun Canuleius ; *Lex* JULIA *repetundarum,* plébiscite rendu sous Jules-César, pour défendre l'usucapion des choses acquises par concussion. Une épithète commune désignait une réunion de lois ou plébiscites rendus sur le même sujet : *Leges cibariæ,* lois somptuaires ; *Leges agrariæ,* lois agraires ; *Leges judiciariæ,* lois judiciaires. — Il est important de remarquer que les plébiscites portent tous le nom de *lex,* aussi bien que les lois proprement dites ; et que les Romains, à partir du milieu de la république, ne donnèrent plus à cette distinction une importance aussi grande qu'on pourrait le croire.

Lege Hortensia lata. Déjà deux lois avaient été rendues avant celle-là sur le même sujet ; mais, depuis la loi Hortensia, il n'y eut plus de difficultés (*H. d. d., p.* 68.).

5. Senatus-consultum est, quod senatus jubet atque constituit. Nam, cum auctus est populus romanus in eum modum ut difficile sit in unum eum convocari legis sanciendæ causa, æquum visum est senatum vice populi consuli.

5. *Le sénatus-consulte est ce que le sénat ordonne et constitue ; car, le peuple romain s'étant tellement accru qu'il était difficile de le convoquer en masse pour l'adoption des lois, il parut convenable de consulter le sénat à la place du peuple.*

Le sénat, dès le premier âge de Rome, avait, comme corps administratif, rendu des décrets portant le nom de *sénatus-consultes* ; mais ces décrets relatifs à l'administration n'avaient point le caractère propre des lois. A quelle époque prirent-ils ce caractère ? Théophile dans sa paraphrase nous dit que la loi Hortensia, qui reconnut le pouvoir législatif aux plébiscites, le reconnut aussi aux sénatus-consultes (1). Il est vrai qu'il est le seul qui parle de ce fait ; Cicéron compte déjà les sénatus-consultes parmi les sources du droit (2) ; nous en connaissons quelques-uns rendus dans les dernières années de la république et sous Auguste ; une fois arrivés à Tibère, ils se multiplient et finissent par remplacer les plébiscites qui s'arrêtent là ; en effet les élections des magistrats furent alors transportées du peuple au sénat (3) ; et le peuple, à vrai dire,

---

(1) Theoph. hoc §. — (2) Cicer. Top. 5. — (3) Tacit. Ann. I. § 15.

cessa d'être convoqué. Que conclure de tout ces faits ?
que les sénatus-consultes avaient même sous la république
reçu quelquefois le pouvoir des lois, mais rarement, parce-
que les plébiscites formaient alors la source principale du
droit; que, sous Tibère, les plébiscites s'arrêtèrent, et qu'a-
lors les sénatus-consultes et les constitutions impériales
réglèrent seuls la législation. (*H. d. d.*, *p.* 69.)

Dès que les sénatus-consultes furent rangés parmi les
lois, on leur donna le nom des consuls ou des empereurs
sous lesquels ils avaient été rendus. S. C. CLAUDIANUM,
sous Claude ; il condamnait à l'esclavage la femme libre
ayant eu des relations avec un esclave (1); S. C. TREBEL-
LIANUM sous Néron, Trebellius Maximus, et Annæus Se-
nèque, consuls (2). Un seul sénatus-consulte que nous connaissons porte le nom de l'individu à l'occasion duquel
il avait été rendu : S. C. MACEDONIANUM, rendu à l'occasion
d'un parricide, d'autres disent d'un usurier, nommé *Ma-
cedo* (3).

6. Sed et quod principi pla- cuit, legis habet vigorem, cum, lege Regia, quæ de ejus imperio lata est, populus ei et in eum omne imperium suum et potesta- tem concedat. Quodcunque igitur imperator *per epistolam constituit,* vel cognoscens decrevit, vel edicto præcepit, legem esse constat: hæc sunt quæ Constitutiones appel- lantur. Plane ex his *quædam sunt*	6. *Les volontés du prince ont* *aussi force de loi, parce que, par* *la loi Regia qui l'a constitué dans* *ses pouvoirs, le peuple lui cède et* *transporte toute sa force et toute sa* *puissance. Ainsi tout ce que l'em-* *pereur décide par un rescrit, juge* *par un décret, ordonne par un* *édit, fait loi. C'est ce qu'on nomme* Constitutions impériales. *Les unes* *sont personnelles et ne font point*

---

(1) Instit. L. 3. T. 12. § 1. — (2) Inst. L. 2. T. 23. § 4. — (3) Inst.
L. 4. T. 7. § 7. Dig. L. 14. T. 6. l. 1,

personales, quæ nec ad exemplum trahuntur [quoniam non hoc princeps vult]. Nam quod alicui ob meritum indulsit, vel si cui pœnam irrogavit, vel si cui sine exemplo subvenit, personam non transgreditur. Aliæ autem, cum generales sint, omnes procul dubio tenent.

exemple, parce que le prince ne le veut pas ; la faveur qu'il accorde au mérite, la punition qu'il inflige, le secours extraordinaire qu'il donne, ne doivent pas en effet dépasser la personne; les autres sont générales et sans aucun doute, elles obligent tout le monde.

Malgré l'opinion vulgaire qui place sous Adrien les constitutions impériales, nous avons prouvé par des exemples (1) qu'elles commencèrent avec les empereurs (*H. d. d., p.* 137). Sous Auguste, les sources du droit étaient les plébiscites, les sénatus-consultes, les constitutions; après Tibère les plébiscites ayant cessé entièrement, les sénatus-consultes et les constitutions continuèrent à exister ensemble, et ce n'est que près d'un siècle depuis Adrien, quelque temps après le règne de Septime Sévère (an 959), que les sénatus-consultes cessèrent à leur tour, et que l'unique source fut la volonté du prince.

Quant à la loi Régia, nous avons prouvé (*H. d. d., p.* 139) qu'on a voulu désigner sous ce nom la loi qui constituait l'empereur dans ses pouvoirs, et que notre passage ne doit pas avoir d'autre sens que celui-ci : comme c'est par une loi que le peuple donne l'empire et cède ses pouvoirs à l'empereur, celui-ci incontestablement a le droit de rendre des constitutions. Ce que dit Théophile dans ce paragraphe vient encore à l'appui de notre assertion.

Per epistolam constituit. Le texte fait ici allusion aux trois espèces de constitutions que nous avons distinguées

---

(1) Instit. L. 2. T. 12. p.; *ibid.* T. 23. § 1; *ib.* T. 15. § 4.

(*H. d. d.*, *pag.* 157): 1° Les actes qu'on nommait mandats, épîtres, rescrits (*mandata*, *epistolæ*, *rescripta*). Ils étaient adressés par l'empereur à diverses personnes, comme à ses lieutenants, aux préteurs, aux proconsuls. Tel est le rescrit d'Antonin sur les mauvais traitements faits aux esclaves (1) ; tel est encore celui de Trajan sur le testament des militaires (2). Quelquefois ils étaient écrits à de simples particuliers qui imploraient une faveur quelconque. Tels sont les rescrits qui permettaient à un citoyen de légitimer son enfant naturel (3), ou d'adroger un chef de famille (4). 2° Les décrets (*decreta*), véritables jugements que l'empereur prononçait comme juge sur les contestations qu'il voulait décider lui-même (*cognoscens*). On trouve un exemple de décret dans le jugement attribué par les Instituts à Tibère sur une contestation élevée entre un de ses esclaves et un citoyen (5). 3° Les édits (*edicta*) ou lois générales promulguées spontanément par l'empereur.

Une chose à remarquer, c'est que les édits ne réglaient que l'avenir, c'est là un des caractères essentiels des lois ; les décrets au contraire, décidant un procès déjà né, portaient dans le passé ; il en était de même des rescrits adressés à des magistrats qui, à l'occasion d'une contestation, prenaient conseil de l'empereur.

Quædam sunt personales. Les édits sont des lois générales et s'appliquent à tous les sujets. Les décrets sont des jugements ; on pourrait croire qu'ils étaient particuliers

---

(1) Inst. L. 1. T. 8. § 2. — (2) Inst. L. 2. T. 11. § 1. — (3) Nov. 74. cap. 1 et 2. — (4) Inst. L. 1. T. 11. § 1. — (5) Inst. L. 2. T. 15. § 4.

aux procès pour lesquels ils étaient rendus ; mais, lorsque l'empereur le voulait, ils faisaient loi pour toutes les causes semblables. Les rescrits étaient fort souvent généraux ; ils servaient à interpréter ou modifier les lois ; la plupart des constitutions impériales étaient publiées sous cette forme. Cependant une infinité de rescrits n'étaient que particuliers : par exemple, si l'empereur permettait une légitimation ou une adoption, s'il accordait une faveur qu'on lui avait demandée, faisait grâce à un condamné, infligeait une peine plus forte ou plus légère, remettait à quelqu'un les impôts, etc.

Il est facile d'apercevoir que les constitutions embrassaient tous les pouvoirs de la souveraineté, pouvoir législatif, interprétatif, judiciaire et exécutif.

7. *Prætorum quoque edicta* non modicam juris obtinent auctoritatem. Hoc etiam jus honorarium solemus appellare, quod qui honores gerunt, id est, magistratus, auctoritatem huic juri dederunt. Proponebant et *ædiles curules* edictum de quibusdam causis, quod et ipsum juris honorarii portio est.

7. *Les édits des préteurs ont aussi une grande autorité législative ; on les nomme droit honoraire, parce qu'ils doivent cette autorité à ceux qui gèrent les honneurs, c'est-à-dire aux magistrats. Les édiles curules publiaient de leur côté, sur certains objets, un édit qui fait partie du droit honoraire.*

Prætorum quoque edicta. Nous avons présenté dans l'histoire du droit la création du premier préteur et celle des édiles curules (*H. d. d., pag.* 63) ; la distinction des préteurs en *prætor urbanus, prætor peregrinus ;* l'augmentation et la diminution du nombre de ces magistrats, nombre qui s'éleva jusqu'à dix-huit sous l'empereur Claude, et se réduisit à trois sous les princes de Constantinople. Les préteurs et les édiles étaient compris parmi

les magistrats qu'on nommait *Magistratus Populi Romani*
(*M. P. R.*), pour les distinguer des magistrats particuliers
des cités. Gaïus dit en parlant d'eux : « Les magistrats
» du peuple romain ont le droit de faire des édits ; mais
» ce droit est exercé principalement dans les édits des
» deux préteurs, le préteur urbain et le préteur étranger,
» dont la juridiction appartient dans les provinces aux
» présidents, et dans l'édit des édiles curules dont la ju-
» ridiction est exercée par les questeurs dans les provinces
» du peuple ; car, pour les provinces de César, comme on
» n'y envoie point de questeurs, ce dernier édit n'y est point
» publié » (*G. com.* 1. § 6).

Comment cette faculté qu'avaient les magistrats a-t-elle
pris naissance et s'est-elle développée? C'est un tableau que
nous avons déjà tracé (*H. d. d.*, *pag.* 103) ; il nous suffit
de rappeler que par leurs édits successifs (*leges annuæ*),
ils introduisirent des principes tout nouveaux, rapprochés
de l'équité et des lois naturelles, et qu'ainsi, à côté du
droit civil, composé des lois émanées du législateur, des
usages et des décisions des jurisconsultes, s'éleva le droit
prétorien destiné à aider, à compléter, à corriger le droit
civil (*adjuvandi, vel supplendi, vel corrigendi juris civilis
gratia*) (1). Cette distinction à faire entre le droit civil et
le droit prétorien est on ne peut plus importante ; à chaque
pas on la rencontre dans les lois. C'est par des distinctions,
des subterfuges, des changements de mots que les préteurs parvenaient à corriger les principes rudes et sauvages
du droit civil, sans paraître les détruire. Il est bon de

______

(1) D. L. 1. T. 1. l. 7. § 1. fr. Papin.

parcourir quelques-uns des exemples que nous avons donnés (*H. d. d., pag.* 123 *et suiv.*).

Les édits, renouvelés en partie d'année en année, n'avaient pas le caractère principal des lois; mais l'usage consacrait certaines de leurs dispositions, les préteurs ne pouvaient plus les abroger, elles se transmettaient d'édits en édits, et par leur réunion composaient le véritable droit prétorien qui devait ainsi son caractère légal à la coutume. Ces lois, sous Adrien, avaient atteint toute leur extension, lorsqu'un jurisconsulte, *Salvius Julien*, fit sur elles un travail que l'empereur et le sénat confirmèrent, qui prit le nom de *Edictum domini Hadriani, Edictum perpetuum*, et qui depuis, reçu par tous les préteurs, constitua le droit prétorien en véritable droit écrit (*H. d. d., pag.* 151). Dès ce moment les préteurs ne publièrent plus de leur chef que quelques règles de forme se rattachant à l'exercice de leurs fonctions, et c'est l'état où ils se trouvaient sous Justinien. Leur nombre, à cette époque, était du reste réduit à trois.

Théophile se demande, sous ce paragraphe, pourquoi l'on avait donné aux magistrats du peuple romain le droit de publier des édits, et non celui de rendre des décrets ou des rescripts. C'est, dit-il, parce que ces derniers actes étant rendus non-seulement pour l'avenir, mais à l'occasion d'une affaire déjà passée, on aurait pu craindre la partialité des magistrats. Ils rendaient bien des jugements, il est vrai, mais propres à la seule cause qu'ils décidaient, et dépourvus par conséquent du caractère législatif que les décrets avaient souvent.

8. Responsa prudentum sunt sententiæ et opiniones eorum qui-	8. *Les réponses des prudent* *sont les avis et les décisions de ceux*

bus permissum erat jura condere. Nam antiquitus constitutum erat ut essent qui jura publice interpretarentur, quibus à Cæsare jus respondendi datum est, qui jurisconsulti appellabantur : quorum omnium sententiæ et opiniones eam auctoritatem tenebant, ut judici recedere a responso eorum non liceret, ut est constitutum.

qui avaient reçu le pouvoir de fixer le droit ; car on avait établi anciennement que les lois seraient publiquement interprétées par certaines personnes qui recevraient du prince le droit de répondre. On les nommait jurisconsultes ; et telle était l'autorité de leurs avis et de leurs décisions, lorsqu'elles étaient unanimes, que, d'après les constitutions, il n'était point permis aux juges de s'écarter de leurs réponses.

C'est vers le milieu du cinquième siècle de Rome, à peu près en 460, qu'un plébéien, parvenu à la dignité de grand-pontife, *Tiberius Coruncanius,* ouvrit le premier l'entrée de son vestibule aux citoyens, répondant publiquement aux questions qu'on lui adressait (1). Il eut des imitateurs, et de là naquit cette classe de savants nommés *jurisconsulti* ou simplement *consulti, jurisperiti* ou *periti, jurisprudentes* ou *prudentes.* Il en est un parmi eux, *C. Scip. Nasica,* à qui le sénat avait même donné, aux frais du public, une maison sur la voie Sacrée pour qu'il pût être consulté plus facilement (2). Telle est l'origine des réponses des prudents ; plusieurs de ces réponses, répétées de prudents en prudents, confirmées par l'usage, s'incorporèrent dans la législation comme droit non écrit (*H. d. d.,pag.* 94). Auguste ordonna que les jurisconsultes ne répondraient qu'avec son autorisation (3). Cependant il n'attribua pas encore aux réponses d'autre force que celle que leur donneraient l'usage et la réputation des juriscon-

---

(1) Pomp. H. J. § 35. — (2) *Ib.* § 37. — (3) *Ib.* § 47.

sultes. Mais déjà se montraient les premiers de ces grands hommes qui se succédèrent les uns aux autres, *Labéon, Sabinus, Proculus, Julien, Africain;* et leurs décisions, jadis purement verbales, commencèrent à être consignées par écrit. Adrien leur donna une sorte de force de loi en ordonnant que le juge s'y soumît lorsqu'elles seraient unanimes (*H. d. d.*, *pag.* 154) (1). Ensuite parurent *Pomponius, Scævola, Gaïus, Papinien, Paul, Ulpien,* la gloire de la jurisprudence romaine; le dernier fut *Modestin :* là s'interrompit la série de ces jurisconsultes, et depuis deux cents ans personne n'avait succédé à leur gloire; leurs écrits seuls étaient restés, lorsqu'une constitution de Théodose, que l'on nomme *Loi sur les Citations,* donna force de droit à leurs réponses, ordonnant que si ces auteurs étaient d'avis différents, la majorité l'emporterait; qu'en cas de partage, Papinien prévaudrait; que si Papinien ne se prononçait pas, le juge déciderait lui-même (2). Nous avons donné le texte de cette constitution (*H. d. d.*, *pag.* 199). Ainsi les réponses des prudents en vertu des rescrits d'Adrien et surtout de la constitution de Théodose pouvaient, dans les cas déterminés par ces constitutions, être comptées parmi les lois écrites, jusqu'au moment où Justinien les compulsa et les incorpora dans son corps de droit.

C'est au changement introduit par Auguste que fait allusion ce passage de notre texte : *Quibus a Cæsare jus respondendi datum est;* c'est aux constitutions d'Adrien et de Théodose que se rapporte celui-ci : *Judici recedere a responso eorum non liceret ut est constitutum.* Théophile,

---

(1) G. Comm. 1. § 7.—(2) Cod. Theod. *De Responsis Prudentum.*

à l'occasion de ces mots *sententiæ* et *opiniones*, signale la différence qui existe entre ces deux expressions : *sententiæ*, décisions fermes et non douteuses; *opiniones*, avis moins surs et plus hasardés.

Du reste il ne faut pas perdre de vue que sous Justinien, de toutes les sources du droit que nous venons de parcourir, il ne restait plus que la volonté du prince, qui seule faisait loi; et si l'on dit encore que le droit écrit se compose de lois, plébiscites, sénatus-consultes, constitutions impériales, édits des préteurs et réponses des prudents, c'est parce que ces actes, rendus autrefois, conservés aujourd'hui et modifiés par les travaux de Justinien, forment par leur réunion le corps de droit de cet empereur (*V. H. d. d., pag.* 23, 77, 117, 174).

9 Ex non scripto jus venit, *quod usus comprobavit.* Nam diuturni mores, consensû ûtentium comprobati, legem imitantur.

9. *Le droit non écrit est celui que l'usage a validé, car des coutumes, répétées chaque jour, approuvées par le consentement de ceux qui les suivent, équivalent à des lois.*

Quod usus comprobavit. Si le peuple a le droit de se donner des lois en déclarant sa volonté par écrit, il doit avoir ce même droit en déclarant cette volonté tacitement par un long usage. Qu'importe en effet que le législateur s'exprime par des paroles ou par des faits? *Quid interest suffragio populus voluntatem suam declaret, an rebus ipsis et factis* (1)? Aussi un usage établi depuis long-temps doit-il faire loi. C'est ce qu'on nomme *jus moribus consti-*

---

(1) D. L. I. T. 3. 1. 32. § 1. f. Juli.

tutum. Quel est le temps que doit durer l'usage pour avoir acquis force de loi? Il n'y en a point de déterminé; il faut que ce temps soit assez long pour prouver que la chose n'a pas été observée accidentellement, mais a passé en coutume.

10. Et non ineleganter in duas species jus civile distributum esse videtur; nam origo ejus ab institutis duarum civitatum, Atheniensium scilicet et Lacedæmoniorum fluxisse videtur. In his enim civitatibus ita agi solitum erat, ut Lacedæmonii quidem magis ea quæ pro legibus servarent, memoriæ mandarent, Athenienses vero, quæ in legibus scripta comprehendissent, custodirent.

10. Et ce n'est point à tort qu'on présente le droit civil divisé en deux espèces, car son origine paraît venir des institutions de deux cités, Athènes et Lacédémone; or tel était l'usage dans ces villes, qu'à Lacédémone on confiait les lois à la mémoire, à Athènes on les consignait par écrit.

Quoi qu'il en soit des Athéniens et des Lacédémoniens, ce n'est bien certainement pas parce que les premiers écrivaient leurs lois, et les seconds les confiaient à leur seule mémoire, que le droit des Romains se divise en droit écrit et droit non écrit. Cette division provient de la nature des choses; parce qu'il est tout naturel que les hommes ne prévoient pas sur-le-champ et n'écrivent pas toutes les lois qui leur sont nécessaires, et qu'alors l'usage et les coutumes suppléent à ce qui manque au droit écrit. C'est pour cela que dans l'enfance d'un peuple les lois écrites sont peu nombreuses, les lois de coutume en grande quantité; c'est pour cela qu'à mesure que le peuple marche et s'agrandit les lois écrites augmentent, les lois d'usage diminuent. Ainsi le droit civil des Romains ne consistait sous les rois qu'en lois non écrites, que les mœurs, les coutumes et la raison du juge établissaient; ensuite il fut fixé par la loi des douze Tables, et puis il parvint à cette multitude de lois, plébiscites, sénatus-consultes et constitutions qui existaient sous Justinien.

11. Sed naturalia quidem jura, quæ apud omnes gentes peræque servantur, divina quadam providentia constituta, semper *firma atque immutabilia permanent.* Ea vero quæ ipsa sibi quæque civitas constituit, *sæpe mutari solent,* vel tacito consensu populi, vel alia postea lege lata.

11. *Les lois naturelles, observées presque chez toutes les nations, établies par une sagesse divine, restent toujours fixes et immuables; mais les lois que chaque cité s'est données sont fréquemment changées ou par le consentement tacite du peuple, ou par d'autres lois postérieures.*

Immutabilia permanent. Les mots *jura naturalia* que contient le texte ne doivent pas s'appliquer aux animaux seuls, comme on l'a fait plus haut; il faut ici les étendre aux hommes, et alors ils désigneront cette partie du droit des gens qui découle de la simple nature des hommes et des relations premières qu'ils ont entre eux. En effet, ce sont là des droits naturels par rapport à tout le genre humain, et ils sont immuables parce que notre nature ne change jamais; c'est le droit des gens que les commentateurs ont nommé *primaire* (*pag.* 260.). Quant au droit *secondaire,* né de la réunion des hommes en société et des relations nouvelles qu'a amenées cette réunion, il peut être changé, parce qu'il ne provient que de causes qui sont variables.

Sæpe mutari solent. L'autorité qui a le droit de faire les lois, a celui de les détruire : ainsi la volonté expresse du législateur ou l'usage peuvent également abroger les lois. *Receptum est ut leges non solum suffragio legislatoris, sed etiam tacito consensu omnium per desuetudinem abrogentur* (1).

12. Omne autem jus, quo utimur, vel *ad personas pertinet,* vel *ad res, vel ad actiones.* Et prius de personis videamus; nam parum est jus nosse, si personæ, quarum causa constitutum est, ignorentur.

12. *Notre droit tout entier est ou sur les personnes, ou sur les choses, ou sur les actions. Voyons-le d'abord sur les personnes, car c'est peu de connaître le droit si l'on ne connaît les personnes pour qui il est établi.*

Ad personas pertinet, vel ad res, vel ad actiones. Ainsi les objets dont s'occupe le droit sont : les personnes, les choses, les actions. *Les personnes :* car de leur état dépendent les droits et les devoirs qu'elles ont; ainsi la qualité de père, de mari, de tuteur, de pupille, donne des droits et impose des obligations. Il faut commencer par connaître ces qualités et les conséquences qui en dérivent. *Les choses :* car selon leur diverse nature, selon qu'il s'agit, par exemple, d'un objet mobilier, d'un immeuble, d'un usufruit, d'une succession, etc., les règles du droit sont différentes. Lorsqu'on a déterminé les lois relatives aux personnes et aux choses, on a déterminé la qualité de chacun et ce qui est dû en vertu de cette qualité. Mais ce n'est pas tout ; il faut encore donner à chacun le droit de s'adresser au magistrat pour forcer celui qui lui doit quelque chose à le lui rendre. Ce droit, cette faculté de poursuivre en justice ce qui nous est dû, est ce qu'on nomme une *action.* Que m'importe que vous me deviez

____

(1) D. L. 1. T. 3. 1. 32. § 1. f. Juli.

un cheval si, quand vous refusez de me le donner, je ne puis vous contraindre à remplir votre obligation? ou, en termes de droit, que m'importe que vous ayez une obligation envers moi, si je n'ai pas d'action contre vous? C'est donc l'action qui donne la vie aux lois. Enlevez les actions, et les lois civiles ne seront plus que des vérités de morale et d'équité, mais des vérités sans force et auxquelles on sera libre de se soumettre ou de se soustraire. Il ne suffit pas de donner le droit d'agir en justice, il faut encore déterminer les formes de cette action, les moyens à prendre pour amener la partie devant le juge, pour développer ses prétentions, pour faire exécuter le jugement ; c'est la procédure, partie du droit qui se rattache essentiellement aux actions, et que l'on confond souvent avec elles, mais qu'il faut pourtant distinguer.

Il est des législations dans lesquelles un principe général est admis, c'est que toutes les fois que la loi impose une obligation d'un côté, il en résulte nécessairement une action de l'autre, sans que cela soit exprimé, et sans que l'on ait donné une dénomination particulière à chaque action. Les Romains n'avaient point agi ainsi; les lois s'expliquaient formellement lorsqu'elles voulaient donner une action, et les actions étaient aussi soigneusement distinguées par leur nom et par leurs formes que par leurs effets. Par exemple, la vente donnait naissance à deux actions: *actio empti*, l'action d'achat en faveur de l'acheteur ; *actio venditi*, action de vente en faveur du vendeur. La société en produisait une, *actio pro socio*. L'action que les légataires avaient contre les héritiers pour se faire délivrer leur legs se nommait *actio ex testamento*. L'action par laquelle un propriétaire poursuivait sa chose dans les mains d'un tiers quelconque pour la reprendre, *rei vin-*

dicatio, vendication de sa chose (1). Les plaideurs devaient bien déterminer en se présentant en justice quelle action ils venaient exercer, et ils ne devaient pas prendre l'une pour l'autre, car leur demande eût été rejetée ; aussi, dans les cas douteux, les jurisconsultes mettaient-ils tous leurs soins à déterminer si l'on aurait telle action ou telle autre.

Pendant les cinq premiers siècles de Rome, des actions peu nombreuses et nommées actions de la loi (*legis actiones*) étaient accompagnées non-seulement de paroles, mais de gestes et de pantomimes aussi sacramentelles (*H. d. d.*, 53). Ces actions de la loi furent supprimées par la loi Æbutia, de 577 à 583 (*Ib. pag.* 97) (2). On ne se servit plus en justice que de formules consacrées, qui elles-mêmes furent abolies par les empereurs Constance et Constant (*Ib. pag.* 193). Les actions sous Justinien étaient donc bien simplifiées dans leurs formes, et

---

(1) Les mots *rei vindicatio* sont rendus en français par *revendication*, et *vindicare* par *revendiquer*. Le *re* qui précède notre mot de *vendication* était probablement destiné à rendre le mot latin *rei*, car ici il n'exprime pas une action réitérée ; mais il en est résulté un double emploi. Ainsi les Romains disaient : *rei vindicatio*, *servi vindicatio*, vendication d'une chose, d'un esclave ; et nous dirons *revendication d'une chose*, *revendication d'un esclave* ; de même les Romains disaient *rem vindicare*, *equum vindicare*, vendiquer une chose, un cheval, et nous disons *revendiquer une chose*, *revendiquer un cheval*. Pour éviter cette répétition, je pense que les mots *vendication*, *vendiquer*, bien qu'ils ne soient pas consacrés, valent beaucoup mieux dans la langue du droit que ceux de *revendication*, *revendiquer*, et je n'hésiterai pas à m'en servir.

(2) G. Com. 4. § 30.

le travail le plus important à faire sur elles était de chercher à connaître leurs effets et les cas où il fallait les employer.

J'ai insisté sur cette matière parce qu'il est nécessaire
d'en avoir une idée dès l'abord. Partout où il y a des personnes, dit Théophile sous ce paragraphe, il y a des choses, et dès qu'il y a des choses, il est indispensable de
fixer des actions.

RÉSUMÉ.

Le droit *jus*, est défini : *une règle généralement prescrite,*
(*præceptum commune*), ou : *l'Art qui détermine ce qui est bon
et équitable (ars boni et æqui)*, selon qu'on le prend comme
signifiant la loi elle-même (*jussum*), ou la collection des lois.

La justice est la volonté d'observer toujours le droit; la jurisprudence est la connaissance de ce droit. La première est définie : *constans et perpetua voluntas jus suum cuique tribuendi;*
la deuxième, *divinarum atque humanarum rerum notitia; justi
atque injusti scientia.*

Les préceptes généraux du droit sont : *Honeste vivere, alterum
non lædere , suum cuique tribuere.* Le droit ne serait pas complet s'il lui manquait un seul de ces préceptes.

Le droit se divise d'abord en *droit des nations , droit public,
droit privé. — Le droit des nations* est celui qui fixe les obligations réciproques des nations dans les rapports qu'elles ont
entre elles. — *Le droit public*, celui qui fixe les obligations réciproques d'une nation et des membres qui la composent : (*Quod*

ad statum rei Romanæ spectat). — *Le droit privé*, celui qui fixe les obligations réciproques des particuliers dans les relations qu'ils ont entre eux : (*Quod ad singulorum utilitatem pertinet*).

Le droit privé se décompose, quant à son origine, en *droit naturel, droit des gens, droit civil*. Dans ce sens, le droit naturel (*droit des êtres animés*) est celui que la nature seule inspire à tous les animaux : (*Quod natura omnia animalia docuit*). — Le droit des gens (*droit des hommes*) est cette partie du droit privé qui découle de la nature et des relations communes des hommes , et qui est applicable aux étrangers comme aux citoyens : (*Quod naturalis ratio inter omnes homines constituit*). — Le droit civil (*droit des citoyens*) est cette partie du droit privé que le peuple n'a constituée que pour ses membres et qui n'est applicable qu'aux citoyens : (*Quod quisque populus ipse sibi constituit*).

Le droit que les hommes ont institué eux-mêmes peut être changé ; celui qui découle de la nature des choses est immuable.

Le droit privé , quant à la forme sous laquelle il est établi, se divise en droit écrit et droit non écrit. — Le droit écrit est celui qui est établi par la volonté expresse du législateur. Il se compose chez les Romains de lois ou populiscites, de plébiscites, sénatus-consultes , constitutions des princes , édits des magistrats , réponses des prudents. — Le droit introduit par les édits des magistrats se nomme *droit honoraire* ou *droit prétorien*, et alors le droit établi par le législateur se nomme par opposition *droit civil.* — Le droit non écrit est celui qui s'est introduit par l'usage et le consentement tacite du législateur.

Le droit privé, considéré quant aux objets dont il traite, s'occupe des personnes , des choses , des actions. — L'action est le droit de poursuivre en justice ce qui nous est dû. Toutes les fois qu'une loi impose d'un côté une obligation , elle doit de l'autre accorder une action , afin de ne pas rester inexécutée.

<table>
<tr><td>

TIT. III.

DE JURE PERSONARUM.

</td><td>

TIT. III.

DU DROIT SUR LES PERSONNES.

</td></tr>
</table>

Que faut-il entendre par ce mot *personnes ?* Dans les sciences, on considère les objets d'une manière abstraite et générale, sauf à faire dans la pratique l'application des principes que l'on a découverts. Dans la physique, par exemple, s'il m'est permis de faire cette comparaison, ce n'est pas ce corps déterminé plutôt que cet autre que l'on examine, ce sont les propriétés communes qu'offrent tous les corps de la même espèce; on étudie l'état de solide, de liquide ou de gaz sous lesquels ils se présentent, on détermine les conséquences de ces états. Dans le droit on suit la même marche. Ce n'est pas tel homme plutôt que tel autre que l'on considère; ce sont les qualités diverses, les divers états que les hommes peuvent avoir, l'état de père, de fils, d'homme libre, d'esclave, les droits, les obligations qui en découlent, sauf à faire à chacun en particulier l'application des conséquences qu'on a présentées d'une manière abstraite. Ces diverses qualités, ces divers états constituent ce que l'on nomme *les personnes.* Ce mot *personnes* ne désigne donc pas des hommes, des individus; mais bien des êtres abstraits, résultats des positions diverses des individus. Le même homme peut avoir à la fois plusieurs personnes, celle de père, celle de mari, celle de tuteur, et il faut alors lui appliquer toutes les obligations et tous les droits attachés à chacune d'elles.

Dans les mœurs et les lois primitives des Romains, ces personnes prenaient un aspect tout particulier. Le peuple réuni formait une société générale fortement constituée,

Dans cette société générale chaque famille formait une société particulière, ayant son chef et ses lois. Bien que le caractère de force qui animait ces sociétés soit disparu sous les empereurs de Constantinople; bien que les ressorts énergiques qui les faisaient mouvoir se soient relâchés, cependant quelques débris en restent encore. Chacun a dans la société générale une position, un état qui lui donne des droits et lui impose des obligations; chacun a de plus dans sa famille, dans la société particulière dont il fait partie, diverses positions qui donnent naissance à d'autres droits et à d'autres devoirs. Il faut donc examiner la position des hommes et dans la société et dans la famille. Voyons-la sous le premier rapport.

Nous distinguerons les hommes selon qu'ils sont : 1° libres ou esclaves, 2° citoyens ou étrangers, 3° hommes ou femmes, 4° ingénus ou affranchis.

LIBRES OU ESCLAVES. (*Liberi; servi, mancipia*).

Summa itaque divisio de jure personarum hæc est, quod omnes homines aut liberi sunt, aut servi.

Tous les hommes sont libres ou esclaves; c'est la division principale qui résulte du droit sur les personnes.

Cette division nous paraît avoir été reçue chez presque tous les peuples anciens. Les petites peuplades qui habitaient le Latium l'avaient établie parmi elles; et, s'il faut en croire l'histoire, les fondateurs de Rome, ramassés autour de Romulus, étaient pour la plupart des esclaves fugitifs. Les esclaves avaient formé à Rome une classe avilie mais fort utile. Leurs maîtres les employaient à la culture des terres, aux travaux domestiques de la maison, au commerce comme colporteurs, marchands; à la navigation comme matelots, patrons; aux arts mécaniques comme ouvriers; car un citoyen libre eût rougi d'exercer ces dernières professions. Bien que les Grecs de Constantinople et de Justinien n'eussent plus aucune idée de cette fierté républicaine, les esclaves, comme serviteurs et comme objets dans le commerce, n'avaient pas perdu leur utilité.

1. Et libertas quidem (ex quâ etiam liberi vocantur) est naturalis facultas ejus quod cuique facere libet, nisi quod vi aut jure prohibetur.

1. La liberté (d'où vient la dénomination de libres) est la faculté naturelle à chacun de faire ce qui lui plaît, à moins que la force ou la loi ne s'y oppose.

Deux obstacles peuvent s'opposer à la volonté de l'homme libre: la force et la loi. Mais il y a cette différence que la loi est un obstacle moral que l'homme s'est imposé lui-même en se réunissant en société, auquel il doit toujours se soumettre et qui restreint réellement sa liberté naturelle, tandis que la force est un obstacle physique qu'il peut parvenir à vaincre, contre lequel il peut même quelquefois demander les secours de la loi. Comme si voulant entrer dans ma maison, je trouve quelqu'un qui s'y est établi et me repousse violemment, je m'adresse à la justice; elle vient à mon secours, parce qu'elle doit me défendre contre une force injuste, et me fait rendre ma propriété.

2. Servitus autem est constitutio juris gentium, quâ quis dominio alieno contra naturam subjicitur.

2. La servitude est une institution du droit des gens qui, contre nature, met un homme dans le domaine d'un autre.

L'esclavage était du droit des gens; non pas de ce droit des gens que l'on nomme primaire (*pag.* 260), car les hommes ne naissent point et ne sont pas organisés pour être la propriété les uns des autres: l'esclavage est contraire à leur nature ; mais il venait des mœurs et des usages généraux des principales nations d'alors. Il avait surtout ce caractère particulier aux institutions du droit des gens qu'il était applicable à tous les hommes ; les étrangers en effet pouvaient être esclaves à Rome , et les Romains esclaves chez les étrangers. — Il faut bien sentir la force de ces expressions *dominio alieno subjicitur; dominium* signifie en droit non pas seulement pouvoir, puissance, mais propriété. L'esclave tombe dans la propriété de son maître, et devient *une chose* par rapport à lui. Malgré cela nous verrons que les esclaves pouvaient faire certains actes que la loi leur permettait; mais dans ces actes ils représentaient leurs maîtres; et d'ailleurs il y avait toujours cette différence entre eux et les hommes libres que l'homme libre avait le droit de faire tout, excepté ce que la loi lui défendait ; l'esclave rien , excepté ce que la loi lui permettait.

3. Servi (autem) ex eo appellati sunt, quod imperatores captivos vendere jubent, ac per hoc servare nec occidere solent: qui etiam mancipia dicti sunt , eo quod ab hostibus manu capiuntur.	3. *Les esclaves sont nommés* servi, *parce que les généraux sont dans l'usage de faire vendre les prisonniers, et par là de les conserver au lieu de les tuer. On les nomme aussi* mancipia, *parce qu'ils sont pris avec la main sur les ennemis.*

La guerre est l'origine de l'esclavage, on veut en faire sa justification. On a le droit, dit-on , de tuer l'ennemi vaincu ; ne peut-on pas le conserver pour soi, et suspendre cette mort qu'on pouvait lui donner sur-le-champ? Ce raisonnement pèche par sa base. Sans doute la légi-

time défense est naturelle, elle peut avoir donné naissance au droit de tuer l'ennemi lorsqu'il combat; mais
est-il vaincu, l'attaque cesse, la défense doit cesser, et
si on le tue, on viole toute espèce de droit.

Quoi qu'il en soit, l'usage d'emmener comme esclaves
les soldats captifs exista toujours chez les Romains. Il
est curieux de voir dans l'histoire la progression croissante
avec laquelle on usa de ce droit. Peu nombreux et ne
connaissant pas encore le luxe, les fondateurs de la ville
avaient besoin de conquérir des citoyens plutôt que des
esclaves. Aussi les voit-on après une victoire détruire la
ville soumise, transporter les habitants parmi eux, leur
donner les droits de cité. C'est ainsi que les peuplades
du Latium, les Sabins, les habitants d'Albe furent absor-
bés par Rome naissante, et que cette ville compta bientôt
plus de cinquante mille citoyens. Après un pareil accrois-
sement ce titre de citoyen devint précieux. Les besoins
sociaux commençaient à croître, les arts mécaniques se
multipliaient; les esclaves qui les exerçaient seuls avaient
besoin d'être augmentés; aussi dans les guerres contre
les habitants plus éloignés de l'Italie, les soldats ennemis
furent en partie emmenés comme esclaves. Quand les
armes s'étendirent au-dehors, le nombre de ces esclaves
devint toujours plus considérable. Les historiens rappor-
tent que Fabius-Cunctator en envoya trente mille de la
seule ville de Tarente, et Paul-Emile cent cinquante
mille de l'Epire. Ce fut bien pis encore aux derniers jours
de la république sous Marius, Sylla, Pompée, César et
Octave. Depuis leur nombre décrut avec les victoires.
A l'époque de Justinien les esclaves étaient faits par les
généraux dans les guerres que ce prince eut à soutenir

contre les Perses, les Africains, les Vandales, les Goths,
et autres nations qu'on nommait barbares.

4. Servi autem aut nascuntur, aut fiunt. Nascuntur *ex ancillis nostris :* fiunt aut jure gentium, id est, *ex captivitate :* aut jure civili, cum liber homo, major viginti annis, ad pretium participandum sese venundari passus est.

4. *Les esclaves naissent tels, ou le deviennent. Ils naissent tels de nos femmes esclaves ; ils le deviennent ou d'après le droit des gens par la captivité, ou d'après le droit civil lorsqu'un homme libre, majeur de vingt ans, s'est laissé vendre pour prendre part au prix.*

Les esclaves le sont par le droit des gens, par naissance ou par le droit civil.

1° Par le droit des gens (*ex captivitate*). La guerre et les usages communs des peuples de cette époque sont, comme nous venons de le dire, l'origine première de l'esclavage. Non seulement l'ennemi fait prisonnier par les Romains devenait esclave, mais le Romain lui-même, tombé au pouvoir de l'ennemi, était suspendu, à Rome, de tous ses droits de citoyen et d'homme libre. C'est ainsi que Régulus, amené par les ambassadeurs carthaginois, refusa de prendre place au sénat, disant qu'il n'était plus qu'un esclave. Avec une pareille institution, on voit que chaque soldat ne se battait pas seulement pour son pays, mais pour ses biens, pour ses droits, pour sa liberté. Si le soldat captif chez l'ennemi parvenait à rentrer à Rome, alors la condition suspensive de son retour, à laquelle était attaché son état, s'étant accomplie, tous ses droits lui étaient rendus ; le temps de son esclavage était effacé de sa vie ; il était remis dans son premier état, comme s'il n'avait jamais cessé d'être libre. C'est là ce qu'on nommait droit de postliminium (*jus postliminii*). Ainsi le captif était aussi fortement intéressé à rompre ses fers que le soldat l'était à se défendre pour les éviter.

2° Par naissance (*ex ancillis nostris*). Les premiers esclaves une fois établis, ce principe que l'enfant hors de justes noces suit la condition de la mère, rendit esclaves tous les enfants d'une femme esclave. Ces enfants appartenaient par accession au maître de leur mère. On les nommait, par rapport à ce dernier, *vernæ* (sing. *verna*, esclave né dans la maison du maître).

3° Par le droit civil. Jamais aucune convention, aucune prescription ne pouvait rendre esclave un homme libre. Un enfant aurait été, dès son enfance, volé à ses parents et vendu comme esclave, il aurait passé dans cet état plus de trente ou quarante ans, n'importe, la liberté est inaliénable, la liberté est imprescriptible (1). Il aurait pu, dès qu'il aurait reconnu ses droits, réclamer sa liberté (*ad libertatem proclamare*) (2). Mais, dans quelques cas, la loi civile infligeait l'esclavage à un citoyen comme une punition. — Nous ne parlerons pas ici de la servitude qui frappait jadis celui qui s'était soustrait à l'inscription sur le cens (*H. d. d., pag.* 15) (3); le voleur manifeste (*Ibid. pag.* 41) (4); le débiteur qui ne pouvait payer son créancier (*ibid. pag.* 43) (5); depuis bien du temps ces institutions ont disparu. — Le commerce illicite d'une femme libre avec un esclave, la condamnation aux mines (*in metallum*), étaient deux autres causes d'esclavage. Justinien,

---

(1) Il faut rappeler l'exception que nous avons signalée, à l'égard des colons. (*H. d. d., pag.* 195.)

(2) D. 40. 12. — Cod. 7, 16. — (3) Cic. *pro Cæcina.* c. 34. — (4) L. des douz. Tab. (Aul. Gell.) — (5) *Ibidem.*

dans les Instituts, supprima la première, en abolissant la disposition du sénatus-consulte Claudien qui l'avait créée (1); il conserva encore la seconde (2), mais, dans la suite, il la détruisit par une novelle (3). L'ingratitude d'un affranchi envers son patron, et la fraude de l'homme qui se faisait vendre pour partager le prix sont les deux causes qui restèrent. Nous allons expliquer la dernière dont les Instituts parlent ici. Il paraît que des malheureux avaient fait un moyen de fraude de cette maxime que la liberté est inaliénable. Un homme convenait avec un autre de passer pour son esclave, de se laisser vendre comme tel; et quand le prétendu vendeur avait disparu avec le prix, le vendu, réclamant sa liberté, pouvait rejoindre son complice et partager avec lui le produit de leur fourberie, tandis que l'acheteur perdait et l'argent qu'il avait donné et l'esclave qu'il avait cru acheter. Pour éviter cette fraude, une loi, peut-être le sénatus-consulte Claudien (4), refusa à celui qui s'était ainsi laissé vendre le droit de vendiquer sa liberté; elle le déclara esclave, non pas, comme on le dit, pour le punir d'avoir méprisé la liberté, mais pour le punir de sa fraude, et pour empêcher que l'acheteur en fût victime. Les dispositions que nous allons citer en font preuve. Il fallait 1° que celui qui s'était laissé vendre fût majeur de vingt ans au moment de la vente, ou bien à l'époque où il partageait avec son complice le prix de leur dol : car jusque là son âge était trop peu avancé pour le frapper d'une peine aussi sévère (5);

---

(1) Inst. 3. 12. 1. — (2) *Ib.* 1. 16. 1. — (3) Nov. 22. C. 8.
(4) D. 40. 13. 5. f. Paul.
(5) D. 40. 12. 7 §. 1. f. Ulp. — 40. 13. 1. § 1.

2°. qu'il connût bien sa qualité d'homme libre, et que son intention fût de partager le prix ; car sans ces conditions il n'y aurait pas eu fraude de sa part (1) ; 3° que le prix eût été réellement compté par l'acheteur au vendeur : car si l'acheteur n'avait rien payé, il n'éprouvait aucun préjudice (2) ; 4° que l'acheteur ignorât que celui qu'on lui vendait était libre : car, s'il le savait, il ne pouvait pas se plaindre d'avoir été trompé, et devait s'en prendre à lui seul (3).

5. In servorum conditione nulla est differentia ; in liberis autem multæ ; aut enim sunt ingenui, aut libertini.	5. *Dans la condition des esclaves, nulle différence ; parmi les hommes libres il en est plusieurs. Ils sont en effet ingénus ou affranchis.*

Les esclaves dans la société générale n'avaient point, à proprement parler, de personne (4). Ils étaient considérés comme n'existant pas dans l'ordre civil (*quod attinet ad jus civile servi pro nullis habentur. Servitutem mortalitati fere comparamus*) (5), ou du moins ils n'existaient que comme la chose de leur maître. Incapables d'exercer aucune fonction, ils ne pouvaient être ni juges, ni arbitres, ni témoins dans un testament ; on pouvait, il est vrai, les appeler en témoignage dans une affaire criminelle ou civile, pour attester des faits, mais quand on n'avait pas d'autre moyen de découvrir la vérité (6) ; cependant un esclave pouvait posséder un pécule, le faire valoir, être institué

---

(1) D. 40. 12. 7. prin. — (2) D. 40. 13. 1. prin.
(3) D. 40. 12. 7. § 2. f. Ulp. — (4) Théph. Inst. 3. 17. prin.
(5) D. 50. 17. L. 32 et 209. f. Ulp. — (6) D. 22. 5. 7. f. Mod.

héritier, recevoir un legs, une donation, diriger un commerce, un navire; mais, dans tous ces cas, l'esclave n'était qu'un intermédiaire, un instrument, la représentation de son maître : c'est, dit Théophile, la personne du maître qui est représentée par l'esclave.

D'après notre texte, il ne peut y avoir de différence entre les esclaves ; en effet, ajoute Théophile, on ne peut être plus ou moins esclave. Entre individus qui n'ont absolument aucun droit, l'un ne peut en avoir plus qu'un autre. Cependant il ne faut pas confondre avec les esclaves proprement dits (*servi mancipia*) les colons tributaires (*coloni censiti, adscriptitii* ou *tributarii*) et les colons libres (*inquilini, coloni liberi*), espèces de serfs introduits sous les empereurs, tenant un milieu entre la liberté et l'esclavage (*H. d. d., pag.* 191). Il faut distinguer aussi les esclaves de la peine (*servi pœnæ*), condamnés aux bêtes ou aux mines, et n'ayant, pour ainsi dire, d'autre maître que leur supplice : Justinien supprima cette servitude ; enfin les esclaves appartenant au peuple ou à une municipalité (*servi populi romani, reipublicæ*). — Parmi les esclaves appartenant à des particuliers, il existait des différences de fait, selon les travaux auxquels ils étaient employés. L'un était précepteur des enfants de son maître (*pedagogus, educator*); l'autre intendant (*actor*); chargé de distribuer le travail aux autres esclaves (*dispensator*); celui-ci destiné à jouer la comédie (*comœdus*); celui-là soumis aux travaux les plus rudes, enchaîné (*compeditus*). Il y avait même des esclaves donnés par leur maître à un autre esclave, qu'ils étaient obligés de servir comme s'ils lui appartenaient. On nommait ces esclaves, vicaires (*servi vicarii*); les autres, esclaves ordinaires (*servi ordinarii*).

Mais toutes ces différences dépendaient de la volonté du maître qui pouvait les faire naître et les détruire à son gré.

CITOYENS OU ÉTRANGERS. (*Cives; peregrini, barbari*). Le titre de citoyen avait jadis une valeur inappréciable et pour les droits politiques et pour les droits civils. Nous l'avons vu réservé d'abord aux seuls habitants de Rome et de son territoire (*H. d. d., pag.* 20), puis accordé à quelques villes alliées du Latium (*Ib., p.* 72), conquis dans la guerre sociale par toute l'Italie (*Ib. p.* 107. 114), répandu dans plusieurs provinces, donné enfin par Caracalla à tous ses sujets (*après l'an* 965 *de R.,* 212 *de J.-C.*) (*Ib. pag.* 159),

Avant cette dernière époque, on recherchait soigneusement dans quel cas un individu naissait citoyen, dans quel cas il naissait *peregrinus*. Gaïus, antérieur à Caracalla de quelques années, consacre à cette question plus d'une page de ses Instituts (1). Voici deux règles générales qui recevaient ici leur application, et que nous aurons besoin de rappeler encore dans quelques cas, 1° L'enfant issu d'un mariage légitime, contracté entre personnes ayant le droit civil de s'unir (*jus connubii*), suit la condition du père; l'enfant né hors mariage, ou né de personnes n'ayant pas entre elles le *jus connubii*, suit la condition de la mère. (*Connubio interveniente liberi semper patrem sequuntur, non interveniente connubio matris conditioni accedunt* (2). — 2° Lorsque l'enfant suit la condition du père, il faut prendre cette condition au

---

(1) G. Comm. 1. § 67 à 97. — (2) Ulp. Reg. T. 5. § 8. — G. 1. § 80. 89.

moment de la conception; lorsqu'il suit la condition de la mère, au moment de la naissance. (*In his qui jure contracto matrimonio nascuntur, conceptionis tempus spectatur; in his autem qui non legitime concipiuntur, editionis*) (1). — Ces deux règles découlent des principes les plus simples : la dernière est inspirée par la nature même des choses. Si l'enfant reçoit sa condition de son père, il la reçoit au moment de la conception, car une fois conçu il est indépendant du père; celui-ci peut être malade, même mourir, l'enfant continue à se développer et à vivre; de même le père peut être fait esclave, perdre les droits de citoyen, l'enfant naîtra libre et citoyen. Au contraire, si l'enfant doit prendre la condition de la mère, c'est au moment de la naissance. Pendant toute la gestation il suit tous les changements de la mère, dont il n'est qu'une partie; souffre-t-elle, il souffre; meurt-elle, il meurt; devient-elle esclave, perd-elle ses droits de cité, il naît esclave, il naît *peregrinus*. — Il faudrait conclure de ces deux règles que, lorsqu'il y avait mariage entre un citoyen et une *peregrina* ayant le *jus connubii*, l'enfant naissait citoyen; que, lorsqu'il naissait hors mariage légitime d'une citoyenne et d'un *peregrinus*, il naissait aussi citoyen; mais la loi Mensia, *de natis ex alterutro peregrino*, portée sous Auguste, décidait que, dans tous les cas ou du père ou de la mère l'un serait étranger, l'enfant le serait aussi (2). Il fallait donc, d'après cette loi, pour que l'enfant naquît citoyen, que le père et la mère le

---

(1) Ulp. Reg. T. 5. § 10. — G. *ibid.* — (2) Ulp. R. T. 5. § 8. D'après MM. Haubold et Hugo, le mot *lex Mensia* n'est peut-êtr qu'une corruption ou une abréviation de *lex Ælia Sentia.*

fussent tous deux, soit qu'il y eût, soit qu'il n'y eût pas mariage.

Sous Justinien, le droit introduit par Caracalla existe encore (1); on ne distingue plus des citoyens que les peuples réellement étrangers, que l'on nomme barbares, tels que les Perses, les Vandales, les Goths, les Lombards, les Francs. Les avantages du citoyen, par rapport aux droits politiques, sont presque nuls; mais, dans l'ordre privé, les citoyens jouissent du droit civil, et les étrangers seulement du droit des gens.

Hommes ou femmes. La différence de sexe amène nécessairement dans la société une différence d'état, que les jurisconsultes romains n'ont pas manqué de signaler (2). Les femmes, à cause de leur faiblesse naturelle, avaient quelques priviléges de plus, et plusieurs droits de moins. Dans l'ordre public elles ne pouvaient remplir aucune fonction. Elles étaient, au temps de la république, placées sous la tutelle perpétuelle de leurs proches ou sous la puissance de leurs maris, et se trouvaient incapables d'agir en justice, même pour elles. Bien que, sous Justinien, ces incapacités n'existent plus depuis long-temps, cependant il y en a encore plusieurs autres que nous aurons occasion de signaler: ainsi elles ne peuvent ni être tutrices, ni être témoins dans un testament, ni avoir de puissance paternelle sur leurs enfants, etc.

Ingénus et affranchis. (*Ingenui; libertini, liberti*). Il est impossible d'étudier l'histoire des Romains et de lire

---

(1) D. 1. 5. 7. f. Ulp. — (2) D. 1. 5. 9. f. Pap.

les ouvrages que nous ont laissés leurs auteurs, sans apercevoir combien était grande la différence qui existait entre les ingénus et les affranchis. Cette différence avait des résultats importants et dans les mœurs et dans les lois; aussi notre texte l'examine-t-il en détail.

TIT. IV.

DE INGENUIS.

Ingenuus est, qui *statim ut nascitur, liber est:* sive ex duobus ingenuis matrimonio editus, sive ex libertinis duobus, sive ex altero libertino et altero ingenuo. Sed etsi quis ex matre libera nascatur, patre vero servo, ingenuus nihilominus nascitur, quemadmodum qui ex matre libera et incerto patre natus est, quoniam vulgo conceptus est. Sufficit autem liberam fuisse matrem eo tempore quo nascitur, licet ancilla conceperit. Et e contrario, si libera conceperit, deinde ancilla facta pariat, placuit eum qui nascitur liberum nasci, quia non debet calamitas matris ei nocere qui in ventre est. Ex his illud quæsitum est : Si ancilla

TIT. IV.

DES INGÉNUS.

Est ingénu celui qui, dès l'instant de sa naissance, est libre. Qu'il soit issu du mariage de deux ingénus, de deux affranchis, ou de celui d'un affranchi et d'un ingénu. Bien plus, l'enfant d'une mère libre et d'un père esclave naît ingénu; comme celui dont la mère est libre, mais qui a un père incertain parce qu'il a été vulgairement conçu (1). Il suffit du reste que la mère soit libre au moment de la naissance, bien qu'elle fût esclave à celui de la conception. Et si, au contraire, elle a conçu libre et accouche esclave, on a ordonné que l'enfant naîtrait libre, parce que l'infortune de la mère ne doit pas nuire à l'enfant qu'elle porte dans son sein. D'où l'on a fait cette question: Une

---

(1) Cette expression *vulgo conceptus* est pleine d'énergie, et indique bien un enfant dont la conception, ayant eu lieu hors mariage, ne peut pas être plus attribuée à l'un qu'à l'autre. On ne peut la rendre en français, et j'ai mieux aimé traduire mot à mot que de chercher une périphrase.

<table>
<tr>
<td>

prægnans manumissa sit, deinde ancilla postea facta pepererit, liberum an servum pariat ? Et Marcellus probat liberum nasci ; sufficit enim ei , qui in utero est, liberam matrem vel medio tempore habuisse : quod et verum est.

</td>
<td>

esclave enceinte est affranchie, ensuite elle redevient esclave et accouche, son enfant est-il libre ou esclave? Marcellus pense qu'il naît libre. Il suffit, en effet, à l'enfant conçu que sa mère ait été libre un moment, ne serait-ce que pendant le gestation; et cela est vrai.

</td>
</tr>
</table>

Statim ut nascitur liber est. L'ingénu dès l'instant de sa naissance a pris rang parmi les hommes libres, dans sa famille et dans la cité; il n'a jamais été soumis à aucun droit de servitude, et ne devant sa liberté à personne, aucune sujétion à cet égard ne lui est imposée. — Mais dans quels cas un enfant naît-il libre, et par conséquent ingénu? En appliquant les deux règles que nous venons d'expliquer (pag. 294), il faudrait décider : 1.° que si l'enfant est conçu en mariage il prend la condition que son père avait au moment de la conception, et par conséquent il est libre quel qu'ait été depuis le sort du père ; 2.° que s'il n'y a pas mariage, l'enfant suit la condition qu'a la mère au moment de la naissance; si la mère est libre à cette époque , l'enfant est libre; si la mère est esclave, l'enfant est esclave, quel que soit du reste le père, libre ou esclave, et quel qu'ait été le sort de la mère pendant la gestation. — Tel était le droit rigoureux. Gaius (1) et Ulpien l'appliquent, comme nous l'avons vu, au cas où il s'agit de savoir si un enfant naît étranger, et ils ne disent pas qu'il en soit autrement pour les esclaves; mais Paul, qui écrivait à la même époque qu'Ulpien, indique

---

(1) G. C. 1. § 89.

une exception faite à la règle générale en faveur de la liberté : 1. *Si serva conceperit, et postea manumissa pepererit, liberum parit.* — 2. *Si libera conceperit, et ancilla facta pepererit, liberum parit. Id enim favor libertatis exposcit.* — 3. *Si ancilla conceperit, et medio tempore manumissa sit, rursus facta ancilla pepererit, liberum parit. Media enim tempora libertati prodesse, non nocere etiam possunt* (1). Marcien, presque contemporain d'Ulpien, donne la même décison (2); enfin une version des Instituts attribue cet avis à Marcellus, qui vivait sous Marc-Aurèle, au temps même de Gaius (*H. d. d., p.* 156.); ainsi depuis ces jurisconsultes, pour que l'enfant naquît libre, il suffisait que la mère l'eût été pendant un seul moment de la gestation; c'est la disposition des Instituts.

<table>
<tr><td>

1. Cum autem ingenuus aliquis natus sit, non officit ei in servitute fuisse, et postea manumissum esse ; sæpissime enim constitutum est, natalibus non officere manumissionem.

</td><td>

1. *Celui qui est né ingénu ne perd point cette qualité pour avoir été réduit en servitude et ensuite affranchi ; car, très-souvent, l'on a déclaré que la manumission ne peut nuire aux droits de naissance.*

</td></tr>
</table>

Il faut bien se garder d'entendre par ce paragraphe que l'ingénu ne peut jamais perdre cette qualité. L'ingénu réellement fait esclave (*servus*), par exemple parce qu'il s'est laissé vendre pour avoir part au prix, a perdu son ingénuité, et si son maître le libère il devient affranchi (3), parce qu'il doit la liberté à son maître. Mais l'ingénu réduit en esclavage (*in servitute*), par exemple, l'enfant

______

(1) Paul. Sent. T. 24. — (2) D. 1. 5. 5. f. Marc. — (3) D. 15. 21. f. Modest.

que dans son enfance des pirates ont volé et vendu comme
esclave, n'a jamais perdu son ingénuité, et si son maître
le libère il ne devient pas affranchi, parce qu'il ne doit
pas à son maître la liberté qu'on lui avait ravie de fait,
mais qu'il n'avait jamais perdue de droit. La différence
est donc dans ces expressions : *in servitute esse, servus
esse*, dont la première exprime le fait, la seconde le droit.
— Un homme a une femme libre à son service, elle accouche et meurt laissant son enfant vivant. Le maître
meurt quelque temps après ; son héritier croit que l'enfant
est esclave, le garde comme tel et par suite le libère.
Cet enfant ne devient pas affranchi, parce qu'il était *in
servitute*, mais non *servus*. C'est encore un exemple donné
par Théophile. — On peut conclure de là que la définition de l'ingénu, donnée par le paragraphe précédent,
n'est pas entièrement exacte ; il ne suffisait pas de dire
l'ingénu est celui qui est né libre, il fallait ajouter : et qui
n'a jamais cessé de l'être.

<table>
<tr><td>TIT. V.</td><td>TIT. V.</td></tr>
<tr><td>DE LIBERTINIS.</td><td>DES AFFRANCHIS.</td></tr>
</table>

L'esclave délivré de la servitude se nommait affranchi
(*libertinus, libertus*) ; celui qui le délivrait, patron (*patronus*). Les mœurs et les lois avaient séparé les affranchis
des ingénus, et en avaient fait une classe à part. — Dans
les mœurs : le souvenir de leur esclavage les marquait
pour toujours, et les plaçait bien au-dessous de ceux qui
ne devaient leur liberté qu'à leur naissance. L'ancien esclave prenait le nom de son patron, il s'attachait ordinairement à sa maison, et, après l'avoir servi comme es-

clave, il le servait encore comme affranchi (1). Il ne
craignait pas de se livrer à des occupations qu'un ingénu
n'eût pas voulu remplir, comme celle de diriger un commerce, un navire, une boutique ; quelquefois il se rendait
utile par ses connaissances dans les affaires ou dans la
jurisprudence ; souvent il devenait le confident, le complice de son patron ; la plupart de ces empereurs qui ont
laissé dans l'histoire un nom flétri, eurent pour conseillers
des affranchis : Narcisse inspira et dirigea presque tous les
forfaits de Néron ; mais quelquefois aussi ces esclaves libérés semblaient par leurs talents vouloir se venger de la
fortune. Térence et Horace ne devaient la liberté qu'à
une manumission ; ils avaient reçu en naissant le génie
qui a fait passer jusqu'à nous leurs noms et leurs ouvrages. — Par les lois : les affranchis, dans l'ordre politique, ne pouvaient aspirer à certaines dignités ; ils n'avaient
pas le droit de porter l'anneau d'or (*jus aureorum annulorum*), marque distinctive qui avait fini par être commune à
tous les ingénus ; enfin il était défendu aux patriciens de
former des alliances avec eux. Dans l'ordre privé, la chose
la plus caractéristique c'est que l'affranchi, en entrant
parmi les hommes libres, s'y trouvait seul, sans famille
civile ; et cela devait nécessairement changer pour lui
toutes les règles de cette matière, comme celles sur la
tutelle, sur les successions. Dans cette position les lois,
de concert avec les mœurs, lui avaient donné en quelque
sorte pour famille celle du patron, envers qui il avait à
remplir plusieurs devoirs, dont la réunion formait pour

____

(1) Inst. 2. 5. 2.

celui-ci ce qu'on nommait les droits de patronage (*jura patronatus*).

Au premier temps de la république, il y avait peu d'esclaves, peu d'affranchis : on les distinguait bien des ingénus ; plus tard les esclaves se multiplièrent, les affranchis aussi ; dans les dernières guerres civiles on forma avec eux des légions, chose contraire au droit constitutif. Auguste voulut réprimer par plusieurs lois ces manumissions répétées (*H. d. d., pag.* 146) ; mais la fortune et les mœurs de l'empire ne ressemblaient pas à celles de la république ; les choses continuèrent d'avoir leur cours ; les affranchis citoyens se rapprochèrent des ingénus ; souvent les empereurs accordaient à quelques-uns d'entre eux le droit de régénération (*jus regenerationis*), et par là ils se trouvaient en quelque sorte régénérés, rangés parmi les ingénus, pouvant porter l'anneau d'or. Enfin Justinien finit par effacer toute différence ; il accorda à tous les affranchis la régénération, et ne laissa plus subsister, comme les distinguant des ingénus, que les droits du patron et de sa famille.

Libertini sunt, qui ex justa servitute manumissi sunt. Manumissio autem est datio libertatis ; nam quamdiu quis in servitute est, manui et potestati suppositus est : manumissus liberatur a potestate. Quæ res à jure gentium originem sumpsit : utpote, cum jure naturali omnes liberi nascerentur, nec esset nota manumissio, cum servitus esset incognita. Sed postquam jure gentium servitus invasit, secutum est beneficium

Sont affranchis ceux qui sont libérés par manumission d'une juste servitude. La manumission est le don de la liberté; car tant qu'on est esclave on est sous la main et sous la puissance du maître ; par la manumission on est délivré de cette puissance. Cette institution vient du droit des gens ; en effet, d'après le droit naturel, tous les hommes naissaient libres, il n'y avait pas d'affranchissement parce qu'il n'y avait pas d'esclavage. Mais lorsque

manumissionis; et cum uno communi nomine omnes *homines* ap-
pellarentur, jure gentium tria
hominum genera esse cœperunt :
liberi, et his contrarium servi,
et tertium genus libertini, qui
desierant esse servi.

*le droit des gens eut introduit la
servitude, à la suite vint le bienfait
de la manumission; et tandis que
primitivement tous les hommes
étaient égaux, on commença d'a-
près le droit des gens à les diviser
en trois espèces : les libres; par opposition, les esclaves ; et troisième-
ment les affranchis qui avait cessé
d'être esclaves.*

Pour qu'un individu libéré de la servitude devînt affranchi, il fallait que sa servitude fût réelle et de droit,
sinon la manumission n'aurait pas nui à sa liberté; voilà
pourquoi le texte porte : *Ex justa servitute.* Les derniers
termes du paragraphe *Qui desierant esse servi* compren-
nent la même idée; ils ont même quelque chose de plus
général que la première définition, car ils ne renferment
pas le mot *manumissi,* libérés par manumission : or il y
avait des esclaves qui pouvaient être affranchis d'autres
manières que par manumission. L'étymologie de *manumissio* est bien naturelle (*de manu missio*); les expressions
manui subesse étaient consacrées chez les Romains pour
dire être sous la puissance; l'esclave est *sub manu domini :*
voilà pourquoi l'acte qui le délivre de cette puissance, de
cette main qui pèse sur lui, se nomme *manumissio.* Nous
verrons cependant que le mot *manus,* pris ici dans un
sens général, était jadis consacré pour désigner spécialement la puissance du mari sur la femme.

1. Multis autem modis ma-
numissio procedit; aut enim ex
sacris Constitutionibus in sacro-
sanctis Ecclesiis, aut vindicta;

*1. L'affranchissement se fait de
plusieurs manières : dans les saintes
Églises, conformément aux Constitutions impériales, par la vindicte,*

aut inter amicos, aut per epistolam, aut per testamentum, aut per aliam quamlibet ultimam voluntatem. Sed et aliis multis modis libertas servo competere potest, qui tam ex veteribus, quam ex nostris Constitutionibus introducti sunt.

entre amis, par lettre, par testament ou par tout autre acte de dernière volonté. Il est encore, pour acquérir la liberté, beaucoup d'autres moyens introduits tant par les Constitutions anciennes que par les nôtres.

La manumission n'était point un acte qui ne touchât qu'à un intérêt privé ; il faut bien en saisir le véritable caractère. Elle avait pour but naturel de libérer l'esclave, et partant, une fois libre, de le faire entrer dans la société avec des droits quelconques ; ces droits étaient même ceux de citoyen. Trois parties étaient intéressées : le maître qui perdait sa puissance, l'esclave qui changeait de condition, et la cité qui le recevait dans son sein comme un de ses membres. Ces trois parties devaient donc intervenir dans l'acte. Aussi la volonté seule du maître ne suffisait-elle pas pour opérer l'affranchissement ; la cité y concourait toujours : représentée par le censeur dans l'affranchissement par le cens ; par le peuple lui-même réuni en comices dans l'affranchissement par testament ; par le magistrat dans l'affranchissement par la vindicte. Toute manumission faite par le propriétaire seul ne devait être qu'un acte privé ; cependant nous voyons souvent que les maîtres affranchissaient l'esclave, soit en le faisant asseoir à leur table en signe de liberté, soit en déclarant devant des amis leur intention ; mais ce n'était là qu'une affaire particulière entre l'esclave et son maître, par laquelle celui-ci promettait de ne point exercer son pouvoir : l'esclave ne devenait ni libre ni citoyen romain, car la cité n'était pour rien dans son affranchissement, et le maître pouvait, quand il voulait, reprendre cette puissance qu'il avait promis de ne plus exercer, car on ne s'oblige pas envers son esclave ; il est vrai que les préteurs s'y opposaient. Par la suite, une loi Junia sanctionna cette juridiction prétorienne, et voulut que ces esclaves vécussent toujours comme libres, mais non comme citoyens (1). Enfin Justinien, sous qui le titre de citoyen était bien loin d'avoir le prix qu'on lui donnait à Rome, ne mit aucune différence entre ces divers modes d'affranchissement, et par là les esclaves purent, sans le concours de la cité, et par la volonté seule du maître, recevoir non-seulement la liberté, mais encore les droits de cité.

De cet aperçu il est facile de conclure que les modes de manumission se divisent en solennels et non solennels ; que cette division est importante à remarquer dans la première jurisprudence ; parce que les affranchissements solennels étaient les seuls qui produisissent des effets sanctionnés par le droit; et depuis la loi Junia, parce que

---

(1) Tout ce que nous venons de dire se déduit comme une conséquence forcée des diverses dispositions sur les affranchissements et de la nature de cet acte. Voici à ce sujet un passage qui est trop saillant pour ne point le citer; il est puisé chez un ancien jurisconsulte romain. *Primum ergo videamus quale est quod dicitur, eos qui inter amicos apud veteres manumittebantur, non esse liberos, sed domini voluntate in libertate morari, et tantum serviendi metu liberari. Antea enim una libertas erat ; et libertas fiebat vel ex vindicta, vel ex testamento, vel in censu: et civitas romana competit manumissis, quæ appellatur legitima libertas. Hi autem qui domini voluntate in libertate erant, manebant servi, et manumissores audebant eos iterum per vim in servitutem ducere: sed interveniebat prætor, et non permittebat manumissum servire, etc.* (Veteris jurecons. fragment. De manum. § 6).

les affranchissements solennels rendaient seuls citoyens, les autres ne donnant que l'exercice irrévocable de la liberté; mais que, sous Justinien, la même importance cesse, puisque tous les modes produisent les mêmes effets.

Modes solennels de manumission.

Manumission par le cens (*Censu*). Lorsque le censeur faisait le recensement des citoyens , intervenaient devant lui l'esclave qu'on voulait libérer, le maître qui renonçait à sa puissance, et alors, en vertu des pouvoirs qui lui étaient confiés, ce magistrat inscrivait l'esclave sur les tables du cens au nombre des Romains ; formalité toute simple, toute naturelle, qui n'était qu'un commencement d'exécution des effets que devait produire l'affranchissement. Tel est le premier mode de manumission dont le souvenir nous soit conservé ; il prend son origine peu de temps après Servius (*H. d. d., pag.* 15). Sous l'empire, l'institution du cens tomba en désuétude. Pendant deux cents ans environ, depuis Vespasien jusqu'à Décius (de 827 de R. à 1002) on ne fit aucun recensement, et dans l'intervalle les jurisconsultes parlent de la manumission par le cens, les uns comme existant toujours (1), parce qu'elle n'était pas abolie de droit; les autres, comme n'existant plus, parce qu'elle était tombée en désuétude (2). L'empereur Décius (1002 de R. — 249 de J.-C.) fit faire un recensement, qui fut le dernier.

---

(1) G. 1. 17.

(2) Ulpien. T. 1. § 8. frag. s'exprime ainsi : *Censu manumittebantur olim qui lustrali censu Romæ jussu Dominorum inter cives Romanos censum profitebantur.*

Manumission par la vindicte (*Vindicta*). L'affranchis-sement dont nous venons de parler ne se présentait que tous les cinq ans, il ne pouvait long-temps suffire. Cependant quel moyen trouver pour rendre libre et citoyen un esclave sans l'inscription sur le cens? Une action symbolique, toute dans le génie des premiers Romains, donna ce moyen. Lorsqu'un homme libre était injustement en servitude, on s'adressait au consul rendant la justice, et on réclamait sa liberté. Alors avait lieu le procès nommé *causa liberalis*, à la suite duquel était prononcé le jugement qui le déclarait libre. Une représentation fictive de ce procès servit de manumission. Le maître et l'esclave se présentaient au consul; là, avec des formalités qui ne nous sont pas bien connues, on feignait de vendiquer la liberté comme appartenant à cet homme, le maître ne contestait pas; et le magistrat, rendant une espèce de jugement, prononçait: *Aio te liberum more Quiritium.* C'est ainsi qu'on parvenait au but qu'on voulait atteindre. Dans ces formalités paraissait une baguette (*festuca, vindicta*), espèce de lance qui, chez les Romains, peuple guerrier et spoliateur, était un symbole de propriété, et s'employait dans toutes les procédures où il s'agissait de vendiquer. (*Festuca autem utebantur quasi hastæ loco, signo quodam justi dominii : maxime (enim) sua esse credebant quæ ex hostibus cepissent* (1). Cette lance était apposée par le licteur sur l'esclave lorsqu'on le vendiquait en liberté (*in libertate vindicare*), et voilà pourquoi l'affranchissement par ce moyen se nommait *vindicta manumissio*. — Les

---

(1) G. 4. § 16 in fin.

magistrats devant qui se faisait cet acte furent d'abord les consuls ; on y ajouta les préteurs, lorsqu'ils furent créés pour rendre la justice, puis les proconsuls et les divers présidents des provinces.

L'opinion que nous venons d'exposer sur l'affranchissement par la vindicte n'est pas encore reçue généralement (1). On a fait bien des recherches, bien des sup-

______

(1) D'après la plupart des auteurs, le maître, saisissant l'esclave pour mieux l'indiquer au magistrat, déclarait son intention : *hunc hominem liberum esse volo*, et après lui avoir donné un soufflet, comme dernier acte de sa puissance, il le repoussait en le faisant tourner sur lui-même, et lui disant: *Abito quo voles.* Le préteur alors faisait imposer la baguette (*vindicta*), et le déclarait libre : *Aio te liberum more Quiritium.* Cependant une infinité de raisons prouvent que la manumission était une fiction de la *causa liberalis.* On justifie ainsi de la manière la plus satisfaisante comment on fut amené à se passer de l'inscription sur le cens ; de plus on cite à l'appui plus d'un exemple de fictions pareilles. Voulait-on donner à quelqu'un la propriété romaine d'une chose qui ne lui appartenait pas, on représentait devant le préteur un procès. Celui à qui on voulait donner feignait de vendiquer la chose, le maître ne contestait pas ; et le magistrat, comme s'il rendait un jugement, adjugeait la chose à celui qui l'avait vendiquée (*G.* 2. § 24. — *Ulp. Reg. T.* 19. §. 9 *et suiv.*). Cette procédure se nommait *in jure cessio.* Voulait-on donner son fils en adoption à quelqu'un, ce dernier le vendiquait devant le magistrat comme sien ; le père ne contestait pas, et le préteur adjugeait le fils au vendiquant (*Aul. Gel.* 5. 19). Nous pourrions donner encore plus d'un exemple à peu près semblable, qui tous, font présumer qu'un moyen pareil avait été employé pour la manumission. — On peut donner aussi à l'expression *manumissio vindicta* une autre origine que celle que nous avons énoncée. D'après Tite-Live (*L.* 2. *c.* 5.), elle vient d'un esclave nommé Vindicius, qui, le premier, fut affranchi de cette manière pour avoir découvert la conspiration des fils de Brutus. Théophile rapporte les deux étymologies.

positions sur les formalités qui avaient lieu. Mais, quoi qu'il en soit, ces formalités tombèrent en désuétude sous les empereurs. Un fragment d'Hermogénien nous apprend que l'affranchissement se faisait de son temps sans que le maître parlât ; les paroles solennelles étaient supposées prononcées (1) ; il n'était pas nécessaire que le magistrat fût à son tribunal, il pouvait affranchir en quelque lieu qu'il fût. Ulpien dit même avoir vu le préteur affranchir étant à la campagne, sans que ses licteurs fussent présents (2).

Manumission par testament (*Testamento*). Le testament ne pouvait être fait primitivement que devant les comices du peuple, qui devaient ratifier les volontés du testateur, comme s'il s'agissait de ratifier un projet de loi. Il était naturel qu'on pût affranchir par ce moyen, puisque les citoyens eux-mêmes y concouraient. L'esclave n'y intervenait pas plus que tout autre légataire, parce que le testament n'est fait que pour le moment de la mort du testateur, et jusque là ne produit aucun effet. Par la suite, les formalités devinrent moins rigoureuses : au lieu de la présence du peuple, il suffit de celle d'un certain nombre de témoins ; mais les manumissions n'en continuèrent pas moins à pouvoir être faites dans cet acte. — On donnait ainsi la liberté directement ou par fidéicommis. *Directement*, quand le testateur, sans employer aucun intermédiaire, déclarait sa volonté (*servus meus Cratinus liber esto; liber sit; Cratinum liberum esse jubeo*) ; par *fidéicommis*, quand le maître employait une personne interposée,

---

(1) D. 40. 2. 23. f. Hermog. — (2) D. 40. 2. 8. f. Ulp.

qu'il priait d'affranchir l'esclave (*heres meus rogo te ut Sac-cum, vicini mei servum, manumittas; fideicommitto heredis mei ut iste eum servum manumittat* (1). Les différences entre ces deux modes étaient grandes. La liberté directe ne pouvait être donnée par le testateur qu'à son es-clave (2), la liberté fidéicommissaire même à l'esclave d'autrui (3), l'héritier était chargé de l'acheter et de l'af-franchir : l'esclave affranchi directement était libre de plein droit, du moment où l'un des héritiers avait ac-cepté (4), l'esclave affranchi par fidéicommis ne deve-nait libre que lorsque l'héritier ou la personne chargée du fidéicommis l'affranchissait : le premier était affranchi du défunt ; on le nommait *libertus orcinus* parce que son patron était chez les morts (*ad orca*) ; la famille de ce dernier succédait aux droits de patronage (5) : le second avait pour patron celui qui avait été chargé de l'affran-chir (6). — On pouva't aussi par testament donner la li-berté sous condition, ou à partir d'un certain jour (*sub conditione, a die*), mais non jusqu'à un certain jour (*ad diem*) (7); l'esclave ainsi affranchi : que Pamphile soit libre pendant dix ans, l'eût été pour toujours. La raison en est sensible, la qualité d'homme libre et de citoyen ne peut s'acquérir pour un moment et se perdre sans motifs.

Manumission dans les églises (*In sacro sanctis ecclesiis*). Nous trouvons au Code, sur ce mode d'affranchissement, deux constitutions rendues en 316 de J.-C., lorsque

---

(1) Ulp. Reg. T. 2. § 7.—(2) D. 40. 4. 35.—Ins. 2. 24. 2.—(3) D. 40. 5. 31. p. f. Paul.—Ulp. Reg. 2. 10.—(4) D. 40. 4. 11. § 2. f. Pomp. et 25. f. Ulp. — Ulp. Reg. 1. 22. — (5) Cod. 7. 6. 1. § 7. — (6) Ulp. Reg. T. 2. § 8. — (7) D. 40. 4. 1. 33. 34. f. Paul.

Constantin partageait encore l'empire avec Licinius, et qu'il commençait à protéger la religion chrétienne, époque où déja, depuis près d'un siècle, le cens n'avait plus eu lieu. Cette manumission se faisait devant les évêques en présence du peuple ; on la constatait par un acte quelconque que signait le pontife (1). Il paraît qu'on choisissait ordinairement pour cette formalité un jour de fête solennelle, comme celle de Pâques. Cujas rapporte un pareil acte qui se trouvait gravé sur la pierre, au-dessus des portes de l'ancienne cathédrale d'Orléans : *Ex beneficio S. † per Joannem episcopum et per Albertum S. † Casatum, factus est liber Lemtbertus, teste hac sancta ecclesia* (2). « Par la grâce de la sainte Croix, par le ministère de Jean, évêque, et par la volonté d'Albert vassal de la sainte Croix, Lemtbertus, esclave de ce dernier, a reçu la liberté en présence des fidèles de cette église ».

Modes non solennels de manumission.

Par lettre (*Per epistolam*). Les maîtres, dit Théophile, écrivaient quelquefois à un esclave qui se trouvait loin d'eux, qu'ils lui permettaient de vivre en liberté. C'est là l'origine de l'affranchissement *per epistolam*. Justinien exigea que la lettre ou l'écrit qui contenait la manumission fût signée de cinq témoins (3).

Entre amis (*Inter amicos*). La déclaration du maître, faite devant ses amis, mettait l'esclave en liberté. Justi-

____

(1) Cod. 1. 13. — (2) Cuj. Inst. D. Just. notæ. — (3) Cod. 7. 6. 1. § 1.

nien fixa le nombre des témoins présents à cinq. On dressait un acte, dans lequel ils attestaient avoir entendu la déclaration (1).

Par codicille (*Per codicillum*). Le codicille est un acte sans solennité, dans lequel on pouvait exprimer ses dernières volontés relativement aux dons, legs et autres dispositions particulières dont on chargeait l'héritier. Justinien exigea que le codicille fût signé de cinq témoins (2). On pouvait affranchir dans cet acte ; et c'est à ce mode de manumission que font allusion les expressions de notre texte : *Per quamlibet aliam ultimam voluntatem.*

Il était encore plusieurs autres modes exprimés dans une constitution de Justinien (3) ; les voici : Si un maître a chassé et abandonné sans secours son esclave dangereusement malade, ou bien s'il a prostitué une esclave, vendue sous condition qu'elle ne le serait pas, l'esclave devient libre sans patron. — Si l'esclave, d'après la volonté du défunt ou de son héritier, a précédé le convoi de son maître portant le chapeau de la liberté, il sera libre, afin que le maître ne se soit point donné avec ostentation le faux mérite d'un affranchissement simulé. — Si après avoir plaidé contre un individu, et l'avoir fait déclarer son esclave, on reçoit de quelqu'un le prix qu'il vaut. — Si le maître a marié à un homme libre une femme esclave en lui constituant une dot. — S'il a, dans un acte public, donné à son esclave le nom de son fils. — Si, en présence de cinq témoins, il lui a remis ou s'il a déchiré les titres

---

(1) Cod. 7. 6. 2. — (2) Cod. 6. 36. 8. § 3. — (3) Cod. 7. 6. 3 à 12.

constatant sa servitude. — On avait bien autrefois quelques autres moyens d'affranchir sans solennité ; par exemple, lorsque le maître faisait asseoir l'esclave à sa table en signe de liberté (*per convivium, per mensam, inter epulas*) ; mais Justinien n'a sanctionné que les modes que nous venons de rapporter, et quelques autres indirects que nous aurons occasion de voir (1).

2. Servi autem a dominis semper manumitti solent : adeo ut vel in transitu manumittantur, veluti cum prætor, aut præses, aut proconsul in balneum, vel in theatrum eunt.

2. *Il est d'usage que les maîtres puissent toujours affranchir leurs esclaves ; ils le font même au passage, par exemple, quand le préteur, le proconsul ou le président vont au bain ou au théâtre.*

3. Libertinorum autem status tripertitus antea fuerat. Nam qui manumittebantur, modo majorem et justam libertatem consequebantur, et fiebant cives Romani ; modo minorem, et Latini ex lege Junia Norbana fiebant ; modo inferiorem, et fiebant ex lege Ælia Sentia deditiorum numero. Sed, deditiorum quidem pessima conditio jam ex multis temporibus in desuetudinem abiit, Latinorum vero nomen non frequentabatur, ideoque nostra pietas omnia augere, et in meliorem statum reducere desiderans, duabus constitutionibus hoc emendavit, et in pristinum statum reduxit ; quia

3. *Les affranchis pouvaient précédemment se trouver dans trois états différents. Car tantôt ils acquéraient une liberté entière et légitime, et devenaient citoyens romains ; tantôt une liberté moindre, et, d'après la loi Junia Norbana, ils étaient Latins ; tantôt une liberté inférieure, et, par la loi Ælia Sentia, ils étaient au nombre des déditices. Mais déjà, depuis long-temps, les derniers de ces affranchis, les déditices ont disparu de l'usage ; le titre de Latin était rare ; aussi, désirant tout compléter et tout améliorer, notre humanité a corrigé ce point en le ramenant à son premier état. En effet, dès le berceau de Rome, la liberté était une, la même*

---

(1) Cod. 7. 6. 12.

et in primis urbis Romæ cunabulis una atque simplex libertas competebat, id est, eadem quam habebat manumissor, nisi quod scilicet libertinus sit qui manumittitur, licet manumissor ingenuus sit. Et dedititios quidem per constitutionem nostram expulimus, quam promulgavimus, inter nostras decisiones, per quas, suggerente nobis Triboniano, viro excelso, quæstore, antiqui juris altercationes placavimus. Latinos autem Junianos, et omnem quæ circa eos fuerat observantiam, alia constitutione, per ejusdem quæstoris suggestionem, correximus, quæ inter imperiales radiat sanctiones. Et omnes libertos, nullo nec ætatis manumissi, nec dominii manumittentis, nec in manumissionis modo discrimine habito, sicut jam antea observabatur, civitati romanæ donavimus ; multis modis additis, per quos possit libertas servis cum civitate romana, quæ sola est in præsenti, præstari.

pour l'affranchi que pour l'affranchissant, si ce n'est que ce dernier étoit ingénu, l'autre affranchi. En conséquence, en promulguant, sur l'avis de l'illustre Tribonien, questeur, ces décisions qui ont éteint toutes les discussions de l'ancien droit, nous y avons compris une constitution qui supprime les dédités. De même nous avons, à l'instigation du même questeur, effacé les Latins Juniens et tout ce qui les concernait dans une autre constitution qui brille parmi les lois impériales. Tous les affranchis, sans établir, comme autrefois, de différence selon leur âge, le genre de propriété de l'affranchissant ou le mode de manumission, nous les avons rendus citoyens romains; en ajoutant plusieurs moyens nouveaux de donner à un esclave la liberté jointe aux droits de cité, la seule qui existe aujourd'hui.

Primitivement la liberté était une et indivisible. Tout affranchissement produisait deux effets : 1° Le maître renonçait à ses pouvoirs de propriétaire ; 2° les droits de cité étaient accordés à l'esclave. Par une conséquence naturelle, il fallait donc 1° que le maître fut propriétaire de l'esclave d'après le droit civil (*dominus ex jure Quiritium*); 2° que la cité intervînt pour consentir à l'affranchissement, c'est ce qui avait lieu dans les manumissions *censu, vindicta, testamento.* Si celui qui affranchissait n'était pas propriétaire d'après le droit civil, et ne faisait que posséder l'esclave dans ses biens (*in bonis*), ou bien si l'affranchissement était fait sans solennité, l'esclave ne devenait pas libre ; mais, d'après la volonté de l'affranchissant, il vivait en liberté (*in libertate morabatur*), il était délivré seulement de la peine de servir (*tantùm serviendi metu liberabatur*) ; restant toujours esclave de droit, tout ce qu'il acquérait était à son maître ; celui-ci même aurait pu, d'après le droit civil, le faire rentrer sous sa puissance : mais le préteur s'y opposait, et seulement le maître venait, à la mort de l'esclave, prendre, comme propriétaire, tout ce que celui-ci laissait (1).

La loi Ælia Sentia, rendue en 757 sous Auguste, apporta plusieurs modifications aux affranchissements, entre autres celles que voici : elle exigea, pour que l'esclave affranchi devînt libre et citoyen, qu'il eût trente ans, à moins qu'on ne l'affranchît par la vindicte, après en avoir fait approuver le motif par un conseil (*apud consilium justa causa approbata*) (2). De plus elle décida que les esclaves qui, pendant leur servitude, avaient été jetés dans les fers, marqués d'un fer chaud, ou mis à la question pour un crime dont ils étaient restés convaincus (*si in ea noxa fuisse convicti sint*) (3), ne pourraient plus, même lorsqu'ils réuniraient dans leur affranchissement les trois conditions voulues, acquérir les droits de citoyen, et seraient assimilés aux déditices : on nommait ainsi des peuples qui jadis prirent les armes contre Rome, et, qui après

---

(1) Veteris Jurecons. frag. De manum. § 6. 7.

(2) G. 1. § 18. 19.—(3) G. 1. § 13.—Paul Sent. L. 4. T. 12. § 3.

avoir été vaincus, se rendirent à discrétion (*qui quondam adversus populum romanum armis susceptis pugnaverunt, et deinde victi se dederunt*); les Romains leur laissèrent la vie et la liberté en les flétrissant du nom de *Déditices* (1). Il y eut dès lors deux classes d'affranchis, les citoyens, les déditices ; quant aux esclaves, *qui libertate morabantur*, on ne pouvait encore les compter comme affranchis.

Mais la loi Junia Norbana, que l'on croit rendue en 772, sous Tibère (2), fit de ces derniers une troisième classe, qui fut assimilée, pour les droits, aux anciens habitants des colonies du Latium (*exæquavit eos latinis colonariis qui, cum essent cives romani liberti, nomen suum in coloniam dederant*) (3), et ces affranchis furent nommés *Latins Juniens;* Latins, à cause de leur position, Juniens, à cause de la loi (4).

On compta alors trois classes d'affranchis, 1° les affran-

----

(1) G. 1. § 14. — Théoph. h. t.

(2) Il faut avouer que plusieurs raisons, et entre autres, quelques phrases de Gaïus et d'Ulpien pourraient faire penser que, lors de la loi *Ælia Sentia*, la classe des affranchis latins était déjà admise, et que par conséquent la loi *Junia Norbana* est antérieure à la loi *Ælia Sentia*. Cependant ces phrases s'expliquent par les réflexions suivantes: La loi *Ælia Sentia*, portant quelques prohibitions nouvelles aux affranchissements, empêcha dans certains cas que l'esclave affranchi devînt citoyen (*non voluit manumissos cives romanos fieri. G. 1. § 18*); elle l'assimila à celui qui vivait en liberté d'après la volonté de son maître (*perinde haberi jubet, atque si domini voluntate in libertate esset. Ulp. Reg. T 1. § 12*). Enfin la loi *Junia* vint, et dès lors cet esclave fut Latin Junien (*ideoque fit Latinus.* ibid.). Si Gaïus et Ulpien réunissent quelquefois ces conséquences, c'est qu'ils écrivent postérieurement aux deux lois, à une époque où leurs dispositions étaient en vigueur ensemble et se réunissaient.

(3) Veter Jur. f. § 8. — (4) G. 1. § 22. — 3. § 56.

chis citoyens, dans l'affranchissement desquels concouraient ces trois choses : que l'esclave eût trente ans, que
le maître eût le domaine du droit civil, que le mode de
manumission fût solennel; 2° les déditices qui avaient
été, pendant leur esclavage, punis pour un crime; 3° les
Latins Juniens qui n'avaient commis aucun crime, mais
à l'affranchissement desquels manquait une des trois
circonstances dont nous venons de parler.

Les affranchis citoyens jouissaient de tous les droits
civils, sauf les différences résultant de ce qu'ils n'étaient
pas ingénus.

Les déditices ne jouissaient que de la liberté et des droits
naturels accordés jadis aux peuples auxquels on les avait
assimilés. Ils ne pouvaient acquérir que par les moyens
permis aux étrangers ; ils ne pouvaient faire de testament;
ils ne pouvaient demeurer à Rome ou dans un rayon de
cent milles, sous peine de confiscation de leurs biens; ils
ne pouvaient avoir aucune espérance de changer d'état (1);
enfin, à leur mort, le maître venait prendre leurs biens,
par droit de succession, s'ils avaient été affranchis solennellement avec toutes les conditions voulues, sinon
par droit de pécule et comme étant toujours leur propriétaire (2).

Les Latins Juniens n'avaient pas tous les droits de citoyen romain. Dans l'ordre politique, les droits de suffrage,
l'aptitude aux fonctions publiques leur étaient refusés;
dans l'ordre privé, ils ne pouvaient être nommés directement héritiers, légataires ou tuteurs, ils ne pouvaient

---

(1) G. 1. § 25. 26. 27. — (2) G. 3. § 74. 75. 76.

faire de testament; à leur mort, leurs maîtres continuèrent toujours à prendre les biens qu'ils laissaient, comme s'ils n'avaient pas cessé d'être esclaves: ce qui fait dire, dans les Instituts, qu'à leur dernier soupir ils perdaient à la fois la vie et la liberté (*in ipso ultimo spiritu simul animam atque libertatem amittebant*) (1). Mais un Latin pouvait, de plusieurs manières, passer à l'état de citoyen (2): *beneficio principali*, si l'empereur par un rescrit lui accordait cette faveur; *liberis*, si, ayant contracté mariage et ayant un enfant, il se présentait devant le préteur ou le président de la province, et prouvait ce fait (*causam probare*), il devenait citoyen, ainsi que sa femme et son enfant s'ils ne l'étaient pas (3); *iteratione*, s'il était affranchi de nouveau avec toutes les conditions qui manquaient à son premier affranchissement; enfin de bien d'autres manières qu'Ulpien désigne par ces mots: *militia, nave, ædificio, pistrino*, et qui consistent à avoir servi pendant un certain temps dans les gardes de Rome; avoir construit un navire et transporté six ans du bled; avoir élevé un édifice, établi une boulangerie.

Telles sont les trois classes d'affranchis que Justinien

---

(1) I. 5. 7. 4. — G. 3. § 56 et suiv. — (2) G. 1. § 28 et suiv. — Ulp. regul. T. 5. 1 et suiv.

(3) Ce mode avait été introduit par la loi Ælia Sentia, seulement pour ceux qui, ayant moins de trente ans lors de leur affranchissement, n'étaient pas devenus libres et citoyens. Un sénatus-consulte par la suite l'étendit à tous les affranchis latins. Voy. *Gaï. loc cit.* — Ulpien attribue cette disposition à la loi *Junia*; d'où il faut conclure tout au plus que la loi Junia confirma ce qu'avait décidé la loi Ælia Sentia.

réduisit à une seule (1), en accordant à tous les droits de cité, sans distinguer si l'esclave avait trente ans, si le maître avait le domaine de citoyen (2), si le mode d'affranchissement était solennel (*nullo nec ætatis manumissi, nec dominii manumittentis, nec in modo manumissionis discrimine habito*). Il arriva ainsi qu'un esclave pût par l'acte particulier du maître, sans l'intervention de la cité, devenir citoyen; mais, nous l'avons déjà dit, quelle différence entre la valeur de ce titre à Constantinople, et le prix qu'il avait jadis à Rome!

<table>
<tr><td>

TITULUS VI.

QUI ET EX QUIBUS CAUSIS MANUMIT-
TERE NON POSSUNT.

</td><td>

TITRE VI.

PAR QUI ET POUR QUELLES CAUSES
LES MANUMISSIONS NE PEUVENT ÊTRE
FAITES.

</td></tr>
</table>

Au sein de la république romaine, les restrictions à la faculté d'affranchir n'étaient point apportées par les lois; elles l'étaient par les mœurs et par la force des choses. Quand les esclaves, à cause de leur grande quantité, devinrent moins chers, quand le titre de citoyen étendu sur un plus grand nombre de sujets, dépouillé par le despotisme naissant des droits qui y étaient attachés, devint moins précieux, alors les affranchissements se multiplièrent. C'est au milieu des troubles, qui amenèrent l'extinction de la république, que des abus se firent sentir.

---

(1) Cod. 7. T. 5 et 6.

(2) Du reste nous aurons occasion de dire que Justinien ne mit plus aucune différence entre le domaine de citoyen nommé (*dominium ex jure Quiritium*) et la propriété naturelle (**H. d. d., pag. 124**).

On affranchissait pour grossir le nombre de ses partisans, quelquefois pour que l'esclave, devenu citoyen, reçût sa part dans les distributions gratuites ; souvent au moment de la mort, pour qu'un long cortége, coiffé du bonnet de la liberté, suivît le char funéraire, attestant la richesse et la générosité du défunt (*H. d. d., pag.* 146). Auguste, qui cherchait à asseoir solidement son trône en ramenant la tranquillité et en détruisant les excès, crut devoir combattre les mœurs par des lois, et mettre des bornes aux affranchissements. Telles sont les causes qui donnèrent naissance à la loi *Ælia Sentia* et à la loi *Furia Caninia*. A l'époque de Justinien, l'esprit général des sujets et du gouvernement était bien changé : le titre de citoyen avait perdu toute sa valeur ; le caractère de république, qui restait encore sous Auguste, était effacé ; les mœurs et les lois étaient revenues à des règles communes de droit naturel et d'humanité, et l'empereur cherchait à favoriser en tout les affranchissements. Les lois *Ælia Sentia* et *Furia Caninia* durent être abrogées ou modifiées. Les Instituts examinent la première dans ce titre, la seconde dans le titre suivant.

C'est Suétone qui nous apprend que la loi *Ælia Sentia* fut portée par Auguste (1) ; et comme les fastes consulaires nous présentent S. Ælius Cato et C. Sentius Saturnius, consuls en 757 de Rome, nous pouvons la placer à cette époque.

Cette loi eut une grande importance dans la législation ; tous les jurisconsultes romains s'en occupèrent beaucoup : elle contenait plusieurs dispositions nouvelles.

____

(1) Suet. August. c. 40.

Les plus connues sont : 1°. celle qui défendait d'affranchir un esclave âgé de moins de trente ans , si ce n'est
par la vindicte, avec l'approbation du conseil; 2° celle qui
créait la nouvelle classe des affranchis déditices ; 3° celle
qui prohibait les affranchissements faits en fraude des
créanciers ; 4° celle qui défendait que le maître, mineur
de vingt ans, pût affranchir autrement que par la vindicte et avec l'approbation du conseil (1). Nous avons
déjà examiné les deux premiers chefs : ce titre est consacré aux deux derniers.

<table>
<tr><td>

Non tamen cuicumque volenti
manumittere licet ; nam is qui in
fraudem creditorum manumittit,
nihil agit , quia lex Ælia Sentia
impedit libertatem.

</td><td>

*Il n'est cependant pas libre à
chacun d'affranchir quand il le
veut ; car si l'affranchissement est
fait en fraude des créanciers, il est
nul, parce que la loi Ælla Sentia
met obstacle à la liberté.*

</td></tr>
</table>

Tout ce qui est relatif à cette disposition a été maintenu.

Voyons d'abord ce que c'est qu'affranchir en fraude
des créanciers. Supposez qu'un homme doive à quelqu'un
un de ses esclaves, parce qu'il le lui a vendu , parce qu'il
s'est obligé par stipulation à le lui livrer , parce que cet
esclave lui a été légué, ou pour toute autre cause; ou
bien supposez que cet esclave ait été donné en gage pour
sûreté d'une dette, il est évident qu'en l'affranchissant le
maître porterait préjudice au créancier à qui il est dû,
ou livré en gage. Il en serait de même si un homme,

______

(1) Ulp. Reg. T. 1. § 11. 12. 13.

n'ayant pas assez de biens pour acquitter toutes ses dettes, affranchissait des esclaves ; parce qu'il augmenterait par là son insolvabilité ; ou même si, ayant de quoi payer tous ses créanciers, il devait par l'affranchissement se trouver hors d'état de le faire. — Dans tous ces cas, il y aurait préjudice ; mais pour qu'il y eût fraude, on exigeait une seconde condition, c'est que le débiteur affranchissant fût de mauvaise foi et connût le préjudice qu'il faisait. Nous pouvons donc conclure qu'un maître affranchit en fraude des créanciers toutes les fois que, réunissant le fait à l'intention, il se met sciemment, par la manumission, hors d'état de payer ses dettes, ou bien augmente son insolvabilité. Nous savons, du reste, que par créancier on entend tout individu à qui il est dû, pour quelque cause que ce soit (*creditores appellantur, quibus quacunque ex causa actio cum fraudatore competat*) (1).

Voyons maintenant quelles étaient les conséquences de cette fraude. L'affranchissement ne produisait aucun effet, et l'esclave ne devenait pas libre. Une infinité de textes le prouvent jusqu'à l'évidence : *Nihil agit ; lex impedit libertatem*, disent les Instituts, *libertas non competit* (2) ; *ad libertatem non veniunt* (3) ; *non esse manumissione liberum factum* (4). En effet, il était de principe chez les Romains que la liberté une fois donnée ne pouvait plus être révoquée (5) ; la loi Ælia Sentia, pour ne pas violer ce principe, devait donc empêcher que la liberté fût acquise. Il ne faut pas croire cependant que la nullité

---

(1) D. 40. 9. 16. § 2. f. Pau. —(2) D. 40. 9. 5. pri. f. Juli.
(3) Ib. 11. pri. f. Marc.—(4) Ib. 26. f. Scœv.—(5) Ins. 3. 11. §5.

eût lieu de plein droit, et que l'esclave, après la manumission, continuât à rester en servitude ; il commençait
souvent à vivre de fait en liberté ; mais les créanciers
pouvaient attaquer l'affranchissement, prouver la fraude,
et faire déclarer, en conséquence, que l'esclave n'avait
pas cessé de l'être.

Il pouvait arriver qu'ils perdissent leur action, et que
l'esclave devînt réellement libre ; par exemple, si postérieurement ils avaient été payés (1), ou si quelqu'un,
pour conserver les affranchissements, s'engageait à acquitter toutes les dettes (2), parce qu'alors ils n'avaient
plus d'intérêt ; et même un jurisconsulte, Ariston, dont
l'avis est consacré au Digeste, décide que si l'affranchissement a été fait en fraude du fisc, et qu'il ne réclame pas
dans les dix ans, la manumission ne pourra plus être
attaquée (3). Du reste, il est inutile de dire que le maître
ne pouvait jamais argumenter de sa propre fraude pour
faire annuler lui-même l'affranchissement (4). — Si le
débiteur a fait plusieurs affranchissements, la nullité ne
commence qu'à ceux qui l'ont rendu insolvable ; ainsi les
derniers affranchis, nécessaires pour le paiement des
dettes, sont les seuls qui restent esclaves (5). — Si la
dette est conditionnelle, l'état des esclaves affranchis est en
suspens jusqu'à l'accomplissement de la condition (6).

1. Licet autem domino, qui
solvendo non est, in testamento
servum suum cum libertate he-

1. *Mais un maître insolvable
peut, dans son testament, donner
à son esclave la liberté et l'hérédité,*

(1) D. 40. 9. 26. f. Scæv. — C. 7. 8. 5. — (2) Inst. 3. 11. § 6.
— (3) D. 40. 9. 16. § 3. f. Paul. — (4) C. 7. 8. 5. — (5) D. 40. 9.
24. f. Terent. — (6) *Ib.* 16. § 4. f. Paul.

redem instituere, ut liber fiat, heresque ei *solus et necessarius;* si modo ei nemo alius ex eo testamento heres extiterit : aut quia nemo heres scriptus sit, aut quia is qui scriptus est, qualibet ex causa, heres non extiterit. Idque eadem lege Ælia Sentia provisum est, et recte. Valde enim prospiciendum erat, ut egentes homines, quibus alius heres extiturus non esset, vel servum suum necessarium heredem haberent, qui satisfacturus esset creditoribus; aut hoc eo non faciente, creditores res hereditarias servi nomine vendant, ne injuria defunctus afficiatur.

afin qu'il devienne libre et son héritier unique et nécessaire; pourvu toutefois qu'en vertu de ce testament il n'y ait pas d'autre héritier, soit parce que personne autre n'a été institué, soit parce que l'institué, pour une cause quelconque, n'est pas devenu héritier. C'est ce que la loi Ælia Sentia a décidé avec raison, car il était indispensable de pourvoir à ce que les personnes dans la misère, qui ne trouveraient pas d'autre successeur, eussent du moins pour héritier nécessaire leur esclave, afin qu'il satisfît aux créanciers, ou que, s'il ne le faisait pas, ces derniers vendant les biens de la succession sous le nom de cet esclave, la mémoire du défunt ne reçût aucune injure.

Solus et necessarius. Il faut, pour bien entendre ce paragraphe, connaître deux particularités de mœurs et de droit. La première c'est que, lorsqu'un individu mourait laissant une succession insolvable, et n'ayant point d'héritier, les créanciers se faisaient envoyer en possession de l'hérédité et la vendaient sous le nom du défunt, puisque ce dernier n'avait été remplacé par personne. Ainsi il était, même après sa mort et sous son propre nom, constitué en un état de faillite injurieux pour sa mémoire. Les Romains avaient fort à cœur d'éviter cette honte (1). La

____

(1) Theoph. hoc par.

seconde, c'est qu'un esclave, institué héritier par son maître, était forcé, bon gré mal gré, d'accepter cette hérédité : on le nommait héritier nécessaire (*heres neces- sarius*) (1). De là il arrivait qu'un maître, ayant une succession misérable, et prévoyant que personne ne voudrait l'accepter, nommait son esclave pour héritier nécessaire. La loi Ælia Sentia, se conformant aux mœurs générales, et ne voulant pas priver le débiteur insolvable d'un héritier, fit exception pour ce cas à ses prohibitions principales, et statua que l'esclave ainsi affranchi deviendrait libre, citoyen et héritier, sans examiner s'il avait moins de trente ans, si pendant son esclavage il avait été puni pour ses délits, ou si son affranchissement nuisait aux créanciers. Cette dernière partie est la seule, sous Justinien, qui puisse encore recevoir son application. Elle est conservée avec d'autant plus de raison que, dans ce cas, l'intention du débiteur n'est pas de nuire à ses créanciers, mais de se donner un héritier. Mais il fallait qu'il n'y eût en vertu du testament aucun autre héritier ; sinon il n'eût pas été nécessaire, pour éviter la honte au défunt, que l'esclave héritât ; aussi le maître ne pouvait-il affranchir ainsi qu'un seul esclave, s'il en affranchissait plusieurs, c'était le premier inscrit qui seul était libre et héritier (2). On voit très-bien, d'après ces explications, d'où venait à cet affranchi le nom de *solus et necessarius heres.*

2. Idemque juris est, etsi sine libertate servus heres institutus est. Quod nostra constitutio non

2. *Il en est de même, bien qu'on ait institué l'esclave sans dire qu'on l'affranchit. Car, dans une consti-*

---

(1) Ins. 2. 19. 1. — (2) Ulp. reg. 1. § 14.

solum in domino qui solvendo non est, sed generaliter constituit, nova humanitatis ratione, ut ex ipsa scriptura institutionis etiam libertas ei competere videatur; cum non est verisimile, eum, quem heredem sibi elegit, si prætermiserit libertatis dationem, servum remanere voluisse, et neminem sibi heredem fore.

tution, dictée par un nouveau motif d'humanité, nous avons ordonné, non seulement pour les maitres insolvables, mais pour tous, que par cela seul qu'un esclave sera institué héritier, il sera libre; il n'est pas vraisemblable en effet que le maitre, choisissant un esclave pour son héritier, ait, en oubliant de l'affranchir, voulu le laisser en servitude et n'avoir point de successeur.

C'était une question controversée par les anciens jurisconsultes, que de savoir si l'institution d'un esclave était valable quand on n'avait pas déclaré qu'on l'affranchissait. Nous trouvons un passage d'Ulpien qui décide qu'elle ne doit pas valoir (1); mais Justinien, résolvant la question dans une de ses cinquante décisions, ordonna en faveur de la liberté, et parce qu'il faut prendre pour guide la volonté du défunt, que par cela seul l'esclave serait affranchi (2).

3. In fraudem autem creditorum manumittere videtur, qui, vel jam eo tempore quo manumittit, solvendo non est, vel qui, datis libertatibus, desiturus est solvendo esse. Prævaluisse tamen videtur nisi animum quoque fraudandi manumissor habuerit, non impediri libertatem, quamvis bona ejus creditoribus non sufficiant. Sæpe enim de facultatibus

3. Celui-là affranchit en fraude des créanciers, qui, au moment où il affranchit, est déjà insolvable, ou qui par là doit le devenir. Mais il a prévalu que s'il n'a pas, de plus, l'intention de frauder, la liberté sera acquise aux esclaves, quoique les biens soient insuffisants pour les créanciers. Souvent, en effet, l'homme attend de sa fortune plus de ressource qu'elle n'en peut

(1) Ulp. reg. T. 22. § 12. — (2) C. 6. 27. 5.

suis amplius, quam in his est, sperant homines. Itaque tunc intelligimus impediri libertatem, cum utroque modo fraudantur creditores, id est et consilio manumittentis, et ipsa re, eo quod ejus bona non sunt suffectura creditoribus.

offrir. L'affranchissement n'est donc considéré comme nul que lorsque les créanciers sont fraudés doublement, c'est à dire, et par l'intention de celui qui affranchit, et par le fait même, les biens ne pouvant suffire à toutes les dettes.

C'est un principe que toutes les fois qu'il s'agit de prononcer qu'un acte est frauduleux, il faut examiner non-seulement le fait, mais encore l'intention (*fraudis interpretatio semper in jure civili non ex eventu duntaxat, sed ex consilio quoque desideratur* (1). C'est cette maxime générale que l'on applique ici à l'affranchissement fait au préjudice des créanciers. Cependant l'opinion consacrée par les Instituts n'avait pas toujours été universellement reconnue; mais c'était celle de la grande majorité des jurisconsultes; aussi Justinien dit-il, *il a prévalu.* Théophile donne plusieurs exemples, dans lesquels il y a tantôt l'intention sans le fait, tantôt le fait sans l'intention. Il n'est pas difficile d'en trouver. Ainsi un maître affranchit un esclave, ignorant qu'une belle maison qu'il possède à Constantinople vient de brûler, et que cette perte l'a rendu insolvable, l'esclave néanmoins sera libre, parce qu'il n'y a pas *consilium.* Il en sera de même si un débiteur insolvable a dit dans son testament : « Si l'on paie à mes créanciers tout ce qui leur est dû, que Stichus devienne libre (2) ». Dans ce dernier cas, il est vrai, l'affranchissement ne sera que conditionnel.

---

(1) D. 50. 17. 79. f. Papin. — (2) D. 40. 9. 5. § 1. — 40. 4. 57.

Il n'est pas inutile de remarquer que, d'après un sénatus-consulte fait sous Adrien, cette disposition de la loi Ælia Sentia s'appliquait aux débiteurs *peregrini*, qui ne pouvaient affranchir en fraude des créanciers. C'est ce que nous apprend Gaïus dans ses Instituts (1).

<table>
<tr><td>

4. Eadem lege Ælia Sentia domino minori viginti annis non aliter manumittere permittitur, quam si vindicta *apud consilium*, justa causa manumissionis approbata, fuerint manumissi.

</td><td>

4. *D'après la même loi Ælia Sentia, le maître, mineur de vingt ans (2), ne peut affranchir autrement que par la vindicte, après avoir fait approuver par le conseil une cause légitime d'affranchissement.*

</td></tr>
</table>

Cette disposition est conservée par Justinien pour les affranchissements entre vifs.

La loi Ælia Sentia exigeait, dans deux cas, que l'affranchissement fût fait par la vindicte avec l'approbation du conseil. Nous avons déjà vu le premier, si l'esclave qu'on voulait affranchir avait moins de trente ans (3); voici le second, si le maître affranchissant en avait moins de vingt. — On exigeait l'approbation du conseil, parce que

---

(1) G. 1. § 47.

(2) Ces mots de *major, minor*, n'ont point par eux-mêmes un sens absolu. Ce ne sont que des expressions de comparaison qui demandent nécessairement après eux le terme de la comparaison : majeur, mineur de quatorze ans ; majeur, mineur de vingt ans ; majeur, mineur de vingt-cinq ans, etc. Si dans notre droit français nous avons transformé en substantifs les mots de *majeur* et *mineur*. Ce n'est que par une convention qu'il faut bien se garder de transporter en droit romain où elle n'existait pas.

(3) G. 1. § 18.

le maître, à cet âge, n'avait pas assez de discernement et aurait pu donner la liberté inconsidérément. — On exigeait un mode spécial d'affranchissement, probablement pour qu'il y eût plus de régularité, et que ce mode unique fût plus facilement sous la surveillance de l'autorité. — On avait choisi la vindicte parce qu'à cette époque les trois modes solennels par le cens, par testament, par la vindicte, étaient les seuls qui donnassent la liberté et la cité ; or on ne pouvait prendre le premier qui ne se présentait que tous les cinq ans, ni le second qui ne produisait d'effet qu'au moment de la mort (1).

____

(1) Gaïus, sur ce sujet, s'exprime ainsi : *Minori* **XX** *annorum domino non aliter manumittere permittitur, quam si vindicta apud consilium justa causa manumissionis approbata fuerit* (G. 1. § 38). Le mot *vindicta* placé tel qu'il est là n'offre aucun sens. Aussi quelques auteurs le suppriment, et disent simplement que le mineur de vingt ans ne peut affranchir qu'avec approbation ; d'autres, d'après M. Nieburh, le transposent, lisent ainsi : *Non aliter vindicta manumittere permittitur, quam si....* etc. et en concluent que le mineur ne peut affranchir par la vindicte qu'avec approbation. Ces deux opinions sont contraires toutes deux aux Instituts. Elles ne me paraissent pas pouvoir être admises. En effet, la loi Ælia Sentia voulait borner les affranchissements ; en exigeant dans certains cas l'approbation du conseil, il était dans son esprit de fixer aussi un seul mode déterminé de manumission qui fût sous la surveillance de l'autorité ; nous avons prouvé qu'on n'en pouvait choisir d'autre que la vindicte. Il est certain que, pour l'affranchissement d'un esclave mineur de trente ans, on exigeait ce mode spécial et l'approbation du conseil (G. 1. § 18. Ulp. Reg. 1. § 12). L'analogie seule suffirait pour faire conclure qu'il en était de même pour la manumission faite par un maître mineur de vingt ans, mais les Instituts le disent formellement, Gaïus le dit aussi ; il est vrai que sa phrase est un

Apud consilium. Il était une époque déterminée à laquelle les juges se réunissaient pour vider les procès ; on la nommait *conventus*, mot qui correspond à peu près à celui de *session*. A Rome et par suite à Constantinople, certains jours de la session étaient consacrés à la réunion du conseil dont il s'agit ici. Ce conseil se composait du préteur, de cinq sénateurs et de cinq chevaliers ; dans les provinces il se réunissait le dernier jour de la session (1); il était formé du président assisté de vingt récupérateurs (*H. d. d.*, *pag.* 65).

---

peu altérée ; mais, au lieu d'y supprimer le mot *vindicta*, au lieu de faire la transposition de M. Nieburh, j'en ferais une bien plus simple que voici : *Non aliter manumittere permittitur quam vindicta, si apud consilium....* etc., et ceci est confirmé complètement par ce que dit plus bas Gaïus : « Un mode spécial de manumission ayant été établi pour les maîtres mineurs de vingt ans, il suit de là qu'ils ne peuvent affranchir par testament » (G. 1. § 40). Quant au paragraphe 41, dans lequel Gaïus dit que le mineur, bien qu'il ne veuille faire qu'un affranchi latin, est encore obligé de demander l'approbation, et qu'il peut alors affranchir *entre amis*, je ne vois là aucune contradiction à ce que nous avons dit plus haut. Pour affranchir réellement son esclave et le rendre citoyen, il ne pouvait employer que la vindicte ; mais, pour le mettre en liberté sans la qualité de citoyen, il pouvait affranchir entre amis. De même, pour rendre libre et citoyen un esclave mineur de trente ans, il fallait la vindicte et l'approbation ; mais, par testament, on pouvait de fait le mettre en liberté sans le droit de cité (Ulp. Reg. 1. § 12). Il ne resterait plus qu'une seule considération, trop peu concluante pour détruire celles que nous venons d'exposer ; c'est que Théophile, Ulpien et l'ancien jurisconsulte dont on a un fragment sur les manumissions, en traitant cette matière, ne parlent nullement de vindicte (*Theop. h. p. — Ulp. Reg.* 1. § 13. — *F. vet. Jurec.*)

(1) Theoph. h. p. — G. 1. § 20.

5. Justæ autem manumissionis causæ hæc sunt : *veluti*, si quis *patrem aut matrem*, filium filiamve, aut fratrem sororemve naturales, aut pædagogum, aut nutricem, educatoremve, aut alumnum alumnamve, aut collactaneum manumittat, aut servum, *procuratoris habendi gratia;* aut ancillam, *matrimonii habendi causa:* dum tamen intra sex menses uxor ducatur, nisi justa causa impediat; et qui manumittitur procuratoris habendi gratia, non minor decem et septem annis manumittatur.

5. *Les causes légitimes d'affranchissement sont, par exemple, si quelqu'un veut affranchir son père ou sa mère, son fils ou sa fille, son frère ou sa sœur naturels, son précepteur, sa nourrice ou son nourricier, son nourrisson, son frère ou sa sœur de lait, ou un esclave pour en faire son procureur, ou une esclave pour l'épouser, pourvu que le mariage se fasse dans les six mois, à moins d'empêchement légal; et quant à l'esclave dont on veut faire un procureur, pourvu qu'il n'ait pas moins de dix-sept ans.*

Veluti. Les causes indiquées ici ne sont que des exemples, le mot *veluti* le prouve assez. On en cite d'autres au Digeste, comme si l'esclave avait sauvé la vie ou l'honneur à son maître (1).

Patrem aut matrem. Il peut arriver de bien des manières qu'un homme libre ait sous sa puissance son père ou sa mère, sa sœur ou son frère. Voici des exemples que donne Théophile. Si un fils, étant en servitude avec son père, sa mère, ses sœurs, etc., est affranchi par son maître et institué héritier, il se trouvera le propriétaire de ses parents. Si un homme ayant eu des enfants d'une esclave, a par la suite un fils légitime qui lui succède, celui-ci se trouvera avoir sous sa puissance ses frères ou sœurs naturels.

____

(1) D. 40. 2. 9. f. Marci.

Procuratoris habendi gratia. Il faut remarquer que l'on exige dans ce cas que l'esclave ait au moins dix-sept ans accomplis. S'il était moins âgé, on ne pourrait lui remettre avec confiance la direction des affaires du mineur, et d'ailleurs il ne pourrait, dans le cas où cela serait nécessaire, postuler, c'est-à-dire exposer devant le juge la demande ou la défense de son patron, car il fallait dix-sept ans pour cela (1). Du reste ce n'est pas seulement pour le charger de postuler qu'on affranchissait l'esclave, c'est, dit Théophile, afin que, devenu libre, il puisse, sans aucun obstacle, gérer les affaires. Etant esclave, il est vrai qu'il aurait bien pu administrer, mais il n'aurait pas eu dans toute sa latitude la capacité d'un homme libre.

Matrimonii habendi causa. Il fallait que le maître affranchît l'esclave pour l'épouser lui-même, et non pour la donner en mariage à un autre (2). Si le mariage était impossible, il ne pouvait servir de motif d'affranchissement ; par exemple, si le mineur de vingt ans était castrat (3). Les femmes ne pouvaient pas être autorisées à affranchir pour cette raison, si ce n'est dans un cas exceptionnel (4). — La manumission, d'après un sénatus-consulte, ne pouvait avoir lieu qu'avec serment fait par le maître d'épouser l'affranchie dans les six mois (5). Jusqu'à ce que le mariage eût lieu, l'état de l'esclave était en suspens. Si les six mois s'écoulaient sans mariage, elle était censée n'avoir jamais été affranchie, à moins qu'il y eût un empêchement légal ; par exemple, si le maître était

---

(1) D. 3. 1. 1. § 3. f. Ulp. — (2) D. 40. 9. 21. —(3) D. 40. 2. 14. § 2. f. Marci.—(4) *Ib.* — (5) *Ib.* l. 13. f. Ulp.

mort, ou bien s'il avait été fait sénateur, parce qu'alors il ne pouvait plus épouser une affranchie.

6. Semel autem causa approbata, sive vera sit, sive falsa, non retractatur.

6. *Vrai ou faux, le motif une fois approuvé ne se rétracte plus.*

Bien qu'en général on eût la voie de l'appel contre les jugements, il n'en était pas de même ici. On pouvait, dit Marcien (1), et après lui Théophile, contester le motif devant le conseil; mais une fois approuvé, il fallait nécessairement donner la liberté à l'esclave, et l'on ne revenait plus sur l'approbation.

7. Cum ergo *certus modus manumittendi* minoribus viginti annis dominis per legem Æliam Sentiam constitutus sit, eveniebat ut qui quatuordecim annos expleverat, licet testamentum facere, et in eo sibi heredem instituere, legataque relinquere posset; tamen, si adhuc minor esset viginti annis, libertatem servo dare non posset. Quod non erat ferendum, si is cui totorum suorum bonorum in testamento dispositio data erat, uno servo libertatem dare non permittebatur. Quare nos similiter ei, quemadmodum alias res, *ita et servos suos* in ultima volun-

7. *Un mode spécial d'affranchissement étant établi par la loi Ælia Sentia pour le maître, mineur de vingt ans, il en résultait que celui qui avait quatorze ans accomplis, bien qu'il pût faire un testament, y instituer un héritier, y faire des legs, ne pouvait pas cependant, s'il avait moins de vingt ans, laisser la liberté à un esclave. Il était insoutenable que celui qui pouvait dans son testament disposer de toute sa fortune, ne pût faire un seul affranchissement. Aussi nous lui avons permis de disposer à son gré par testament de ses esclaves comme de ses autres biens,*

---

(1) *Ib.* l. 9. § 1. f. Marci.

tate disponere, quemadmodum voluerit, permittimus, ut et libertatem eis possit præstare. Sed cum libertas inæstimabilis res sit, et propter hoc ante **xx** ætatis annum antiquitas libertatem servo dare prohibebat: ideo nos, mediam quodammodo viam eligentes, non aliter minori viginti annis libertatem testamento dare servo suo concedimus, *nisi* **xvii** *annum impleverit,* et decimum octavum tetigerit. Cum enim antiquitas hujusmodi ætati et pro aliis postulare concesserit, cur non etiam sui judicii stabilitas ita eos adjuvare credatur, ut ad libertatem dandam servis suis possint pervenire ?

et de les affranchir. Néanmoins, comme la liberté est inappréciable, comme l'antiquité défendait, pour cette raison, de la donner avant vingt ans à un esclave, prenant en quelque sorte un milieu, nous avons permis l'affranchissement par testament au mineur de vingt ans, pourvu qu'il ait achevé sa dix-septième année et atteint sa dix-huitième. En effet, l'antiquité leur permettait à cet âge même de postuler pour autrui, pourquoi ne les croirait-on pas aidés d'un jugement assez sûr pour obtenir le droit de donner la liberté à leurs esclaves ?

Certus modus manumittendi. De ce que le mineur de vingt ans, autorisé par le conseil, ne pouvait affranchir que par *la vindicte,* découlait en effet la conséquence qu'il ne pouvait nullement donner la liberté par testament.

Ita et servos suos. Ce motif donné par Justinien, qu'il était insoutenable qu'on ne pût disposer de ses esclaves comme de ses autres biens, n'est pas juste. Le mineur de vingt ans pouvait, même sous la loi *Ælia Sentia,* disposer par testament de ses esclaves comme de ses autres biens. Car que pouvait-il faire de ses biens ? les laisser à son héritier, les donner par legs, par fidéicommis ; ne pouvait-il pas faire tout cela d'un esclave ? Mais donner à cet esclave la liberté, ce n'était point là une simple disposition de sa propriété ; il le rendait libre, citoyen ;

la cité était partie dans cet acte, et l'on pouvait, sans contradiction le lui défendre , tandis qu'on lui permettait les aliénations. La disposition de la loi *Ælia Sentia* était conforme à l'esprit de la république ; celle de Justinien à l'esprit d'humanité qui dirigea sa législation sur les affranchissements.

Nisi XVII annum impleverit. Voici une application de ce principe qu'on peut fort bien avoir la faculté d'aliéner son esclave comme ses autres biens , sans avoir celle de l'affranchir. Bien qu'on puisse tester à quatorze ans, l'empereur décide qu'on ne pourra donner la liberté par testament qu'à dix-sept. Du reste, environ huit ans après, il accorda par une Novelle le droit d'affranchir dès qu'on pourrait tester. « *Sancimus ut licentia sit minoribus in ipso tempore , in quo licet eis testari de alia substantia , etiam servos suos in ultimis voluntatibus manumittere.* » (Nov. 119, c. 2.)

<table>
<tr><td>

TITULUS VII.

</td><td>

TITRE VII.

</td></tr>
<tr><td>

DE LEGE FUSIA CANINIA TOLLENDA.

</td><td>

DE L'ABROGATION DE LA LOI FUSIA CANINIA.

</td></tr>
<tr><td>

Lege Fusia Caninia certus modus constitutus erat in servis testamento manumittendis. Quam , quasi libertates impedientem, et quodammodo invidam, tollendam esse censuimus ; cum satis fuerat inhumanum, vivos quidem licentiam habere totam suam familiam libertati donare, nisi alia causa

</td><td>

La loi Fusia Caninia (1) avait resserré dans des limites fixes la faculté d'affranchir par testament. Nous avons décidé qu'elle serait abrogée comme un obstacle, en quelque sorte odieux, mis aux affranchissements ; car il était contraire à l'humanité de laisser aux vivants la liberté d'affranchir tous leurs

</td></tr>
</table>

(1) Les divers textes des Instituts portent *Fusia*, mais dans Gaïus et dans Ulpien on lit *Furia*.

<table>
<tr><td>

impediat libertatem, morientibus autem hujusmodi licentiam adimere.

</td><td>

esclaves, s'il n'existait pas d'autre empêchement, et d'enlever cette faculté aux mourants.

</td></tr>
</table>

Pour les affranchissements entre vifs, l'intérêt du maître, qui se privait d'une propriété en se privant de son esclave, répondait jusqu'à un certain point qu'il garderait des limites dans le nombre des esclaves affranchis ; mais un individu qui meurt, s'il ne laisse pas des héritiers auxquels il s'intéresse, n'étant plus arrêté par un intérêt personnel, pourra libérer sans modération une grande partie de ses esclaves par un sentiment de libéralité ou d'ostentation. C'est ce qui arrivait en effet ; et chez les Romains, on mettait à faire suivre le convoi funèbre d'une foule d'affranchis, coiffés du bonnet de la liberté, le même orgueil que l'on met de nos jours dans certaines villes à le faire suivre d'une foule de pauvres que l'on a vêtus (1). La loi *Furia Caninia*, rendue quatre ans après la loi *Ælia Sentia*, en 761, sous le consulat de Furius Camille, et C. Caninius Gallus (2) établit que celui qui n'aurait que deux esclaves pourrait les affranchir tous les deux ; s'il en a plus de deux jusqu'à dix, la moitié ; plus de dix jusqu'à trente, le tiers ; plus de trente jusqu'à cent, le quart ; plus de cent jusqu'à cinq cents, le cinquième ; mais jamais on ne pourra par testament en libérer plus de cent. Les esclaves devront être désignés par leur nom. S'il y en a plus que la loi ne le permet, les premiers seront seuls affranchis (3). Tout ce qui sera fait en fraude de la loi sera nul. D'où on concluait que, si les noms avaient été écrits en cercle afin qu'on ne pût

---

(1) Dion Cas. 4. 24. — (2) Sué. Aug. c. 40. — (3) G. 1. § 42 et suiv. — Ulp. T. 1. § 24. 25.

distinguer les premiers des derniers, aucun des esclaves ne serait libéré (1). Tout cela est abrogé.

De la position des affranchis.

Lors de la promulgation des Instituts, bien qu'il n'y eût plus entre les ingénus et les affranchis une ligne de démarcation aussi tranchée que sous la république de Rome, cependant la loi mettait encore quelques différences. Ainsi, par exemple, un sénateur n'aurait pu épouser une affranchie. Mais six ans après cette promulgation, en 539 de J.-C., Justinien dans une novelle effaça ces différences, accorda aux affranchis le droit d'anneau d'or (2), celui de régénération (nous avons expliqué ce qu'on entendait par là, pag. 302), et ne conserva que les droits de patronage (3). L'esclave devait à son patron une nouvelle vie, la vie civile; et comme il entrait dans la société seul et sans famille, on l'avait rattaché en quelque sorte à celle de l'affranchissant. Voilà d'où venaient

-----

(1) G. 1. § 46.

(2) Il est certain que le droit de porter des anneaux, même de fer, était primitivement réservé à certaines classes de citoyens, les sénateurs, les patriciens, les chevaliers (*Pl. Hist. Nat.* 33. 1. — *Tit. Liv.* 23. 11). Mais ce droit se répandit, et les anneaux d'or finirent par être portés par tous les ingénus. Ils n'étaient la marque d'aucune dignité, puisque Justinien, voulant assimiler les affranchis aux ingénus, leur accorda à tous le droit d'anneau d'or: *Qui libertatem acceperit, habebit subsequens mox et aureorum annulorum et regenerationis jus* (Nov. 78. C. 1). Dès lors les anneaux d'or n'indiquèrent plus que la qualité d'homme libre.

(3) Nov. 78. c. 1 et 2.

les droits de patronage, qui se composaient de trois parties distinctes : 1° *obsequia;* 2° *operæ;* 3° *jura in bonis.* — 1° On entend par *obsequia* tout ce qui tient au respect, à la reconnaissance, à la piété que l'affranchi doit au patron. Le Digeste traite ensemble, et en les mettant sur le même rang sous ce rapport, les devoirs des affranchis envers leur patron, et ceux des enfants envers leurs ascendants (1), *liberto et filio semper honesta et sancta persona patris ac patroni videri debet* (2). L'affranchi ne peut attaquer son patron en justice sans en obtenir la permission du magistrat (*sine permissu prætoris* (3). Il ne peut intenter contre lui une action infamante, ni exiger de lui au-delà de ses facultés lorsqu'il se trouve son débiteur (4). L'affranchi qui aurait insulté son patron, ou commis contre lui quelque délit, serait condamné, comme ingrat, à subir quelque peine, ou même à rentrer en servitude, selon la gravité de la faute. — 2° On entend par *operæ* les services que l'affranchi promettait à son patron, qu'ils consistassent en travail comme domestique, ou en travail comme ouvrier (*sive in ministerio, sive in artificio consistant*). Mais ces services n'étaient pas dus de plein droit et en vertu de la loi. L'esclave n'y était obligé que lorsque son maître ne l'avait affranchi qu'à cette condition, et qu'il les lui avait fait promettre par stipulation ou par serment. On réglait ordinairement quelle serait l'étendue de ces services (5). — 3° Enfin les droits sur les biens de l'affranchi étaient des droits de succession, que nous examinerons plus tard (6).

---

(1) D. 37. 14. — (2) *Ib.* 1. 9. f. Ulp. — (3) D. 2. 4. f. Ulp. — (4) Inst. 4. 6. 38. — (5) D. 38. 1. — (6) D. 58. 2.

Parmi les affranchis, ou peut-être vaut-il mieux dire parmi les esclaves, il en est que nous ne pouvons nous dispenser d'examiner; ce sont ceux qu'on nommait *statu liberi*, libres par destination, parce qu'ils étaient destinés à obtenir une liberté qui, momentanément, se trouvait suspendue par un terme ou par une condition. (*Qui statutam et destinatam in tempus vel conditionem libertatem habet*) (1). « *Que mon esclave Syrus soit libre deux ans après que l'héritier aura recueilli ma succession, ou bien, s'il achève de peindre le pavillon que j'ai fait élever* ». L'esclave, jusqu'à ce que les deux ans soient écoulés, ou jusqu'à ce que le pavillon soit peint, sera *statu liber*. Dans cette position il ne différait guère des autres esclaves de l'héritier, tellement que les enfants de la femme *statu libera* étaient esclaves. (*Statu liber, quamdiu pendet conditio, servus heredis est. — Statu liberi cæteris servis nostris nihilo pene differunt*) (2). Le maître pouvait en retirer tous les services, tous les fruits, il pouvait le vendre, le donner; mais, dans ces changements de position, l'esclave ne perdait pas le droit suspendu ou conditionnel qu'il avait à la liberté. Ainsi, qu'il eût passé dans les mains d'un tiers par vente, donation, legs, n'importe; dès que le jour arrivait, dès que la condition s'accomplissait, il devenait libre. — Il faut ranger parmi les *statu-libres* les esclaves affranchis en fraude des créanciers, *nam dum incertum est, an creditor jure suo utatur, interim statu liberi sunt* (3). Mais il y avait pour eux cela de particulier que jusqu'à ce que le créancier eût attaqué la manumis-

---

(1) D. 40. 7. 1. f. Paul. — Ulpi. Reg. T. 2. — (2) Ulp. Reg. 2. § 2. — D. 40. 7. 29. f. Pomp. *Ib.* l. 9. — (3) D. 40. 7. 1. § 1.

sion, de fait ils jouissaient de la liberté. — Quant aux esclaves affranchis par fidéicommis, bien qu'il y eût une grande analogie entre eux et les statu-libres, cependant plusieurs lois indiquent qu'on mettait une différence (1). Ainsi l'héritier ne pouvait vendre l'esclave affranchi par fidéicommis, et s'il le faisait, ce dernier pouvait forcer l'héritier à le racheter, afin d'être affranchi par lui et non par un autre (2).

ACTIONS RELATIVES AUX DROITS DE LIBERTÉ, DE CITÉ ET D'INGÉNUITÉ. Il existait des actions relatives à ces différents droits. Nous en dirons quelques mots, quoique nous ne devions nous occuper de cette matière que dans le quatrième livre. *Pour la liberté*, on donnait une action à celui qui voulait attaquer un homme qui passait pour libre, prétendant qu'il était esclave et qu'il lui appartenait; on en donnait une aussi à celui qui, passant pour esclave, par exemple, parce qu'il avait été pris en bas âge par des pirates, et reconnaissant sa qualité d'homme libre, voulait s'adresser à la justice pour la faire déclarer (*ad libertatem proclamare*). Il le pouvait, quelque long temps qu'il eût passé en servitude; et même, s'il ne le faisait pas, ses enfants, ses ascendants ou ses autres parents pouvaient réclamer malgré lui. Alors avait lieu le procès nommé *causa liberalis* (3). — *Pour l'ingénuité*, on donnait une action à celui qui voulait attaquer un homme qui passait pour ingénu, soutenant qu'il avait été son esclave et qu'il était son affranchi. On en donnait pareille-

---

(1) D. 35. 2. 37. — 49. 15. 12. § 10 et 14. — (2) D. 40. 5. 15. f. Modest. — (3) D. 40. 12 et 13. — Cod. 7. 16.

ment une à celui qui, passant pour affranchi, voulait agir en justice pour faire reconnaître qu'il était ingénu. Tel était, par exemple, celui qui, ayant été vendu par des pirates, avait été affranchi par l'acheteur. Si après la manumission il reconnaissait son état, il pouvait agir pour prouver que cette manumission ne pouvait nuire à ses droits de naissance et qu'il était ingénu (1). Il devait agir dans les cinq années qui suivaient l'affranchissement, sinon son action était perdue (2); mais Justinien, dans le Code, supprima cette prescription (3). — Ces diverses actions sur l'état des hommes se nommaient *préjudicielles*, nom qui s'appliquait à quelques actions, et dont nous verrons la raison (4). Elles ne pouvaient être intentées que devant des juges supérieurs *(apud competentes maximos judices)* (5), tels que les recteurs, les présidents dans les provinces; les préteurs, les consuls à Constantinople. Elles offraient le moyen de sanction de toutes les règles, que nous venons d'exposer.

RÉSUMÉ.

L'état des hommes peut être considéré par rapport à la société générale et par rapport à la famille.

Sous le premier rapport il faut distinguer les hommes en libres et esclaves, étrangers et citoyens, affranchis et ingénus. — La différence de sexe amène aussi des différences de droits.

(1) D. 40. 14. — (2) D. 40. 14. 2. § 1. — (3) C. 3. 22. 6. —
(4) I. 4. 6. 13. — (5) C. 3. 22. 6.

Quand il s'agit de juger l'état d'un enfant d'après celui des parents, il faut rappeler ces deux règles générales : en mariage légitime, l'enfant suit la condition du père; hors mariage légitime, celle de la mère. La condition du père doit s'examiner au moment de la conception, celle de la mère au moment de la naissance. Ces deux règles souffrent cependant quelques exceptions.

La liberté est définie : *Naturalis facultas ejūs quod cuique facere libet, nisi quod vi aut jure prohibetur;* la servitude : *Constitutio juris gentium, qua quis dominio alieno contra naturam subjicitur.* L'homme libre a le droit de faire tout, excepté ce que la loi lui défend; l'esclave rien, excepté ce que la loi lui permet.—Les esclaves le sont par le droit des gens (*ex captivitate*); par naissance (*ex ancillis nostris*), c'est l'état de la mère qu'il faut considérer; par le droit civil, dans plusieurs cas où l'esclavage est une punition, comme lorsqu'un homme libre, majeur de vingt ans, s'est laissé vendre pour prendre part au prix; mais la convention, ni la prescription ne peuvent rendre esclave.

Le titre de citoyen, depuis Antonin Caracalla, appartenait à tous les sujets de l'Empire, sauf certains affranchis. Sous Justinien il n'y a aucune exception; le titre de *peregrinus* n'existe plus dans le sens où on le prenait jadis, et ne peut être donné qu'aux peuples qui ne font point partie de l'État.

L'ingénu est celui qui depuis l'instant de sa naissance a toujours été libre; l'affranchi celui qui a cessé d'être esclave (*qui desiit esse servus*).—On est ingénu lorsqu'on est issu d'une mère libre; il suffit qu'elle l'ait été un seul moment de la gestation, c'est une exception faite aux règles ordinaires, en faveur de la liberté.—On peut être affranchi par des moyens solennels, la vindicte, le testament, la manumission dans les Églises; et par des moyens non solennels entre amis, par lettre, par codicille, etc. Il n'y a sous Justinien aucune importance à être libéré par un mode plutôt que par l'autre.—Sous Auguste et sous Tibère, des lois avaient posé des bornes aux affranchissements; la loi

Ælia Sentia, la loi *Furia Caninia*, la loi *Junia Norbana*. — La première contenait plusieurs dispositions que l'on peut classer ainsi : 1.º Elle défendait d'affranchir un esclave âgé de moins de trente ans, si ce n'est par la vindicte avec l'approbation du conseil ; 2.º elle créait une nouvelle classe d'affranchis, les déditices ; Justinien l'abrogea sous ces deux rapports ; 3.º elle prohibait les affranchissements faits en fraude des créanciers : cette prohibition est maintenue ; 4.º elle défendait que le maître, mineur de vingt ans, pût affranchir autrement que par la vindicte et avec l'approbation d'un conseil : cette dernière disposition est conservée pour les affranchissements entre vifs ; mais par testament, Justinien, dans les Instituts, permit d'affranchir à dix-sept ans révolus ; et, dans une novelle, il le permit dès qu'on pouvait tester, c'est-à-dire à quatorze ans. — La loi *Furia Caninia* limitait le nombre d'esclaves qu'il était permis de libérer par testament ; elle est abrogée par Justinien. — La loi *Junia Norbana* établissait une troisième classe d'affranchis, les Latins Juniens ; elle est encore abrogée, toute différence étant supprimée entre les affranchis, sans avoir égard ni à leur âge, ni au mode de manumission, ni au genre de propriété de l'affranchissant. Ils sont citoyens ; on leur accorde même dans une novelle le droit d'anneau d'or, celui de régénération ; ils ne diffèrent des ingénus que par les droits de patronage. — Ces droits consistent en trois choses : 1.º devoirs obséquieux (*obsequia*) que l'affranchi doit au patron, comme un fils à son père ; 2.º services (*operæ*) qu'il lui doit quand il les a promis comme condition de l'affranchissement ; 3.º droits de succession que le patron a sur les biens de l'affranchi. — On nomme *Statuliberi* les esclaves affranchis dont la liberté est suspendue par un terme ou une condition.

Il existait des actions destinées à soutenir qu'un homme était libre ou esclave, ingénu ou affranchi ; elles devaient s'intenter devant des magistrats supérieurs ; on leur donnait le nom *d'actions préjudicielles*, qui du reste s'appliquait à quelques autres actions.

<table>
<tr><td>

TIT. VIII.

DE HIS QUI SUI, VEL ALIENI JURIS SUNT.

</td><td>

TIT. VIII.

DE CEUX QUI SONT MAÎTRES D'EUX-MÊMES OU SOUS LE POUVOIR D'AUTRUI.

</td></tr>
</table>

Examinons ici la composition des familles. Peignons-la telle qu'elle existait dans les mœurs premières, afin de pouvoir en saisir les vestiges à demi effacés qui restent encore sous Justinien.

Chaque famille formait, au milieu de la société générale, une société particulière soumise à un régime despotique. A la tête se trouvait un chef (*pater familias*) (1), maître de lui-même (*sui juris*); dans la propriété de ce chef étaient les personnes qu'on nommait (*alieni juris*), soumises au pouvoir d'autrui, savoir: 1° ses esclaves, ses enfants quelque âgés qu'ils fussent, et les descendants de ses enfants mâles; 2° sa femme dans certains cas; 3° les hommes libres qu'il avait acquis par mancipation. Le mot *familia*, et plus souvent *domus*, indiquait, dans un sens général, la réunion de toutes ces personnes (*H. d. d.*, *pag.* 25).

Parmi les individus *alieni juris*, les uns ne tenaient au chef que par des liens de propriété; c'étaient les esclaves et les hommes libres acquis par mancipation; les autres se rattachaient à lui et entre eux par les liens d'une parenté civile, c'étaient la femme, les enfants et leurs des-

---

(1) *Pater autem familias appellatur qui in domo dominium habet.* (D. 50. 16. 195. § 2. f. Ulp.).

cendants. Cette parenté se nommait *agnation*. La femme et les enfants soumis au chef lui appartenaient, étaient sa propriété; entre eux ils étaient *agnats*. Le mot *familia*, dans un sens plus restreint, mais plus fréquemment employé que le précédent, désignait le chef et la femme, et les enfants soumis à son pouvoir (1).

Quand le chef mourait, la famille qui lui était soumise se décomposait en plusieurs petites, commandées par chaque fils qui devenait indépendant ; mais le lien d'agnation n'était pas rompu, il continuait d'exister entre ces diverses familles, et même de lier les nouveaux membres qui naissaient. On eût dit que le chef primitif, celui à qui ils avaient obéi jadis, eux ou leurs ascendants, les réunissait encore sous son autorité, ou du moins le souvenir de ce chef était le lien qui les attachait (*H. d. d.*, *pag.* 46); entre eux ils étaient tous agnats. Le mot *familia*, dans un troisième sens, désignait la réunion de tous ces agnats : réunion formant une grande famille composée de diverses petites familles qui, à la mort du chef commun, avaient été commandées par des chefs différents, et néanmoins étaient restées liées par l'agnation (2).

La parenté en général se nommait cognation (*cognatio*), et les parents cognats (*cognati, quasi una communiter*

---

(1) *Jure proprio familiam dicimus plures personas, quæ sunt sub unius potestate aut natura, aut jure subjectæ.* (Ib.) — *Familiæ appellatione et ipse princeps familiæ continetur* (Ib. f. 196. Gai.)

(2) *Communi jure familiam dicimus omnium agnatorum. Nam etsi patre familias mortuo singuli singulas familias habent, tamen omnes, quæ sub unius potestate fuerunt, recte ejusdem familiæ appellabuntur, qui ex eadem domo et gente proditi sunt.* (D. 50. 16. 195. § 4. f. Ulp.)

nati). — La cognation, dit Modestin, vient quelquefois du droit civil, quelquefois de la nature, quelquefois de l'un et de l'autre. — De la nature seule, par exemple, pour la parenté du côté des femmes, parce que les enfants ne sont pas dans la famille de leur mère. — Du droit civil seul, lorsqu'elle provient d'une adoption. — Du droit civil et de la nature, lorsqu'elle est produite par de justes noces entre les membres d'une même famille. — La cognation naturelle retient le nom de *cognation;* quant à la cognation civile, elle porte bien ce nom générique; mais, à proprement parler, elle se nomme *agnation* (1).

L'agnation, rapport purement civil, ne tenait nullement, comme on l'a vu, à la parenté naturelle, mais seulement à la qualité de membre de la même famille comme femme ou descendant. C'est à cette qualité d'agnat que le droit civil des Romains avait attaché tous les droits, tels que ceux de tutelle et de succession, que les autres peuples donnent aux liens du sang. Est-on dans la même famille, on est *agnat*, et on jouit de tous les droits que donne cette qualité; est-on dans des familles différentes, on n'est point *agnat*, et l'on n'a point de droit; que l'on soit du reste parent naturel ou non, peu importe. L'étranger introduit dans la famille par l'adoption, la femme par la puissance maritale, y prennent tous les priviléges de l'agnation; mais qu'un membre de la famille en soit renvoyé par le chef, tous ses liens sont rompus, tous les avantages lui sont retirés. De même aucun droit

---

(1) D. 38. 10. 4. § 2. f. Modest.

n'est accordé aux parents quelconques du côté des femmes, parce qu'ils n'entrent pas dans la famille de leur
mère, aucun droit enfin, ni à la mère envers ses enfants,
ni aux enfants envers leur mère, lorsqu'elle n'est pas
liée à la famille par la puissance maritale.

La cognation proprement dite, c'est-à-dire la parenté
naturelle seule, ne donnait aucun droit de famille, ni
droit de tutelle, ni droit de succession. Son principal effet
était de mettre, dans certains cas, obstacle au mariage.

Tel était le droit civil dans toute sa pureté quant aux
idées générales sur la famille et sur la parenté; mais il
a subi des modifications. Sous le premier rapport, nous
verrons que le nombre des personnes *alieni juris* est di-
minué; car les hommes libres ont, depuis les premiers
empereurs, cessé d'être donnés en mancipation, et les
femmes ne sont plus sous la propriété de leur mari. Sous
le second rapport, bien qu'on distingue encore les agnats
des parents qui ne le sont point, cependant on accorde
déjà plusieurs droits civils à la parenté naturelle. Les
préteurs ont commencé, les empereurs ont augmenté ces
droits, et Justinien les a consacrés.

Après cet aperçu général passons aux détails.

Sequitur de jure personarum alia divisio. Nam, quædam personæ *sui juris* sunt, quædam alieno juri subjectæ. Rursus earum, quæ alieno juri subjectæ sunt, *aliæ sunt in potestate parentum, aliæ in potestate dominorum.* Videamus itaque de his quæ alieno juri subjectæ sunt; nam, si cognoverimus quæ istæ personæ

Voici une autre division dans le droit sur les personnes; les unes sont maîtresses d'elles-mêmes, les autres sont au pouvoir d'autrui. Et, parmi ces dernières, il en est qui sont soumises à leur père, d'autres à leur maître. Traitons d'abord de celles qui sont au pouvoir d'autrui; car une fois ces personnes connues, nous saurons par

sunt, simul intelligemus quæ sui juris sunt. Ac prius dispiciamus de his quæ in potestate dominorum sunt.

cela seul quelles sont celles qui sont maîtresses d'elles-mêmes : et d'abord occupons-nous de celles qui sont au pouvoir d'un maître.

Sui juris. Le mot *jus*, dérivé de *jussum*, signifie, dans son acception primitive, *ordre, commandement*; nous l'avons déjà dit, page 249; dans ce sens, il est jusqu'à un certain point synonyme de puissance (1); et voilà d'où viennent les expressions de *sui juris, alieni juris*, pour dire, maître de soi-même, soumis au pouvoir d'autrui. Les individus qui ne sont sous la puissance de personne (*sui juris*) prennent le nom de *pater familias* pour les hommes, et *mater familias* pour les femmes, et cela à quelque âge qu'ils soient ; ces mots ne désignant nullement la qualité de père ou de mère, mais seulement celle de chef de maison : de sorte que l'enfant qui naît indépendant (*sui juris*), dès l'instant de sa naissance est *pater familias*. (*Patres familiarum sunt, qui sunt suæ potestatis, sive puberes sive impuberes, simili modo matres familiarum; filii familiarum et filiæ quæ sunt in aliena potestate*) (2). Cependant cette épithète de *mater familias* ne se donnait pas aux femmes déshonorées par de mauvaises mœurs (3).

Aliæ sunt in potestate parentum, aliæ in potestate dominorum. Les Instituts n'indiquent que deux classes soumises au pouvoir d'autrui, les esclaves et les enfants ; c'est qu'effectivement il n'en existe plus d'autre à l'époque de Justinien ; mais jadis il fallait y joindre la femme

---

(1) Theop. hic. — (2) D. 1. 6. 4. f. Ulp. — (3) D. 50. 16. 46. f. ejusd.

tombée au pouvoir de son mari, et l'homme libre abandonné en mancipation. On avait même désigné par des
noms ces différentes espèces de pouvoir. On nommait
potestas le pouvoir du chef sur ses esclaves et ses enfants;
manus, son pouvoir sur sa femme; *mancipium*, sur
l'homme livré par mancipation. (*Earum personarum quæ
alieno juri subjectæ sunt, aliæ in potestate, aliæ in manu,
aliæ in mancipio sunt*) (1).

POUVOIR DU CHEF SUR SES ESCLAVES ET SES ENFANTS (*potestas*).

1. In potestate itaque dominorum sunt servi : quæ quidem potestas, juris gentium est; nam
apud omnes peræque gentes ani-
madvertere possumus, dominis in
servos vitæ necisque potestatem
fuisse; et quodcumque per servum acquiritur, id domino ac-
quiri.

1. *En la puissance des maîtres
sont les esclaves : et cette puissance est du droit des gens; car
nous pouvons apercevoir que, chez
toutes les nations, les maîtres ont
droit de vie et de mort sur les esclaves, et que tout ce qui est acquis
par l'esclave est acquis au maître.*

La puissance du maître s'applique à deux choses, à
la personne et aux biens. Quant à la personne, droit de
vie et de mort était accordé au maître; quant aux biens,
tout ce que l'esclave avait ou acquérait était à son maître.
Voilà le droit primitif; examinons quelles modifications
il subit (*V. H. d. d., pag.* 8, 26, 82, 123).

Sur la personne, jusqu'à la fin de la république, la puissance du maître resta intacte; mais elle fut diminuée d'a-
bord par la loi PETRONIA que nous connaissons, d'après

____

(1) G. 1. 49.

un passage des Pandectes, comme ayant enlevé aux maîtres le droit de forcer eux-mêmes leurs esclaves à combattre contre les bêtes. (*Post legem Petroniam et senatus-consulta ad eam legem pertinentia, dominis potestas ablata est ad bestias depugnandas suo arbitrio servos tradere. Oblato tamen judici servo, si justa sit domini querela, sic pœnæ tradetur* (1). Cette loi est placée par MM. Haubold et Hugo dans les dernières années du règne d'Auguste (an 764 de R.), quoique Hotoman et d'autres auteurs l'aient rapportée à l'an 814, sous Néron, époque où il n'y avait déjà plus de lois ni de plébiscites. — Adrien (870 de R.), d'après ce que nous apprend Spartien (2), défendit que les esclaves pussent être mis à mort, si ce n'est en vertu d'une condamnation du magistrat; et nous savons que cet empereur relégua pour cinq ans une femme qui avait traité cruellement ses esclaves. (*Divus etiam Hadrianus Umbriciam quamdam matronam in quinquennium relegavit, quod ex levissimis causis ancillas atrocissimè tractasset* (3). Enfin Antonin le Pieux (914 de R.) punit comme homicide tout maître quelconque qui aurait tué son esclave, et prit des mesures pour que ces derniers ne fussent point traités trop cruellement. Constantin confirma ces dispositions, en permettant seulement aux maîtres de fustiger modérément leurs esclaves (4), et Justinien conserva les constitutions de ces deux empereurs.

2. Sed hoc tempore nullis hominibus, qui sub imperio nostro sunt, licet, *sine causa legibus*	2. *Mais aujourd'hui il n'est permis à aucun de nos sujets de sévir à l'excès et sans motif légal*

---

(1) D. 48. 8. 11. § 2. f. Modest. — (2) In Hadrianum. C. 18. — (3) D. 1. 6. 2. in fin. f. Ulp. — (4) C. 9. 14.

cognita, in servos suos supra modum sævire. Nam , ex constitutione divi Antonini, qui sine causa servum suum occiderit, non minus puniri jubetur, quam *qui alienum occiderit.* Sed et major asperitas dominorum, ejusdem principis constitutione, coercetur; nam consultus à quibusdam præsidibus provinciarum de his servis, qui ad ædém sacram vel *ad statuam principum confugiunt,* præcepit ut, si intolerabilis videatur sævitia dominorum , cogantur servos suos *bonis conditionibus* vendere, ut pretium dominis daretur; et recte. Expedit enim Reipublicæ , ne sua re quis male utatur. *Cujus rescripti* ad Ælium Martianum emissi verba sunt hæc : Dominorum quidem potestatem in servos suos illibatam esse oportet, nec cuiquam hominum jus suum detrahi; sed *dominorum interest,* ne auxilium contra sævitiam , vel famem, vel intolerabilem injuriam, denegetur iis qui juste deprecantur. Ideoque cognosce de querelis eorum qui ex familia Julii Sabini ad statuam confugerunt; et, si vel durius habitos quam æquum est, vel infami injuria affectos esse cognoveris, venire jube, ita ut in potestatem domini non revertantur. Qui si meæ constitu-

contre ses esclaves. Car, d'après une constitution de l'empereur Antonin, celui qui sans cause tue son esclave doit être puni comme celui qui tue l'esclave d'autrui. Et même, par cette constitution, est réprimée la rigueur excessive des maîtres. En effet, consulté par quelques présidents des provinces sur les esclaves qui se réfugient dans des édifices sacrés ou près de la statue de l'empereur, Antonin ordonna que, si les traitements du maître étaient jugés insupportables, il fût contraint de vendre ces esclaves à de bonnes conditions et que le prix lui en fût remis; disposition fort juste, car l'état même est intéressé à ce que personne n'use mal de sa chose. Voici les termes de ce rescrit adressé à Ælius Marcien : « Il convient sans doute de ne point porter atteinte à la puissance des maîtres sur leurs esclaves et de n'enlever à personne ses droits; mais il est de l'intérêt des maîtres euxmêmes qu'on ne refuse point aux esclaves contre la cruauté, la faim, ou des injures intolérables, le secours qu'ils implorent justement. Connaissez-donc des plaintes de ceux qui de chez Julius Sabinus se sont réfugiés à la statue, et s'il vous est prouvé qu'ils ont été traités plus durement que l'humanité le permet, ou souillés d'une in-

tioni *fraudem fecerit,* sciet me admissum severius executurum.

jure infâme, faites - les vendre; qu'ils ne rentrent plus au pouvoir de leur maître. Et s'il cherche par des subterfuges à éluder ma constitution, qu'il sache que je l'exécuterai plus sévèrement. »

Sine causa legibus cognita. Le maître aurait un motif légitime de tuer son esclave s'il le surprenait en adultère avec sa fille ou sa femme (1), ou, si attaqué par lui, il était obligé de le tuer pour se défendre (*Théophile, hic*).

Qui alienum occiderit. Le meurtrier de l'esclave d'autrui pouvait être poursuivi en vertu de la loi CORNELIA comme homicide, et comme tel, puni de mort ou de déportation. *Si dolo servus occisus sit, et lege Cornelia agere dominum posse constat* (2). Ainsi le maître qui aura sans motif tué son esclave sera puni de la même peine.

Ad statuam principum confugiunt. Les temples, les statues des princes étaient des objets sacrés ; ils offraient un refuge qu'on ne pouvait violer sans se rendre coupable de sacrilége ou de lèse-majesté (3). Aussi les esclaves qui y couraient échappaient-ils pour le moment aux sévices de leurs maîtres.

Bonis conditionibus. On était dans l'usage fréquent, en vendant des esclaves, d'attacher à la vente des conditions le plus souvent favorables, quelquefois défavorables à l'esclave. On trouve au Digeste un titre consacré à l'examen de ces conditions (4), à peu près comme celles-ci :

____

(1) D. 48. 5. l. 20 et 24. — (2) D. 9. 2. 23. § 9. f. Ul. — D. 48. 8. 1. § 2. f. Marc. — (3) C. 1. 12. - ib. 25. — Senec. 1. de Clem. c. 18. — (4) D. 18. 7.

que l'esclave vendu sera affranchi à telle époque ; que la femme esclave ne sera point prostituée ; que l'esclave ne pourra point rester à Rome ; qu'il sera transporté dans tel pays lointain ; qu'il sera employé aux travaux les plus rudes ; qu'il sera toujours dans les chaînes, etc. Antonin défend que le maître puisse, par des conditions semblables à ces dernières, poursuivre l'esclave de sa haine jusque dans les mains de l'acheteur (*Theophile hic.*).

Cujus rescripti. Nous avons ici l'exemple d'un rescrit. Il n'est pas difficile de voir le fait qui y donna lieu. Un citoyen, nommé Sabinus, accablait de mauvais traitements plusieurs de ses esclaves qui, pour lui échapper, cherchèrent un refuge auprès de la statue du prince, et implorèrent la protection d'Ælius Marcien, président de la province. Celui-ci, n'ayant aucune loi pour se décider, s'adressa à l'empereur, et lui demanda ce qu'il fallait faire ; nous avons la réponse d'Antonin (*Theoph.*).

Dominorum interest. C'est l'intérêt des maîtres eux-mêmes, de peur que les esclaves désespérés ne se tuent ou ne prennent la fuite. (*Théoph.*)

Fraudem fecerit. Par exemple, en convenant tacitement avec l'acheteur que l'esclave lui sera rendu, ou bien en mettant une condition tacite contraire à l'esclave. (*Theoph.*)

Sur les biens. L'ancien droit a toujours été conservé dans sa rigueur ; l'esclave, étant lui-même au rang des choses de son maître, n'a rien qui ne soit à ce dernier. S'il gagne quelque chose par son industrie, s'il trouve un trésor, s'il reçoit une donation, un legs, une hérédité, c'est toujours pour son maître. Cependant il est souvent parlé chez les poètes, chez les historiens, chez les jurisconsultes du pécule des esclaves (*peculium*). C'était une masse de biens que le maître séparait de ses autres propriétés, et dont il laissait à l'esclave l'administration ainsi que la jouissance. L'esclave cherchait par son travail à augmenter son pécule; bien que rigoureusement ce pécule appartînt à son maître, cependant il en jouissait, et les mœurs avaient fini par empêcher que le maître le lui retirât arbitrairement. Il achetait même fort souvent la liberté en abandonnant ce pécule (1).

<table>
<tr><td>TIT. IX.</td><td>TIT. IX.</td></tr>
<tr><td>DE PATRIA POTESTATE.</td><td>DE LA PUISSANCE PATERNELLE.</td></tr>
</table>

Propriétaire de ses enfants comme de ses esclaves, le chef de famille avait des droits sur leur personne et sur leurs biens. Sur leur personne droit de vie et dé mort, droit de les vendre, de les exposer (2) (*H. D. p.* 8. 26. 45.). L'histoire nous rapporte l'exemple de plus d'un père jugeant son fils dans une assemblée de parents, et le condamnant à la mort (3). Cependant l'affection paternelle, les mœurs, et par la suite les lois adoucirent cette puissance. Un fragment du Digeste nous apprend que Trajan (*An.* 867 *de R.*) contraignit un père à libérer son fils de sa puissance parce qu'il l'avait traité inhumainement (4). — De même Adrien (870 *de R.*) condamna à la déportation un père qui à la chasse avait tué son fils, bien que ce dernier fût coupable d'adultère avec sa belle-mère;

----

(1) C. Th. 4. 8. Const. 3. — (2) D. 28. 2. 11. — Gai. 1. § 117. — C. 8. 52. 2. — (3) Den. d'Hal. 2. 4. — Valer. Max. 5. c. 8. — Quintil. decl. 3. — (4) D. 37. 12. 5. f. Papin

car, dit Marcien qui rapporte le fait, *patria potestas in pie-tate debet, non in atrocitate consistere* (1). Ulpien disait dans l'un de ses écrits qu'un père ne peut tuer son fils sans jugement, et qu'il doit l'accuser devant le préfet ou le président (2). Alexandre Sévère (981 *de R.*) écrivait à un père dans une constitution insérée au Code : « Votre puissance paternelle vous donne le droit de châtier votre fils ; et, s'il persévère dans sa conduite, vous pouvez, recourant à un moyen plus sévère, le traduire devant le président de la province, qui prononcera contre lui la punition que vous demanderez » (3). Enfin nous trouvons aussi dans le Code une constitution de Constantin (1065 *de R.*). qui condamne à la même peine que le patricide, le père qui aurait tué son enfant (4). Nous voyons ainsi que lorsque la république eut disparu, que le droit naturel et le droit des gens se furent mêlés à la législation, le pouvoir correctionnel des pères sur la personne des enfants fut contenu dans de justes bornes. — Le droit d'en disposer fut aussi restreint. Le père, dans le principe, pouvait vendre les enfants qu'il avait sous sa puissance (*mancipare*) ; il pouvait, lorsqu'ils avaient causé quelque préjudice, les abandonner en réparation (*noxali causa mancipare*); il ne les rendait point ainsi esclaves (5); mais il les plaçait sous une espèce de puissance particulière que nous examinerons bientôt (*in mancipio*). Sous Gaïus (925 *de R.*), la vente solennelle des enfants (*mancipatio*) existait encore ; il est vrai que le plus souvent elle n'était que fictive et avait

---

(1) D. 48. 9. 5. f. Marc. — (2) D. 48. 8. 2. — (3) C. 8. 47. 3. — (4) C. 9. 17. — (5) C. 8. 47. 10. — Gaï. 1. § 117.

pour but, comme nous le verrons, de les libérer de la puissance paternelle (1); quant à l'abandon en réparation d'un dommage, il se faisait encore sérieusement, mais pour les fils seulement et non pour les filles (2). Les écrits de Paul (965 *de R.*) nous indiquent que de son temps les ventes réelles des enfants n'avaient lieu que dans un cas d'extrême misère, *contemplatione extremæ necessitatis, aut alimentorum gratia*) (3); mais l'abandon du fils en réparation du préjudice qu'il avait causé, se faisait toujours (4). Enfin Dioclétien et Maximien (1039 *de R.*) disent, dans un rescrit inséré au Code, qu'il est hors de doute (*manifestissimi juris*) que les pères ne peuvent livrer leurs enfants ni en vente, ni en donation, ni en gage. Constantin (1059 *de R.*) permet il est vrai de les vendre, mais au sortir du sein de la mère (*sanguinolentes*), et quand on y est forcé par une extrême misère (*propter nimiam paupertatem egestatemque victus*); c'est ce dernier droit qui est conservé dans la législation de Justinien par son insertion au Code (5). Quant à l'abandon en réparation, les Instituts eux-mêmes disent qu'il est tombé en désuétude, qu'il n'aura plus lieu (6); et quant à l'exposition, depuis long-temps elle était condamnée par les lois (7).

Relativement aux biens, les droits du père sur le fils étaient aussi étendus que sur l'esclave. Comme ce dernier, l'enfant ne pouvait rien avoir qui ne fût à son père, rien acquérir qui ne fût pour son père. Il pouvait posséder un

---

(1) G. 1. § 117 et 118. — (2) G. 4. § 75 et suiv. — (3) Paul. sent. L. 5. T. 1. § 1. — (4) Id. L. 2. T. 31. § 9. — D. 43. 28. 3. § 4. f. Ulp. — (5) C. 4. 43. 1 et 2. — (6) Inst. 4. 8. 7. — (7) C. 8. 52.

pécule, mais, comme l'esclave, il n'en avait qu'une jouissance précaire. Cependant le droit primitif fut encore modifié sur ce point par rapport à l'enfant, tandis qu'il ne le fut jamais par rapport à l'esclave. Sous les premiers empereurs, on sépara des autres biens ceux que l'enfant avait acquis à l'armée (*castrense peculium*); Constantin distingua de même ceux qu'il avait acquis dans des emplois à la cour (*quasi castrense peculium*); puis ceux qui lui venaient de sa mère. Et ainsi se formèrent des pécules sur lesquels les fils de famille eurent des droits plus ou moins étendus. Du reste nous traiterons cette matière à sa place (1).

Maintenant que nous connaissons les principaux effets de la puissance paternelle, voyons sur qui s'étend cette puissance.

On l'acquérait de trois manières : 1.° par les justes noces; 2.° par la légitimation; 3.° par l'adoption. Nous allons les parcourir successivement.

In potestate nostra sunt liberi nostri, quos ex justis nuptiis procreavimus.

En notre puissance sont nos enfants issus de justes noces.

Il faut bien remarquer les mots *ex justis nuptiis*. Car tout mariage ne donnait pas la puissance paternelle; il n'y avait que celui que les Romains appelaient «justes noces, mariage légitime » (*justæ nuptiæ , justum matrimonium.*)

____

(1) Inst 2 9.

1. Nuptiæ autem, sive matrimonium, est viri et mulieris conjunctio, individuam vitæ consuetudinem continens.

1. *Les noces ou mariage sont l'union de l'homme et de la femme, entraînant l'obligation de vivre dans une communauté indivisible.*

C'est ici une définition générale des noces ou mariage; nous allons voir les circonstances qui doivent se réunir pour qu'il y ait *justes noces.*

2. Jus autem potestatis, quod in liberos habemus, proprium est civium Romanorum; nulli enim alii sunt homines, qui talem in liberos habeant potestatem, qualem nos habemus.

2. *La puissance que nous avons sur nos enfants est propre aux citoyens romains; car il n'est point d'autres peuples qui en aient une pareille.*

La puissance paternelle était du droit civil, il fallait être citoyen pour pouvoir l'acquérir. Bien différente en cela de la puissance sur les esclaves qui, étant du droit des gens, appartenait à tout propriétaire. De plus elle était particulière au seul peuple romain, et avait chez eux un caractère singulier qu'on ne retrouvait pas ailleurs. Gaïus cependant indique les Galates comme ayant un pouvoir semblable à celui des Romains (1).

3. Qui igitur ex te et uxore tua nascitur, in tua potestate est. Item qui ex filio tuo et uxore ejus nascitur, id est nepos tuus et

3. *Ainsi celui qui naît de toi et de ton épouse est en ta puissance; comme aussi celui qui naît de ton fils et de son épouse, c'est-à-dire*

---

(1) G. 1. 55.

neptis, æque in tua sunt potestate; et pronepos, et proneptis,
et deinceps ceteri. Qui autem ex
filia tua nascitur, in potestate tua
non est, sed in patris ejus.

*ton petit-fils ou ta petite-fille ; de
même ton arrière-petit-fils, ton
arrière-petite-fille, et ainsi des
autres. Pour l'enfant issu de ta
fille il n'est pas sous ta puissance,
mais sous celle de son père.*

Le chef de famille avait sous sa puissance paternelle
d'abord tous ses enfants au premier degré. Ses fils se ma-
riaient-ils, le mariage ne les libérait point de cette puissance; avaient-ils des enfants, ils ne prenaient pas sur
ces enfants le pouvoir paternel; mais tous les fils et tous
leurs enfants se trouvaient ensemble soumis au même chef,
le père de famille, et vieillissaient sous son pouvoir jusqu'à sa mort, si quelque circonstance ne les en avait plus tôt
fait sortir. C'est ainsi que la famille s'augmentait de toutes
les naissances survenues de mâles en mâles. Quant aux
filles, en se mariant elles ne sortaient pas toujours, il est
vrai, de leur famille paternelle, mais leurs enfants n'entraient jamais dans cette famille; ils étaient au pouvoir de
leur père ou du chef de famille à qui leur père était soumis, et non au pouvoir de leur aïeul maternel. Voilà pourquoi nous disons bien souvent que les descendants par les
femmes ne sont point agnats, mais simplement cognats.
Et même, lorsqu'une femme était maîtresse d'elle-même
(*sui juris*), et qu'elle avait des enfants issus de justes noces
ou de toute autre union, jamais elle ne prenait sur eux la
puissance paternelle, qui était réservée aux hommes seuls.
Aussi Ulpien dit-il que la famille dont la femme *sui juris*
s'était trouvée le chef (*mater familiæ*) commence et finit en
elle (*mulier autem familiæ suæ et caput et finis est*) (1).

____

(1) D. 5o. 16. 195. § 5.

Il faut, sur cette matière, déposer les idées de notre législation, et même les termes de notre langue.

Les mots *nuptiæ, matrimonium* paraissent employés par les jurisconsultes romains comme des expressions génériques, indiquant l'union de l'homme et de la femme dans une communauté indivisible, et pouvant s'appliquer à tous les mariages, même à ceux des étrangers. Mais ces jurisconsultes veulent-ils spécialement désigner le mariage selon le droit des Romains, mariage produisant les effets civils, ils ont grand soin de dire *justæ nuptiæ, justum matrimonium* (1). Des justes noces seules découlaient la puissance paternelle, la parenté civile (*agnatio*), les droits de famille; en un mot elles étaient le seul mariage reconnu par les lois. La femme y prenait le nom de *uxor*, le mari celui de *vir*.

Le commerce d'un homme avec une concubine (*concubinatus*) n'était point un délit; les lois le permettaient, même elles le réglaient; il était assez fréquent, mais il n'avait rien d'honorable, surtout pour la femme.

Quant à l'union des esclaves (*contubernium*), elle était abandonnée au droit naturel, et ne produisait que des liens naturels.

Occupons-nous d'abord des justes noces.

Le mariage, comme l'un des actes les plus importants

______

(1) Ulp. Reg. T. 5. § 1 et 2.

de la vie humaine, a naturellement, dans toutes les nations, été placé sous une protection supérieure, et accompagné d'invocation à la Divinité ; aussi, chez les Romains, les dieux du paganisme intervenaient à sa célébration, et lorsque la religion chrétienne fut la religion de l'Etat, elle ne put manquer de le sanctifier par ses cérémonies ; mais, dans tous les temps, sous Justinien encore, cette intervention fut purement religieuse, sans caractère légal : le mariage ne fut considéré que comme un contrat civil, et il s'écoula bien long temps avant que l'Eglise le considérât comme un sacrement dont elle devait s'emparer. Le mariage n'était même assujetti à aucune solennité. Les mœurs l'avaient bien entouré de formes gracieuses et symboliques dont la pompe augmentait avec la richesse des époux ; mais la parure de la fiancée, le voile jaune qui la couvrait (*flammeum*) (1), la quenouille, le fuseau, le fil qu'elle portait (2), sa marche vers la maison nuptiale, les tentures flottantes et les feuillages verts qui décoraient cette maison (3), les clefs qu'on lui remettait (4), le repas, les hymnes qu'on y chantait, n'étaient pas plus nécessaires à la validité du mariage que ne le sont de nos jours le voile blanc qui cache les traits de la mariée, la couronne de fleurs d'orangers qui pare ses cheveux, la fête et le bal qui suivent son hyménée. Quelquefois on dressait un acte, soit pour régler les conventions relatives aux biens (*ins-*

---

(1) Fest. aux mots *senis, cœlibaris, cingulum, flammeum, nuptiœ*. — Plinius. L. 8. c. 48. — Luca. *de bell. Phars.* 2.

(2) Plin. L. 8. c. 48. — (3) Juven. Sat. 6. vers. 237. — Sat. 10. vers. 332. — (4) Fest. au mot *clavis*.

trumenta dotalia), soit pour constater le mariage (*nuptiales tabulæ, instrumenta ad probationem matrimonii*): mais ces actes n'étaient que des moyens de preuve, ils ne faisaient pas le mariage si celui-ci n'avoit pas eu lieu, et réciproquement le mariage contracté sans ces titres n'en existait pas moins (1). Nous trouvons plus d'un texte de loi qui nous dit qu'il suffit que le mariage ait été contracté par le consentement des époux et qu'il soit constaté par leurs amis ou voisins (*consortium consensu atque amicorum fide. — Vicinis vel aliis scientibus*) (2); cependant il ne faut pas croire que le consentement seul des parties fît le mariage. Ce contrat me paraît devoir être rangé dans la classe de ceux qui, pour exister, exigeaient qu'il y eût eu tradition. Il fallait nécessairement que la femme eût été conduite dans la maison conjugale, jusque-là il n'y avait que mariage projeté; l'expression *uxorem ducere*, se marier, suffirait pour faire sentir la vérité de cette opinion; mais plusieurs textes la laissent hors de doute : c'est ainsi qu'Aurélien décide dans un rescrit qu'une donation faite le jour des noces à la fiancée, étant encore dans sa maison, est antérieure au mariage, mais que, faite dans la maison du mari, elle est postérieure au mariage (3): c'est ainsi encore que Pomponius et Paul nous disent qu'un homme absent peut se marier (*uxorem ducere*) parce qu'on peut conduire la femme dans sa maison; mais qu'une femme absente ne peut être épousée (*uxor duci*), parce qu'il serait alors impossible de la conduire (4). Du reste il n'était

---

(1) C. 5. 4. 13. — (2) C. 5. 4. 22 et 9. — (3) C. 5. 3. 6. — (4) D. 23. 2. 5. f. Pomp. — Paul. sent. 2. 19. § 8.

nullement nécessaire, pour que le mariage existât, qu'il eût été consommé par la cohabitation ; il avait lieu dès que l'épouse avait été conduite à la maison du mari (*statim atque ducta est uxor, quamvis nondum in cubiculum mariti venerit. Nuptias enim non concubitus, sed consensus facit*) (1). — Il paraît que des lois exigeaient néanmoins qu'il y eût contrat dotal lorsque le mariage avait lieu entre personnes de conditions inégales. Justinien abrogea ces lois dans le code (2). — Telle était, d'après les Instituts et le Code, la législation sur la célébration des noces, mais elle reçut quelque modification par les novelles. Ainsi la novelle 74 décidait, 1° que les personnes revêtues de grandes dignités, jusqu'au rang d'illustres, ne pourraient contracter mariage sans contrat dotal ; 2° que les autres personnes, à l'exception des pauvres, des agriculteurs et des soldats, seraient obligées au moins de se présenter devant le défenseur de quelque église et de déclarer leur mariage, l'année, le mois et le jour où ils l'avaient formé ; déclaration dont on devait prendre acte en présence de trois ou quatre témoins (3). Cette dernière disposition, il est vrai, paraît abrogée par une novelle postérieure, la novelle 117. c. 4.

Les fiançailles, c'est-à-dire les promesses de mariage, étaient en usage chez les Romains. On les nommait *sponsalia* (*sponsalia sunt sponsio et repromissio nuptiarum futurarum*) (4). Elles se faisaient par le seul consentement des deux fiancés et de leur chef de famille (5): il suffisait que les deux fiancés eussent plus de sept ans et fussent ca-

---

(1) D. 35. 1. 15. — 50. 17. 30. — 23. 2. 6. — f. Ulp. — (2) C. 5. 4. 22 et 23. § 7. — (3) Nov. 74. c. 4. — (4) D. 23. 1. 1. f. Florent. — (5) D. 23. 1. 4 et 7.

pables de contracter mariage par la suite (1). Elles ne donnaient aucune action pour contraindre au mariage, et chaque partie pouvait y renoncer en le notifiant à l'autre en ces termes, *conditione tua non utor*. Des arrhes étaient données ordinairement à la fiancée; et celle des parties, qui, sans motif légitime, faisait rompre l'union projetée, devait les perdre, sauf quelques distinctions pour la fiancée (2).

Avant de commencer l'explication des règles sur la validité des noces, nous devons signaler comme l'époque la plus remarquable sur cette partie de la législation, celle où Auguste, voulant relever la dignité du mariage avilie, fit paraître les deux fameuses lois JULIA et PAPIA POPPEA qui réglaient ce contrat civil, défendaient aux sénateurs et aux ingénus d'épouser certaines femmes, frappaient d'incapacités les célibataires (*cælebes*), les personnes n'ayant point d'enfant (*orbi*), et divisaient ainsi les citoyens en diverses classes (*H. d. d.*, *p.* 145.). Cette division exista pendant plus de trois siècles, fut effacée en totalité par Constantin (*ib.* 183), et plus aucune trace n'en reste sous Justinien.

Justas autem nuptias inter se cives Romani contrahunt, qui secundum præcepta legum coeunt, masculi quidem puberes, feminæ autem viripotentes, sive patresfamilias sint, sive filiifamilias; dum tamen, si filiifamilias sint, consensum habeant parentum, quorum in potestate sunt. Nam hoc fieri debere, et civilis et na-

Il y a justes noces quand des citoyens Romains s'unissent selon les lois, les hommes pubères, les femmes nubiles ; qu'ils soient chefs ou fils de famille, pourvu, dans ce dernier cas, qu'ils aient le consentement de ceux sous la puissance desquels ils se trouvent, car la raison naturelle et la loi civile l'exigent; tellement que l'autorisa-

(1) D. 23. 1. l. 14. 15 et 16. — (2) C. 5. 1. c. 3. 5 et 6.

turalis ratio suadet, in tantum, ut jussus parentis *precedere debeat.* Unde quæsitum est, an furiosi filia nubere, aut furiosi filius uxorem ducere possit? Cumque *super filio variabatur,* nostra processit decisio, qua permissum est ad exemplum filiæ furiosi, filium quoque furiosi posse et sine patris interventu matrimonium sibi copulare, secundum datum ex nostra constitutione modum.

*tion du père doit précéder. De là cette question : **Le fils ou la fille d'un fou peuvent-ils se marier ? Et** comme à l'égard du fils on était partagé, est intervenue notre décision qui permet que le fils d'un fou puisse, à l'exemple de la fille, contracter mariage sans l'intervention du père, selon le mode indiqué par notre constitution.*

Ulpien, d'accord en entier avec les instituts, indique trois choses indispensables pour qu'il y ait justes noces : 1° la puberté, 2° le consentement, 3° le *connubium.*

1° *La puberté.* On désigne ainsi l'état physique où l'homme devient, par le développement de son corps, capable de s'unir à une femme, et réciproquement celui où la femme devient capable de s'unir à un homme. Cet état détermine l'instant où le mariage, rendu possible par la nature, peut être permis par la loi. Dans le droit primitif, la puberté n'était point fixée à une époque déterminée ; consultant en cela la nature seule, les chefs de famille ne mariaient leurs enfants que lorsqu'ils voyaient leur corps suffisamment développé. Par la suite la puberté fut légalement fixée, d'abord pour les femmes à douze ans, ensuite pour les hommes à quatorze. Avant cet âge on pouvait faire des fiançailles ; mais l'union contractée n'eût pas été un mariage légitime, et ne le serait devenu qu'au moment de la puberté (1).

---

(1) D. 25. 2. 4. f. Pomp.

2° *Le consentement.* Ce qui doit s'appliquer aux conjoints et aux chefs de famille sous la puissance desquels ils se trouvent (*nuptiæ consistere non possunt, nisi consentiant omnes; id est qui coeunt, quorumque in potestate sunt*) (1). Le consentement des époux devait être libre, et le pouvoir du chef de famille ne s'étendait pas jusqu'à contraindre ceux qui lui étaient soumis à se marier (*non cogitur filius-familias uxorem ducere*) (2). Il devait être donné par une personne sachant ce qu'elle faisait : ainsi le fou, incapable de consentir, était incapable de se marier (3). — Quant au consentement du chef de famille, il faut bien remarquer que si on l'exigeait ce n'était qu'à cause de sa puissance paternelle et comme une suite de ses droits de propriété sur les membres qui lui étaient soumis : ainsi l'on ne demandait jamais le consentement de la mère, parce qu'elle n'avait point de puissance paternelle ; l'enfant sorti de sa famille et entré dans une autre par adoption ne demandait pas le consentement de son père naturel, mais bien celui de l'adoptant, auquel il était soumis ; enfin l'enfant libéré de la puissance paternelle et devenu *sui juris* n'avait plus besoin du consentement de son père. Cependant Valens et Valentinien, après eux Honorius et Théodose, exigèrent que la fille mineure de vingt-cinq ans, bien qu'émancipée, prît encore le consentement de son père, et si ce dernier était mort, le consentement de la mère et des proches parents (4). Ces dispositions étaient des dérogations totales aux principes du droit primitif. — Lorsque des enfans étaient sou-

---

(1) Ib. f. 2. — (2) Ib. f. 21. — (3) Ib. f. 16. § 2. — (4) C. 5. 4. 18 et 20.

mis avec leur père à la puissance de leur aïeul, on pourrait croire qu'ils n'avaient besoin pour se marier que du consentement de ce dernier auquel ils étaient soumis. Cela était vrai pour la fille, mais non pour le fils qui eût été obligé d'obtenir à la fois le consentement du père et de l'aïeul (1). Voici le principe sur lequel repose cette différence. L'aïeul pouvait bien, de sa propre volonté, renvoyer de sa famille ses petits-fils sans le consentement du fils, leur père, et diminuer ainsi la famille que ce dernier devait avoir un jour en sa puissance; mais il ne pouvait, sans le consentement du fils, introduire parmi les enfants de ce dernier de nouvelles personnes et augmenter ainsi sa famille future, de peur de lui donner malgré lui de nouveaux héritiers (*ne ei invito suus heres agnascatur*) (2). Or l'aïeul, en mariant par sa seule volonté son petit-fils, aurait exposé le père de ce dernier à avoir un jour sous lui les enfants issus de ce mariage; ce qui n'avait pas lieu pour la petite-fille, parce que jamais les enfants ne suivent la famille de leur mère. — Le consentement du chef de famille peut être tacite (3). — S'il refusait à tort de marier ses enfants, ou s'il ne se mettait nullement en peine de le faire, il pourrait y être forcé par les présidents des provinces, en vertu d'une constitution de Sévère et Antonin (4).

Præcedere debeat. C'est une question controversée que de savoir si le mariage contracté sans le consentement du chef de famille pouvait être ratifié par la suite. Sans aucun doute le chef pouvait donner son consentement, et le ma-

---

(1) D. 23. 2. 16. § 1.—(2) Inst. 1. 11. 7. — (3) C. 5. 4. 2 et 5. —(4) D. 23. 2. 19. f. Marc.

riage dès ce moment serait devenu légitime ; mais ce consentement était-il une véritable ratification ayant un effet
rétroactif? Il faut décider que non ; le mariage n'était pas
validé dans le passé où il n'avait pas existé, il commençait
seulement à être valable pour l'avenir. On peut assimiler
ce cas, en quelque sorte, à celui où l'un des époux était
impubère ; au moment où il atteignait la puberté le mariage devenait *justes noces*, mais sans effet rétroactif (1).

Super filio variabatur. Le chef de famille étant fou et
furieux ne pouvait donner son consentement : fallait-il
pour cela que ses enfants ne pussent se marier ? On le permettait à la fille ; mais pour le fils les avis des jurisconsultes
étaient partagés, et cela parce que le mariage de la fille
ne pouvait jamais donner au chef de nouveaux membres
dans sa famille, tandis que le mariage du fils devait lui
amener tous les enfants qui en naîtraient. Justinien dans
une constitution le permet au fils et à la fille, pourvu qu'en
présence du curateur et des parents les plus notables de leur
père, ils fassent agréer la personne qu'ils veulent épouser,
régler la dot et la donation nuptiale par le préfet de la
ville à Constantinople, par le président ou les évêques de
la cité dans les provinces. (2) — De même, lorsque le
père avait été pris par l'ennemi, ou qu'il avait disparu sans
qu'on eût de ses nouvelles, les enfants pouvaient, après
trois ans de captivité ou d'absence, se marier, bien que la
puissance paternelle ne fût pas détruite et que le chef dût
la reprendre à son retour (3).

Avant de passer à la troisième condition le *connubium*,

---

(1) D. 23. 2. 4. — (2) C. 5. 4. 25. — (3) D. 23. 2. 9 et 10 f. Ulp.
et Paul. — D. 49. 15. 12. § 3. f. Tryph.

il est bon d'observer que pour pouvoir se marier il ne suffit pas d'être pubère, de donner son consentement et d'a-
voir celui du chef auquel on est soumis; il faut encore être
libre, car si l'on est déjà engagé dans une première union (1),
ou dans les ordres ecclésiastiques (2), on ne peut se marier; de même si l'on est castrat (3), à moins, dans ce dernier cas, que la femme y consente.

3° Le *connubium*. Il est indispensable d'abord de fixer la
valeur de cette expression, généralement mal connue.
Connubium ne signifie pas mariage; et, lorsqu'on dit *jus
connubii* pour *droit de mariage*, on se sert d'une expression
qui n'est pas latine. Il ne signifie pas non plus la capacité
individuelle de se marier, cette capacité qui résulte de ce
qu'on est pubère, libre et non castrat; mais ce mot désigne la capacité relative de s'unir à telle personne, et c'est
dans ce sens qu'il faut entendre la définition qu'en donne
Ulpien, *connubium est uxoris jure ducendæ facultas* (4).
Ainsi, pour qu'un mariage soit légitime, il faut d'abord
que chacun des conjoints soit individuellement capable
de se marier, mais il faut de plus qu'ils soient capables de
se marier l'un à l'autre. C'est cette capacité relative qui
doit exister entre eux que l'on nomme *connubium*. Des
exemples achèveront d'éclaircir ce qu'il peut y avoir encore
d'obscur dans ces idées. — La capacité relative de s'unir
(*connubium*) existait entre les citoyens Romains, mais non
entre les citoyens et les Latins ou les étrangers; c'était en
effet un droit civil (*connubium habent cives Romani cum*

______

(1) C. 5. 5. 2. — (2) C. 1. 3. 44. — Nov. 6. c. 1. § 7. — (3) D.
23. 3. 39. § 1. — (4) Ulp. Reg. T. 5. § 3.

civibus Romanis; cum Latinis autem et peregrinis, ita si concessum sit) (1); mais le texte même que nous citons nous prouve qu'on accordait quelquefois ce droit à l'égard de certains étrangers. Du reste il ne faut pas perdre de vue ici le changement introduit par Caracalla et les droits de cité accordés à tous les sujets. — Aucun *connubium* n'existait avec les esclaves (*Cum servis nullum est connubium*) (2). — D'après les douze Tables, aucun *connubium* entre les patriciens et les plébéiens (*patribus cum plebe connubium nec esto*); mais cette disposition fut supprimée par un plébiscite, *lex* CANULEIA *de connubio patrum et plebis* (H. d. d. p. 58). — Le *connubium* n'existait pas non plus entre parents ou alliés à un certain degré : matière qui est développée dans les Instituts; mais, comme elle l'est fort longuement et avec confusion, nous allons la présenter d'une manière courte et claire, sauf à nous contenter de donner la traduction du texte avec les observations indispensables. Et voyons d'abord la parenté.

La parenté naturelle, *la cognation* proprement dite, c'est à dire le lien qui existe entre personnes unies par le sang (*cognati*), et descendant ou l'une de l'autre ou d'une souche commune, est dans plusieurs cas un empêchement au *connubium*. Il en est de même à plus forte raison de la parenté civile (*l'agnation*), ce lien qui unit entre eux les membres de la même famille civile (*agnati*). Les prohibitions pour l'une et l'autre parenté sont les mêmes. Seulement il faut observer que la cognation tenant à un fait naturel et immuable, la naissance, ne peut jamais cesser,

---

(1) Ulp. Reg. T. 5. § 4. — (2) Ib. § 5.

et que par conséquent l'empêchement qu'elle produit ne peut être levé. Au contraire l'agnation ne tient qu'à un fait civil, l'existence dans la même famille ; elle est complètement détruite si ce fait cesse : ce qui arrive pour le membre renvoyé de la famille (*émancipé*). Dans ce cas, si l'agnation ne se joint à aucun lien naturel, si elle provient d'une adoption, une fois dissoute, l'empêchement au *connubium* est détruit aussi, parce que les membres restés dans la famille ne sont plus liés par aucune parenté à celui qui en est sorti. — Ces préliminaires exposés, nous pouvons dire que, sans distinction entre l'agnation et la cognation, le mariage est prohibé : 1° entre personnes descendant directement l'une de l'autre, à l'infini. *Inter parentes et liberos infinite cujuscumque gradus connubium non est* (1). 2° Entre l'oncle et la nièce, petite-nièce, arrière-petite-nièce, etc. à l'infini, et réciproquement entre la tante et le neveu, petit-neveu, etc. 3° Enfin entre le frère et la sœur. Les autres parents peuvent s'unir. — Si l'empêchement provient d'une agnation produite par adoption, il cesse, soit que l'adopté ait été renvoyé de la famille, parce qu'alors il n'est plus l'agnat d'aucun membre ; soit que l'adopté restant dans la famille, la personne qu'il doit épouser en ait été renvoyée, parce que celle-ci n'est plus agnat d'aucun membre. Cependant, par un motif de convenance, le père adoptif ne pouvait jamais épouser sa fille, sa petite-fille adoptive, etc., bien qu'il les eût renvoyées de sa puissance et de sa famille.

---

(1) Ulp. Reg. T. 5. § 6.

1. Ergo non omnes nobis uxores ducere licet ; nam a quarumdam nuptiis abstinendum est. Inter eas enim personas, quæ parentum liberorumve locum inter se obtinent, contrahi nuptiæ non possunt ; veluti inter patrem et filiam, vel avum et neptem, vel matrem et filium, vel aviam et nepotem, et usque ad infinitum. Et si tales personæ inter se coïerint, nefarias atque incestas nuptias contraxisse dicuntur. Et hæc adeo ita sunt, ut quamvis per adoptionem parentum liberorumve loco sibi esse cœperint, non possint inter se matrimonio jungi : in tantum ut, etiam dissoluta adoptione, idem juris maneat. Itaque eam, quæ tibi per adoptionem filia vel neptis esse cœperit, non poteris uxorem ducere, quamvis eam emancipaveris.

2. Inter eas quoque personas, quæ *ex transverso gradu* cognationis junguntur, est quædam similis observatio, sed non tanta. Sane enim inter fratrem sororemque nuptiæ prohibitæ sunt, sive ab eodem patre eademque matre nati fuerint, sive ex alterutro eorum. Sed si qua per adoptionem soror tibi esse cœperit, quandiu quidem constat adoptio, sane inter te et eam nuptiæ consistere non possunt ; cum vero per emancipationem adoptio sit dissoluta,

1. *On ne peut pas épouser toute femme ; il en est auxquelles on ne doit point s'unir. Le mariage, en effet, est prohibé entre les personnes placées l'une envers l'autre au rang d'ascendant et de descendant : par exemple, entre le père et la fille, l'aïeul et la petite-fille, la mère et le fils, l'aïeule et le petit-fils, jusqu'à l'infini. Les noces contractées entre ces personnes sont dites criminelles et incestueuses. De telle sorte que, dans le cas même où la qualité d'ascendant et de descendant n'est due qu'à l'adoption, le mariage n'en est pas moins prohibé, et même, après l'adoption dissoute, la prohibition subsiste toujours. Ainsi, celle qui, par adoption, est devenue ta fille ou ta petite-fille, tu ne pourras l'épouser, même après l'avoir émancipée.*

2. *Entre les personnes unies par la parenté collatérale, des prohibitions existent aussi, mais moins étendues. Les noces sont biens défendues entre le frère et la sœur, qu'ils soient issus du même père et de la même mère, ou de l'un des deux seulement ; mais lorsque par adoption une femme est devenue ta sœur, tu ne peux sans doute l'épouser tant que dure cette adoption ; mais si l'adoption est dissoute par l'émancipation, rien ne s'oppose plus au mariage ; et cela a lieu*

poteris eam uxorem ducere. Sed et *si tu emancipatus fueris*, nihil est impedimento nuptiis. Et ideo constat, *si quis generum adoptare velit*, debere eum ante filiam suam emancipare; et si quis velit nurum adoptare, debere eum ante filium suum emancipare.

aussi dans le cas où c'est toi qui as été émancipé. Aussi est-il constant que, si quelqu'un veut adopter son gendre, il doit auparavant émanciper sa fille ; et, si l'on veut adopter sa bru, il faut commencer par émanciper son fils.

Ex transverso gradu. Nous verrons plus tard (*liv. 3. t. 6.*) que la parenté est ascendante, descendante ou collatérale (*superior, inferior, ex transverso, quæ etiam a latere dicitur*): la première est celle qui se compte en remontant des enfants aux aïeux; la seconde, celle qui se compte en descendant des aïeux aux enfants; la troisième, celle qui unit les personnes qui, sans descendre l'une de l'autre, ont cependant une souche commune, c'est-à-dire les frères, les sœurs et leurs descendants (*superior cognatio est parentum; inferior liberorum; ex transverso fratrum sororumve, et eorum qui quæve ex eis generantur*) (1). La parenté ascendante et la parenté descendante se désignent par l'épithète commune de parenté *directe*. Les prohibitions de mariage qu'elles font naître sont exposées dans le paragraphe précédent; il s'agit ici de la parenté collatérale.

Si tu emancipatus fueris. Quand une personne est adoptée, l'agnation qui l'unit à l'un quelconque des membres de la famille ne tient qu'à la qualité commune de membre de la même famille; or cette qualité cesse, et avec elle l'agnation, lorsque l'un des deux membres, soit l'adopté soit l'autre, est renvoyé de la famille. D'où il suit que ce-

---

(1) Inst. 3. 6. p.

lui qui veut marier sa fille adoptive avec son fils peut rendre le mariage licite, soit en émancipant le fils, soit en émancipant la fille adoptive.

Si quis generum adoptare velit. Ceci ne nous indique point une prohibition au mariage mais plutôt une prohibition à l'adoption. Nous venons de voir que deux personnes ayant la qualité de frères ne peuvent devenir époux ; nous voyons ici la réciproque : c'est que deux personnes ayant la qualité d'époux ne peuvent devenir frères. Ainsi, lorsqu'un homme veut adopter son gendre, comme ce dernier par l'adoption serait introduit en qualité de fils dans la famille où se trouve sa femme, et qu'il deviendrait le frère agnat de celle dont il est déjà le mari, l'adoption ne pourra avoir lieu, que si le père commence par faire sortir sa fille de la famille en l'émancipant. De cette manière l'un des époux sortira, l'autre prendra sa place ; et ces actes ne seront point sans importance, car la fille perdra tous ses droits de famille et le mari les acquerra.

3. Fratris vero, vel sororis filiam, uxorem ducere non licet. Sed nec neptem fratris vel sororis quis ducere potest, quamvis *quarto gradu sint.* Cujus enim filiam uxorem ducere non licet, *neque ejus neptem permittitur.* Ejus vero *mulieris,* quam pater tuus adoptavit, filiam non videris impediri uxorem ducere, quia neque naturali, neque civili jure tibi conjungitur.

3. *On ne peut prendre pour femme la fille de son frère ou de sa sœur ; ni leur petite-fille, bien qu'on soit au quatrième degré. Car lorsque le mariage n'est point permis avec la fille, il ne l'est pas non plus avec la petite - fille. Mais, quant à la femme adoptée par votre père, rien ne s'oppose à ce que vous épousiez sa fille, car elle ne vous est liée ni par le droit naturel, ni par le droit civil.*

Quarto gradu sint. En ligne directe on compte autant de degrés qu'il y a de générations entre les personnes : le fils est à l'égard du père au premier degré, le petit-fils au deuxième, etc. En ligne collatérale, on compte les degrés par les générations, en remontant de l'un des parents jusqu'à l'auteur commun qu'on ne compte pas, et redescendant de l'auteur commun jusqu'à l'autre parent. Ainsi le frère et la sœur sont au deuxième degré ; l'oncle et la nièce au troisième, le grand-oncle et la petite-nièce au quatrième (*Inst. liv.* 3. *t.* 6.).

Neque ejus neptem permittitur. Il est des collatéraux qui sont en quelque sorte au rang d'ascendants, ce sont les oncles et tantes (*loco parentum habentur*) (1). Mais s'ils sont au rang d'ascendants pour la fille, à plus forte raison le sont-ils pour la petite-fille, l'arrière-petite-fille, etc. Ainsi lorsqu'on ne peut épouser la fille parce qu'on est au rang d'ascendant par rapport à elle, à plus forte raison ne peut-on pas épouser la petite-fille, l'arrière-petite-fille, etc. Telle est la règle de droit que les Instituts énoncent, et qu'il faut bien se garder d'appliquer à d'autres qu'aux parents qui se trouvent au rang d'ascendants, parce qu'elle serait fausse pour les autres : par exemple, en ligne directe en remontant, le petit-fils ne peut épouser la fille de son aïeul, sa tante ; et cependant il peut en épouser la petite-fille, sa cousine. — Cette prohibition de mariage entre l'oncle et la nièce avait jadis reçu une atteinte. Claude voulait épouser Agrippine sa nièce, fille de son frère Germanicus, et une loi déclara le mariage licite entre l'oncle et la fille du frère, seulement (2) : disposition qui fut enfin abrogée par Constantin (3).

---

(1) Inst. h. t. § 5. — D. 23. 2. 39. f. Paul. — (2) Suet. in Claud. 26. — Ulp. Reg. T. 5. § 6. — Gai. 1. § 62. — (3) Cod. Theod. 1. de incest. nupt.

Ejus mulieris. Comme les enfants ne suivent point la famille de leur mère, lorsqu'une femme entre par adoption dans une famille, ses enfants, qu'ils existassent déjà au moment de l'adoption, ou qu'ils soient nés depuis, sont toujours étrangers à cette famille : civilement, puisqu'ils n'y sont point entrés : naturellement, puisqu'il n'y a aucun lien de sang. Voilà pourquoi celui qui ne pourrait pas épouser la femme adoptée, parce qu'elle est sa sœur adoptive, peut épouser les enfants de cette sœur. Mais la chose n'aurait point lieu dans le cas de l'adoption d'un homme, parce que l'homme amène toujours ses enfants dans sa famille, et que par conséquent un lien d'agnation s'établit entre eux et tous les membres de la famille adoptive. Aussi le texte porte-t-il bien le mot de *mulieris.*

4. Duorum autem fratrum vel sororum liberi, vel fratris et sororis, jungi possunt.

4. *Mais les enfants de deux frères, de deux sœurs, ou de frère et sœur peuvent s'unir.*

L'influence de la religion chrétienne fit défendre par plusieurs empereurs le mariage entre cousins; mais une constitution d'Arcadius et Honorius le permit de nouveau (1), et ce droit fut maintenu.

5. Item *amitam*, licet adoptivam, ducere uxorem non licet, item nec *materteram*, quia parentum loco habentur. Qua ratione verum est, magnam quoque ami-

5. *Pareillement on ne peut épouser sa tante paternelle, même adoptive, ni sa tante maternelle, parce qu'elles sont au rang d'ascendantes ; le même motif empêche*

---

(1) C. 5. 4. 19.

tam et materteram magnam prohiberi uxorem ducere.	*qu'on puisse épouser sa grand'tante paternelle ou maternelle.*

On avait indiqué plus haut la prohibition de mariage avec l'oncle ou le grand-oncle ; on indique ici la prohibition avec la tante ou la grand'tante. La tante paternelle (*amita*) est la sœur du père ; la tante maternelle (*matertera*) la sœur de la mère. Il est à remarquer que par adoption on ne pouvait avoir que des tantes paternelles, toujours parce que les enfants ne suivent point la famille de la mère (1). Aussi le texte n'applique-t-il les mots de *licet adoptivam* qu'à la tante paternelle.

Ici s'arrêtent les prohibitions provenant de la parenté. L'alliance est aussi un empêchement au *connubium*. On nomme alliance (*affinitas*) le lien que le mariage établit entre les deux cognations des époux. Quoique ces deux cognations fussent naturellement séparées, elles se trouvent liées par le mariage (*duæ cognationes quæ diversæ inter se sunt, per nuptias copulantur* (2) ; les époux étant compris dans leur cognation respective, chacun d'eux devient l'allié de tous les parents de l'autre ; de plus les parents des deux époux deviennent alliés entre eux. Cependant le lien d'alliance entre ces derniers était peu étroit, il ne formait aucun obstacle au mariage, et ne produisait pour ainsi dire d'effet que dans les relations amicales de famille ; on n'avait pas même de noms particuliers pour désigner ces différents alliés (3). Quant à l'alliance entre

---

(1) D. 1. 7. 23. f. Paul. — D. 23. 2. 12. § 4. f. Ulp. — (2) D. 38. 10. 4. § 3. f. Modest.

(3) Aussi, dans nos mœurs et dans notre droit actuels, ne considère-

chacun des époux et les parents de l'autre , elle était marquée par différents noms tels que ceux de *socer*, beau-père ; *socrus*, belle-mère ; *gener*, gendre ; *nurus*, bru ; *vitricus*, parâtre ; *noverca*, marâtre ; *privignus*, beau-fils ; *privigna*, belle-fille (1) : elle produisait des empêchements mais pas aussi étendus que la parenté ; ainsi le mariage était prohibé en ligne directe à l'infini entre le beau-père et sa fille, sa petite-fille par alliance, etc., de même entre la belle-mère et son fils, son petit-fils par alliance ; mais en ligne collatérale, il était prohibé seulement entre le beau-frère et la belle-sœur.

6. Affinitatis quoque veneratione, quarundam nuptiis abstinendum est, ut ecce : *privignam aut nurum* uxorem ducere non licet, quia utræque filiæ loco sunt. Quod ita scilicet accipi debet, si fuit nurus aut privigna tua. Nam si adhuc nurus tua est, id est, si adhuc nupta est filio tuo, alia ratione uxorem eam ducere non poteris, quia ea duobus nupta esse non potest. Item si adhuc privigna tua est, id est, si mater ejus tibi nupta est, ideo eam uxorem ducere non poteris, quia duas uxores eodem tempore habere non licet.

6. *Par respect pour l'alliance, il est encore des femmes auxquelles on ne doit point s'unir : ainsi l'on ne peut épouser ni sa belle-fille ni sa bru, parce que l'une et l'autre sont au rang de fille. Ce qui doit s'entendre néanmoins de celle qui a été votre bru ou votre belle-fille. Car si elle est encore votre bru, c'est-à-dire si elle est encore unie à votre fils, une autre raison vous empêche de l'épouser ; c'est qu'elle ne peut être la femme de deux maris à la fois. De même si elle est encore votre belle-fille, c'est-à-dire si sa mère est encore votre femme, c'est parce qu'il n'est point permis d'avoir deux femmes à la fois, que vous ne pouvez l'épouser.*

---

t-on comme alliés que chaque conjoint par rapport aux parents de l'autre.

(1) Ib.

Privignam aut nurum. Vous pouvez avoir une fille par alliance de deux manières : 1° lorsque vous épousez une femme ayant déjà une fille d'un premier mariage, cette fille devient votre belle-fille (*privigna*); 2° lorsque votre fils se marie, sa femme devient votre bru (*nurus*).

7. *Socrum* quoque et *novercam* prohibitum est uxorem ducere, quia matris loco sunt. Quod et ipsum dissoluta demum affinitate procedit. Alioquin si, adhuc noverca est, id est, si adhuc patri tuo nupta est, communi jure impeditur tibi nubere, quia eadem duobus nupta esse non potest. Item si adhuc socrus est, id est, si adhuc filia ejus tibi nupta est, ideo impediuntur tibi nuptiæ, quia duas uxores habere non possis.

7. *De même on ne peut prendre pour femme sa belle-mère ou sa marâtre, parce qu'elles sont au rang de mère ; prohibition qui n'a d'effet qu'après la dissolution de l'alliance. Car si elle est encore votre marâtre, c'est-à-dire si elle est encore la femme de votre père, c'est le droit des gens qui l'empêche de vous épouser, parce qu'elle ne peut avoir deux maris à la fois. De même si elle est encore votre belle-mère, c'est-à-dire si sa fille est encore votre femme, ce qui vous empêche de l'épouser c'est que vous ne pouvez avoir deux femmes à la fois.*

Socrum, *novercam.* L'une est la mère de votre femme, l'autre est la femme de votre père; toutes les deux sont votre mère par alliance.

Il faut remarquer le motif sur lequel se fonde la prohibition du paragraphe précédent et de celui-ci. Ce motif c'est que le beau-père et la belle-mère, le parâtre et la marâtre sont au rang d'ascendants (*loco parentum sunt*). Aussi la prohibition doit-elle s'étendre à l'infini à tous les degrés de cette alliance (1).

____

(1) D. 23. 2. 14. § 4. f. Paul.

Les Instituts ne disent rien du mariage entre beau-frère et belle sœur. Il fut permis jusqu'au temps de Constantin ; mais ce prince le défendit dans une constitution insérée au code Théodosien (1). Cette prohibition fut renouvelée par Valentinien , Théodose et Arcadius, en ces termes : « Nous défendons absolument d'épouser la femme de son frère, ou les deux sœurs , de quelque manière que le mariage ait été dissous (2).

<table>
<tr><td>

8. Mariti tamen filius ex alia uxore, et uxoris filia ex alio marito , vel contra , matrimonium recte contrahunt , licet habeant fratrem sororemve ex matrimonio postea contracto natos.

</td><td>

8. Néanmoins le fils issu du mari et d'une autre femme, la fille issue de la femme et d'un autre mari, ou réciproquement, s'unissent valablement, lors même qu'ils ont un frère ou une sœur nés du second mariage.

</td></tr>
</table>

Un homme et une femme , ayant l'un un fils, l'autre une fille d'un premier lit, se marient ; bien que l'alliance s'établisse entre les deux cognations , et par conséquent entre les enfants de chaque conjoint , cependant elle n'est point un obstacle au mariage de ces enfants. En effet le lien d'alliance, comme nous l'avons déjà dit, était peu étroit entre les parents des deux époux ; il ne produisait d'effet que dans les relations de famille, mais non dans les lois. Aussi aucune constitution n'avait prohibé le mariage entre les enfants d'un premier lit , et nous avons ici un texte qui le permet formellement.

---

(1) Cod. Theod. l. 2. de incest. nupt.
(2) C. 5. 5. 5.

9. Si uxor tua post divortium ex alio filiam procreaverit, hæc non est quidem privigna tua; sed Julianus hujusmodi nuptiis abstinere debere ait; nam nec sponsam filii nurum esse, nec patris sponsam novercam esse; rectius tamen, et jure facturos eos, qui hujusmodi nuptiis se abstinuerint.

—

9. *Si, après le divorce, la femme a eu d'un autre une fille, celle-ci n'est point ta belle-fille; mais Julien dit qu'on doit éviter une pareille union; car il est certain que la fiancée du fils n'est point la bru du père, que la fiancée du père n'est point la marâtre du fils; cependant on agira mieux, et selon les lois, en s'abstenant de semblables noces.*

Quoiqu'il n'y ait ni cognation, ni alliance entre deux personnes, des motifs de convenance et d'honnêteté publique suffisent quelquefois pour empêcher qu'il y ait entre elle *connubium*. Ainsi l'adoptant, nous l'avons déjà dit, ne peut épouser, même après l'avoir émancipée, celle qu'il avait adoptée, quoiqu'elle ait cessé depuis l'émancipation d'être sa fille. De même il ne peut épouser, même après l'émancipation, celle qui a été la femme de son fils adoptif, quoique, depuis l'émancipation, elle ait cessé d'être sa bru (1). — Les Instituts nous donnent encore deux autres exemples : Un homme divorce avec sa femme, celle-ci contracte un second mariage, il en naît une fille; elle n'est point la belle-fille (*privigna*) du mari de sa mère, puisqu'elle est née à une époque où le premier mariage, étant rompu, ne produisait plus aucun lien; cependant ce premier mari ne pourra point l'épouser, parce qu'il n'est point convenable que celui qui a été le mari de la mère soit encore le mari de la fille. — Les

____

(1) D. 23. 2. 14.

fiançailles n'étaient, comme nous l'avons dit, qu'un projet, qu'une promesse de mariage ; elles ne produisaient point d'alliance (*affinitas*) : ainsi la fiancée du fils n'était point la bru du père (*nurus*), la fiancée du père n'était point la marâtre du fils (*noverca*) ; et cependant, comme il n'était point convenable que le père épousât celle qui avait été destinée à son fils, et réciproquement, les jurisconsultes voulaient qu'on s'abstînt de pareilles noces.

10. Illud certum est, serviles quoque cognationes impedimento nuptiis esse, si forte pater et filia, aut frater et soror manumissi fuerint.	10. *Sans aucun doute les cognations formées en esclavage sont un empêchement aux noces, s'il arrive que le père et la fille, le frère et la sœur soient affranchis.*

La cognation purement naturelle et contractée hors justes noces est aussi un empêchement au mariage, parce que, sur cette matière, il faut obéir au droit naturel et aux règles de la pudeur (*quoniam in contrahendis matrimoniis naturale jus et pudor inspiciendus est* (1). De là deux conséquences : — 1° Bien que l'union des esclaves (*contubernium*) fût purement naturelle, bien que la cognation qu'elle produisait ne fût comptée par aucune loi (2), cependant, comme le lien de sang n'en existait pas moins, à défaut de lois les mœurs prohibèrent les noces entre les affranchis cognats (*hoc jus moribus, non legibus introductum est*) (3). — Bien plus la prohibition s'étendit à l'alliance (*idem tamen quod in servilibus cognationibus constitutum est, etiam in servilibus adfinitatibus*

---

(1) D. 23. 2. 14. § 2. f. Paul. — (2) Theop. h. t. — Inst. 3. 6. 10. — (3) D. ib. 8. f. Pomp.

servandum est) (1). De sorte qu'après la manumission l'affranchi n'aurait pu s'unir à celle qui avait vécu *in contubernio* avec son père ou avec son fils, parce que naturellement elle était en quelque sorte sa marâtre ou sa belle-fille. Nous supposons toujours une manumission, car il était évident que tant que l'esclavage durait, il ne pouvait être question de justes noces. — 2° Le concubinage, et même un commerce illicite, produisaient aussi des empêchements. Ainsi un père, un frère, ne peuvent épouser la fille, la sœur issue d'une concubine, ou d'un commerce illicite et non reconnu (*vulgo quœsita*). Dans ce dernier cas cependant rien n'indique légalement la paternité; mais les circonstances de fait peuvent la faire présumer, et cette présomption suffit pour empêcher le mariage (2). L'espèce d'alliance naturelle que produit le concubinage est encore un empêchement; et nous trouvons au Code une constitution qui prohibe les noces entre le fils et la concubine du père (3).

---

11. Sunt et aliæ personæ, quæ propter diversas rationes nuptias contrahere prohibentur, quas in libris Digestorum, seu Pandectarum, ex veteri jure collectarum, enumerari permisimus.

11. *Il est encore d'autres personnes entre qui les noces sont prohibées pour différentes causes que nous avons fait énumérer dans les livres du Digeste ou Pandectes, recueil de l'ancien droit.*

Les empêchements au *connubium* que nous avons examinés jusqu'ici reposent en général sur une morale naturelle, et dans tous le cours de la législation romaine ils

---

(1) D. ib. 14. § 2. — (2) D. 23. 2. 14. § 2. f. Paul. — Ib. l. 54. f. Scævol. — (3) C. 5. 4. 4.

ont subi peu de variations. Mais des considérations politiques ou d'ordre public avaient produit des prohibitions qui varièrent à différentes époques.

D'après les douze Tables, il n'y avait point de *connubium* entre les patriciens et les plébéiens (*patribus cum plebe connubium nec esto*) (*H. d. d., pag.* 52). Nous avons parlé des dissensions allumées par cette défense et de la loi *Canuleia*, qui les fit cesser en permettant le mariage entre les deux castes (*H. d. d., pag.* 58) (1). — De même il n'y avait point de *connubium* entre les ingénus et les affranchis, et c'est la loi *Papia Poppea* qui permit leur mariage (2). — Nous avons déjà parlé plusieurs fois de cette loi, ainsi que de la loi *Julia*, rendues sous Auguste, et formant ensemble une époque si distincte dans la législation relative aux noces (*H. d. d., pag.* 145). La loi *Julia*, entre autres dispositions, défendait aux sénateurs et à leurs enfants de s'unir à des affranchies ; elle le permettait aux autres ingénus: mais ni les uns ni les autres ne pouvaient épouser des comédiennes, des prostituées, des femmes faisant commerce de prostitution, surprises en adultère, condamnées par une accusation publique (3). —Cette loi fut encore étendue par Constantin, qui défendit aux sénateurs, sous peine d'infamie, d'épouser des filles d'affranchis, de gladiateurs, des femmes d'auberge, ou filles d'aubergistes, des revendeuses, toutes personnes réputées viles et abjectes (*humiles abjectæ personæ*) (4). Mais on ne rangeait pas dans cette classe les femmes aux-

---

(1) Tit. Liv. 4. 6. — (2) Tit. Liv. 39. 19. — D. 23. 2. 23. f. Cels. — (3) Ulp. Reg. T. 13. — D. 23. 2. 1. 41, 42 et suiv. —(4) C. 5. 27.

quelles on ne pouvait reprocher que leur pauvreté (1). — Justinien, épris de Théodora, fille d'un cocher du Cirque, et comédienne elle-même, obtint de son oncle Justin (2), qui régnait encore, une constitution insérée dans le Code. Cette constitution établit que, lorsqu'une comédienne aurait abandonné cette profession, tout le déshonneur qui l'avait frappée cesserait, et elle deviendrait capable de s'unir aux personnes même les plus élevées : « Car, dit l'empereur, nous devons imiter, autant qu'il est possible à notre nature, la bonté de Dieu et sa clémence infinie envers les hommes ; lui qui chaque jour daigne pardonner nos péchés, recevoir notre repentir, et nous ramener à une vie meilleure (3). » Enfin Justinien dans une novelle alla plus loin, et permit, de quelque dignité que l'on fût revêtu, d'épouser les femmes que la constitution de Constantin désignait comme abjectes (4). — Le mariage était prohibé encore entre le tuteur, le curateur, ou leur fils, et la pupille adulte, à moins qu'elle ne leur eût été fiancée ou destinée par le père (5). Le motif de cette prohibition était la crainte que le tuteur ou curateur profitât de ce mariage pour se dispenser de rendre ses comptes ou pour en rendre d'inexacts. Quoique le compte fût rendu, il ne pouvait épouser sa pupille que lorsqu'elle avait atteint l'âge de vingt-six ans, parce que jusque là elle pouvait se faire restituer (6). — Entre celui qui exerce une charge dans une province, comme un préfet, un

---

(1) C. 5. 5. 7. — (2) Procop. Anecd. — (3) C. 5. 4. 23. — (4) Nov. 117. c. 6. — (5) D. 23. 2. l. 36, 60, 64, etc. — C. 5. 6. — (6) D. 23. 2. 66. — C. 5. 6. 6.

président, un préfet militaire, ou leur fils, et une femme originaire de cette province ou y ayant son domicile ; on craignait qu'il abusât de son autorité (1). L'empêchement cesse lorsque les fonctions sont finies. — Entre le ravisseur et la personne ravie (2) ; — entre la femme adultère et son complice (3) ; — entre un juif et une chrétienne, et réciproquement (4).

12. Si adversus ea, quæ diximus, aliqui coierint, nec vir, nec uxor, nec nuptiæ, nec matrimonium, nec dos intelligitur. Itaque ii, qui ex eo coitu nascuntur, in potestate patris non sunt ; sed tales sunt (quantum ad patriam potestatem pertinet) quales sunt ii, quos mater vulgo concepit. Nam nec hi patrem habere intelliguntur, cum his pater incertus est. Unde solent spurii appellari vel a græca voce quasi σποράδην concepti, vel sine patre filii. Sequitur ergo, ut dissoluto tali coitu, nec dotis exactioni locus sit. Qui autem prohibitas nuptias contrahunt, *et alias pœnas* patiuntur quæ sacris constitutionibus continentur.

12. *Lorsque, contrairement à ce que nous venons de dire, quelque union est formée, on n'y doit voir ni époux, ni épouse, ni noces, ni mariage, ni dot. Les enfants qui en sont issus ne sont point sous la puissance du père ; mais, sous ce rapport, ils sont assimilés aux enfants vulgairement conçus. Ces derniers, en effet, sont censés n'avoir point de père, parce que leur père est incertain. C'est pour cela qu'on les nomme* spurii, *c'est-à-dire, d'après le mot grec, enfants conçus* σποράδην *(vulgairement), enfants sans père. A la dissolution d'une union pareille on ne peut exiger ni dot, ni donation. De plus, ceux qui contractent des noces prohibées subissent d'autres peines indiquées par les constitutions impériales.*

---

(1) D. 23. 2. 1. 38. 57, etc. — (2) C. 9. 13. — (3) Nov. 134. c. 12. — (4) C. 1. 9. 6.

Quand les conditions exigées pour les justes noces ne sont point remplies : lorsque quelque loi est violée, soit parce que l'un des époux est impubère, parce qu'il n'y a pas consentement du chef de famille, parce qu'il n'y a pas *connubium*, alors l'union n'est point un mariage légitime, et partant il n'y a ni *vir*, ni *uxor*, ni dot, ni donation à cause de noces, ni puissance paternelle, puisque tous ces effets accompagnent seulement les justes noces. La nullité du mariage est donc la première peine qui frappe ces unions ; de plus, tout ce qui avait été constitué en dot ou en donation est confisqué (1), et des peines sévères sont portées contre les coupables, si les noces sont entachées de bigamie ou d'inceste.

Tout commerce coupable et contraire aux mœurs était désigné chez les Romains par le terme générique de *stuprum*. Quelles que fussent les circonstances plus ou moins aggravantes qui l'accompagnaient, soit qu'il y eût violence ou non, commerce entre un homme et une femme mariés, entre parents ou alliés au degré prohibé, le terme de *stuprum*, pris dans le sens le plus étendu, était applicable dans tous ces cas (2) ; néanmoins, dans les deux derniers, on avait les expressions spéciales d'adultère (*adulterium*) et d'inceste (*incestum*) (3). Les enfants produits d'un *stuprum* se nommaient *spurii*, ils étaient vulgairement conçus

---

(1) D. 23. 2. 61. f. Papin. — C. 5. 5. 4. — (2) D. 48. 5. 6. § 1. — 50. 16. 101. — 48. 5. 38. § 1. — C. 5. 4. 4.

(3) Nous ne dirons rien ici de ce crime hideux, contraire à la nature, si commun parmi les Romains, et dont les jurisconsultes et les lois étaient obligés de s'occuper. Il était compris aussi dans l'expression de *stuprum*. D. 48. 5. 34. § 1., et puni de mort. Inst. 4. 18. § 4.

(*vulgo concepti, vulgo quæsiti*): aucune présomption de paternité n'existait pour eux, et leur conception pouvait vulgairement être attribuée à tout le monde. Dans leur classe il faut ranger, d'après notre texte, les enfants issus de noces contraires aux lois, et par conséquent nulles.

Et alias pœnas. Les peines pour ces divers crimes ont subi diverses variations, et étaient soumises à diverses distinctions, que plus tard nous ferons connaître. Celles que portent les Instituts sont : pour le *stuprum* sans violence, la confiscation d'une moitié des biens, ou quelque peine corporelle avec rélégation ; pour le *stuprum* avec violence, la mort ; de même pour l'adultère, la polygamie ou l'inceste (1).

Nous connaissons maintenant quelles sont les conditions dont l'accomplissement constitue le mariage. Il nous reste à traiter des effets et de la dissolution du mariage.

Effets des justes noces. Quant aux personnes, l'homme prend le titre de *vir*, la femme celui de *uxor*. Le mari doit protéger et entretenir sa femme ; celle-ci partage ses honneurs et ses dignités (2) ; elle lui doit obéissance et respect (3) ; elle n'a d'autre domicile que le sien. Nous parlerons séparément de la puissance maritale (*manus*), qui jadis accompagnait quelquefois les justes noces : — Les enfants conçus pendant la durée du mariage sont au mari (*pater is est quem nuptiæ demonstrant*), et cette présomption ne saurait être démentie que par des preuves certaines (4). L'enfant est réputé conçu encore pendant le mariage, s'il

---

(1) Inst. 4. 18. § 4 et 8. — (2) D. 1. 9. l. 1 § 1 et l. 8. — C. 10. 39. 9. — (3) D. 24. 3. 14. § 1. — (4) D. 1. 6. 6. f. Ulp.

n'est pas né plus de dix mois après sa dissolution (1). La puissance paternelle accompagne toujours les justes noces, et ce n'est même qu'à l'occasion de cette puissance que les Instituts s'en occupent.

Quant aux biens, voici quelques idées générales, sauf à les développer plus tard : ordinairement, par un contrat dotal (*instrumentum dotale*), une dot (*dos*) était constituée à la femme. On nommait ainsi les biens apportés au mari pour soutenir les charges du mariage. Le mari était censé propriétaire de la dot; il en avait la jouissance; il pouvait l'aliéner si elle consistait en objets fongibles, ou mis à prix par le contrat, sinon il devait la conserver en nature; il ne pouvait aliéner ni hypothéquer les immeubles dotaux, même avec le consentement de sa femme. A la dissolution du mariage, il devait restituer la dot, et l'on avait pour l'y contraindre une action (*rei uxoriæ actio*) (2). Les autres biens de la femme non compris dans la dot se nommaient paraphernaux (*parapherna*); la femme en restait propriétaire, et le mari n'y avait de droits que ceux qu'elle lui abandonnait (3). — De son côté le mari faisait ordinairement une donation (*donatio propter nuptias*), qui avait pour but d'assurer le sort de la femme, des enfants, de compenser en quelque sorte et de garantir la dot. La femme n'avait de droit sur cette donation qu'à la dissolution du mariage, ou bien pendant sa durée, si le mari était forcé par le mauvais état de ses affaires de faire abandon de ses biens à ses créanciers : la femme alors prenait

---

(1) D. 38. 16. 3. § 11. — (2) D. 23. 3. — C. 5. 12 et suiv. — Ulp. Reg. T. 6. — (3) C. 5. 14.

pour elle et pour ses enfants la donation à cause de noces (1).

Dissolution du mariage. Les noces étaient dissoutes par la mort de l'un des époux, par la perte de la liberté, par la captivité, par le divorce (2). De ces modes le dernier seul demande quelque développement.—Les Romains n'avaient ni sur la formation du mariage, ni sur sa dissolution, les idées que nous en avons. Comme la plupart des contrats les mariages se formaient par le consentement des parties et un commencement d'exécution, de même ils se dissolvaient, parce que, disait-on, tout ce qui a été lié est dissoluble (*quoniam quidquid ligatur solubile est*) (3). Aussi le divorce (*divortium, repudium*) remonte-t il, d'après les historiens, à l'origine de Rome (4); il fut admis dans les douze Tables, dont les dispositions à cet égard nous sont inconnues (5). Cependant l'on a prétendu que, pendant plus de cinq cents ans, nul mari n'osa en donner l'exemple jusqu'à Sp. Carvilius Ruga, qui fut contraint par les censeurs à répudier sa femme pour cause de stérilité (6). Sans discuter si cette opinion est bien fondée, on peut remarquer que rien dans l'histoire n'indique que les Romains aient abusé du divorce jusqu'aux dernières années de la République, moment où la dissolution des mœurs se glissa dans les familles ; les titres de *vir* et *d'uxor* perdirent leur dignité, et la durée d'un mariage ordinaire ne dé-

---

(1) Inst. 2. 7. § 3. — C. 5. 3. — (2) D. 24. 2. 1. — Nov. 22..c. 3. et suiv. — (3) Nov. 22. c. 3. — (4) Plutar. Romul. — (5) Cicer. Phil 2. — de Orat. 1. 40. — (6) Den. d'Hal. L. 2. — Val. Max. L. 2. c. 10. — Aul. Gel. L. 4. c. 3.

passa pas celle d'un consulat (1). Les lois d'Auguste, *Julia et Papia Poppea*, commencèrent à diminuer ces abus, et par la suite des constitutions impériales réglèrent le divorce, en fixèrent les causes, et punirent ceux qui étaient faits sans motif. — Le divorce pouvait avoir lieu soit par le consentement des deux époux *(bona gratia)* (2), soit par la volonté d'un seul. Quant au premier cas, Justinien lui-même dit qu'il n'est point nécessaire de s'en occuper, parce que les conventions des parties leur servent de règles *(pactis causam sicut utrique placuit gubernantibus)* (3). Quant au second, il fallait que la femme ou le mari qui voulait répudier son conjoint, s'appuyât sur un des motifs qui avaient été fixés, pour la première fois, par Théodose et Valentinien (4); le divorce fait sans cause exposait celui des époux qui l'avait provoqué à des peines établies par les mêmes empereurs, et consistant surtout dans la perte de certains droits pécuniaires. Justinien dans ses novelles confirma et étendit cette législation (5). L'intervention d'aucun magistrat n'était nécessaire pour opérer le divorce; mais il ne pouvait se faire qu'en la présence de sept témoins (6), et après que l'un des époux avait envoyé à l'autre l'acte de répudiation *(repudium mittere)* (7). Cet acte contenait ces paroles passées en

---

(1) Seneq. de Benef. lib. 3. c. 16. — Juven. sat. 6. v. 239. —
(2) C. 5. 17. 9. — (3) Nov. 22. c. 4. — (4) C. 5. 17. 8. —
(5) Nov. 22. c. 15. 16. — Nov. 117. c. 5. — (6) D. 24. 2. 9. f. Paul.

(7) Voici comme s'exprime là dessus Théodose : *Consensu licita matrimonia posse contrahi, contracta non nisi misso repudio dissolvi precipimus; solutionem etenim matrimonii difficiliorem debere esse, favor imperat liberorum.* C. 5. 17. 8. — Il paraît y avoir cette diffé-

formule : *tuas res tibi habeto* , aïe avec toi ce qui t'appartient : *tuas res tibi agito* , fais tes affaires toi-même (1).

Après la dissolution du mariage, le mari pouvait en contracter un nouveau sur-le-champ ; la femme ne le pouvait qu'après l'année de deuil, sous peine d'infamie (2). Les seconds mariages , qui avaient été prescrits par les lois d'Auguste, furent, plus tard, réprouvés par les constitutions impériales. La loi *Papia* ne donnait aux conjoints, pour se remarier, que deux ans dans le cas de mort, un et demi dans le cas de divorce (3); Théodose et Valentinien infligèrent à ceux qui se remariaient des peines pécuniaires, et Justinien les imita (4). La législation d'Auguste avait pour but la multiplicité des mariages et la propagation des citoyens, celle de Théodose et de Justinien l'intérêt des enfants du premier lit ; car, s'il n'en existait pas, le second mariage n'exposait à aucune peine.

Du Concubinage.

Le concubinage (*concubinatus*) était le commerce licite d'un homme et d'une femme, sans qu'il y eût ma-

---

rence entre *divortium* et *repudium* , que *divortium* exprime le fait du divorce , tandis que *repudium* désigne plus spécialement l'acte contenant la déclaration de divorce faite par l'un des époux à l'autre. Modestin signale cette autre différence : c'est que le divorce n'a lieu qu'entre époux, tandis qu'on nomme aussi *repudium* l'acte qui rompt les fiançailles. D. 50. 16. 101. § 1.

(1) D. 24. 2. 1. § 1. — (2) C. 5. 9. 2. — D. 3. 2. — (3) Ulp. Reg. T. 14. — (4) C. 5. 9. 3. et suiv. — Nov. 22. c. 22. — Nov. 127. c. 3.

riage entre eux (*licita consuetudo, causa non matrimonii*)(1).
Dans les mœurs des Romains le concubinage était permis,
même commun ; les lois le distinguaient du *stuprum*, et ne
le frappaient d'aucune peine (*extra legis pœnam est*) (2).
Mais on sent que, dès qu'une union était entâchée de violence ou corruption sur une personne honnête, dès qu'elle
était formée entre personnes mariées, entre parents ou
alliés au degré prohibé, elle n'était pas un concubinage,
mais bien un *stuprum, adulterium, incestum* (*Puto solas eas
in concubinatu habere posse sine metu criminis, in quas
stuprum non committitur*) (3). Ainsi l'homme marié ne
pouvait avoir une concubine (4); ainsi on ne pouvait en
avoir plusieurs à la fois; c'eût été un libertinage que les
lois ne pouvaient tolérer (5).

Le concubinage n'avait rien d'honorable, surtout pour
la femme; aussi ne prenait-on guère pour concubine que
des affranchies, des femmes qui étaient de basse extraction
ou qui s'étaient prostituées (*In concubinatu potest esse et
aliena liberta et ingenua : maxime ea quæ obscuro loco nata
est, vel quæstum corpore fecit*). Quant à une femme ingénue
et honnête, on devait la prendre comme épouse (*uxorem
eam habere*); ou du moins, si l'on ne la voulait que comme
concubine, on devait attester ce fait par un acte formel,
sinon le commerce avec elle eût été un *stuprum* (6). Mais
cette femme, consentant à être concubine, perdait sa considération, le titre honorable de *mater familias*, de *ma-*

<hr>

(1) C. 6. 57. 5 in fin. — D. 48. 5. 34. — (2) D. 25. 7. 3. § 1. f.
Marc. — (3) D. 25. 7. 1. § 1. f. Ulp. — (4) C. 5. 26. — Paul. sent.
2. 20. — (5) Nov. 18. c. 4. § *Si autem confusa.* — (6) D. 25. 7. 3.

trona. Marcellus même ne parle d'elle qu'à l'occasion des femmes qui vivent honteusement (1).

Le concubinage n'était nullement un mariage; ainsi il n'y avait ni *vir*, ni *uxor*, ni dot, ni puissance paternelle; Ainsi on pouvait prendre pour concubines des femmes qu'on n'aurait pu épouser, des femmes de mauvaise vie, des actrices, des femmes surprises en adultère (2); l'adminis-trateur d'une province pouvait y prendre une concubine, et non une épouse (3). Ainsi le concubinage ne produisait pas de lien; il cessait, à quelqu'époque que ce fût, par la volonté des deux parties ou d'une seule, sans qu'il y eût divorce, ni qu'il fût nécessaire d'envoyer d'acte de répu-diation. Il pouvait aussi être transformé en justes noces, s'il n'y avait pas d'empêchement. — Quoiqu'il ne fut point un mariage, il produisait néanmoins un effet par rapport aux enfants : il indiquait la paternité. Ces enfants n'étaient point *justi liberi*, puisqu'il n'y avait pas justes noces; mais ils n'étaient pas non plus *spurii*, *vulgo con-cepti* : on les nommait *naturales liberi* (4); ils avaient pour père l'homme vivant en concubinage avec leur mère. La qualité de fils naturel ne les plaçait pas dans la famille de leur père, ne leur donnait aucun droit de succession sur ses biens (5); mais elle leur permettait d'être légitimés. On pourrait sous quelques rapports les comparer à nos en-fants naturels reconnus. Il est à remarquer qu'à l'égard de la mère, comme sa maternité est toujours constante,

---

(1) D. 25. 2. 41. f. Marcel. — 48. 5. 13. f. Ulp. — (2) D. 25. 7. 1. § 2. — (3) Ib. l. 5. — (4) C. 5. 27. — (5) Voyez pourtant la no-velle 18. c. 5. dans laquelle Justinien leur accorde quelques droits.

comme elle n'a de puissance paternelle sur aucun enfant, il ne pouvait y avoir guère de différence entre les enfants *justi, naturales* ou *spurii* (1).

Nulle formalité, en règle générale, n'était observée pour se mettre en concubinage ; et comme il en était de même pour contracter un mariage ; comme dans les deux unions il y avait cohabitation avec une seule femme, à laquelle on pouvait s'unir sans crime, il s'ensuit que la concubine ne se distinguait de l'épouse que d'après l'intention des parties (*sola animi destinatione*) (2), la seule affection de l'homme (*solo dilectu*) (3), la seule dignité de la femme (*nisi dignitate*) (4). Mais qu'on ne s'imagine point que cette différence fût difficile à établir. La manière d'être dans la famille et dans la société distinguait bien le concubinage des justes noces. D'ailleurs, dans une infinité de cas, on ne pouvait se tromper. S'agissait-il d'une femme qu'on n'aurait pu épouser, surprise en adultère, domiciliée dans la province et vivant avec l'administrateur, etc., il n'y avait aucun doute, elle n'était que concubine. S'agissait-il d'une femme ingénue et honnête, pas de doute encore, puisqu'elle ne pouvait vivre en concubinage sans que la chose fût attestée par un acte manifeste. Enfin s'agissait-il d'une femme de mauvaises mœurs, on présumait qu'elle était en concubinage (5). L'acte dotal qui accompagnait ordinairement les justes noces était encore un indice (6).

---

(1) Inst. 3. 4. 3. — (2) D. 25. 7. 4. f. Paul. — (3) Paul. Sent. 2. 20. — (4) D. 22. 1. 3. 49. § 4. f. Ulp. — (5) D. 23. 2. 24. f. Modest. (6) La religion chrétienne chercha long-temps à faire disparaître

De la Légitimation.

13. Aliquando ut liberi qui, statim ut nati sunt, in potestate parentum non sunt, postea tamen redigantur in potestatem : qualis est is qui, dum naturalis fuerat, postea curiæ datus, potestati patris subjicitur; necnon is qui, à muliere libera procreatus, *cujus matrimonium minime legibus interdictum fuerat,* sed ad quam pater consuetudinem habuerat, postea ex nostra constitutione *dotalibus instrumentis compositis,* in potestate patris efficitur. *Quod et aliis liberis,* qui ex eodem matrimonio postea fuerint procreati, similiter nostra constitutio præbuit.

13. *Il arrive quelquefois que des enfants, qui dès leur naissance ne sont point sous la puissance des ascendants, sont amenés par la suite sous cette puissance. Tel est celui qui, né enfant naturel, donné ensuite à la curie, devient soumis au pouvoir de son père; tel est encore celui qui est né d'une mère libre, dont le mariage n'était prohibé par aucune loi, mais avec laquelle le père n'avait eu qu'un commerce, et qui par la suite, l'acte dotal étant dressé conformément à notre constitution, se trouve sous la puissance du père. Ce que notre constitution a pareillement accordé aux autres enfants qui naîtraient par la suite du même mariage.*

Les enfants issus de justes noces sont légitimes, soumis au pouvoir paternel; mais les enfants nés hors justes noces sont hors de la puissance et de la famille du père. N'existait-il pas des moyens pour les ramener sous cette puis-

---

le concubinage. L'empereur Léon le Philosophe (an 88 de J.-C.) finit par abroger les lois qui l'avaient permis, comme une erreur honteuse du législateur, contraire à la religion et à la décence naturelle. «Pourquoi, dit-il en faisant allusion au mariage, pourquoi, tandis que vous pouvez boire à une source pure, aimeriez-vous mieux vous abreuver dans un bourbier ? (*Leon. Const.* 91.).

sance et les assimiler aux enfants légitimes ? Sous la République aucun acte n'a eu ce but spécial. Il est vrai que, lorsqu'on accordait les droits de cité à un étranger et à ses enfants, ceux-ci dès cet instant étaient regardés comme issus de justes noces et entraient sous le pouvoir de leur père ; mais cet effet n'était qu'une conséquence accessoire des droits de cité qu'on leur accordait. La loi *Ælia Sentia* et la loi *Junia* (1), sous Auguste, introduisirent quelques modes pour faire entrer au pouvoir du père des enfants qui n'y étaient pas ; mais ces modes étaient particuliers à certains cas ; ils se rattachaient encore aux droits de cité et à la législation sur les affranchis latins : ils tombèrent en désuétude avec cette législation (2).

C'est sous Constantin que parut le premier moyen général de rendre légitimes et de mettre au pouvoir du père

---

(1) G. 1. § 65. — Ulp. Reg. 3. § 3.

(2) Gaïus développe ces modes longuement. Le premier (*per causam probare*) avait lieu pour l'affranchi latin qui avait pris une femme, déclarant devant témoins qu'il la prenait dans le but d'en avoir des enfants (*liberorum querendorum causa*) ; lorsqu'il avait eu un fils ou une fille, il pouvait, dès que cet enfant était âgé d'un an (*anniculus factus*), se présenter devant le préteur ou le président, prouver le motif pour lequel il s'était uni à la mère (*causam probare*) ; et dès lors de latin qu'il était il devenait citoyen romain, et acquérait la puissance paternelle sur son enfant qui devenait légitime. (G. 1. § 66. — Ulp. Reg. 3. § 3.) Le second (*per causam erroris probare*) avait lieu pour le citoyen romain qui, par erreur, avait épousé une affranchie latine, une étrangère ; ou réciproquement ; on pouvait, lorsqu'il était né des enfants de cette union, prouver la cause de l'erreur (*causam erroris probare*), l'union devenait justes noces, et le père acquérait la puissance paternelle (*G.* 1. § 67 *et suiv.*).

des enfants naturels. Cette partie de la législation se développa sous les empereurs suivants. A l'époque des Instituts, on pouvait parvenir à ce résultat par deux moyens : par mariage subséquent, ou par oblation à la curie. Justinien dans ses Novelles en ajouta deux autres, par rescrit du prince, par testament. — On donne de nos jours le nom de légitimation à cet acte par lequel les enfants naturels sont rendus légitimes (*justi, legitimi efficiuntur*). Quoique ce mot ne fût point consacré dans les lois romaines, on peut l'employer, parce qu'il exprime fort bien la chose. Nous allons examiner successivement les divers modes de légitimation. Une observation générale, c'est qu'on ne pouvait légitimer que des enfants issus d'un concubinage, et non les enfants *spurii*, puisqu'ils n'avaient pas de père connu aux yeux de la loi.

Légitimation par mariage subséquent. Elle a lieu lorsqu'un homme, ayant des enfants d'une concubine, épouse cette dernière et transforme le concubinage en justes noces. Elle fut introduite par Constantin (an. 335 de J. C.). Zénon (476 de J. C.), dans une constitution citée au Code, déclara que cette légitimation ne pourrait s'appliquer qu'aux enfants naturels déjà existants lors de la publication de sa loi ; son but était d'engager les personnes vivant en concubinage à se hâter de contracter mariage : si elles avaient des enfants, afin de les légitimer : si elles n'en avaient pas, dans la crainte de ne pouvoir légitimer ceux qui surviendraient (1). Mais Justinien rétablit en principe général ce mode de légitimation (2).

______

(1) C. 5. 27. 5. — (2) C. 5. 27. 10.

Les conditions nécessaires pour que la légitimation eût lieu étaient : — 1° qu'au moment de la conception des enfants, le mariage entre le père et la mère ne fût défendu par aucune loi (*cujus matrimonium minimè legibus interdictum fuerat*). Quelques commentateurs, il est vrai, entendent simplement par ces mots que le mariage devait être possible au moment où l'on voulait légitimer les enfants; mais ce sens tout-à-fait insignifiant n'est pas celui de la loi; et, dans sa paraphrase, Théophile dit clairement : « J'ai eu commerce avec une femme qu'aucune loi ne me défendait de prendre pour épouse, ma volonté seule y manquait, j'en ai eu un fils, etc ». — 2° Qu'on dressât un acte contenant la constitution de dot (*dotalibus instrumentis compositis*), ou simplement servant à constater le mariage (*instrumenta nuptialia; nuptiales tabulæ.*) Un pareil acte n'était pas nécessaire à la validité du mariage; mais il l'était à la légitimation, afin de marquer sans aucun doute l'instant où, le concubinage se changeant en justes noces, cette légitimation avait lieu. Du reste aucun texte de loi n'exigeait que les enfants fussent inscrits sur cet acte de mariage; — 3° que les enfants ratifiassent la légitimation (*hoc ratum habuerint*), car ils ne pouvaient malgré eux être soumis à la puissance paternelle; rien n'empêchait que les uns y consentissent et que les autres refusassent. C'est dans la novelle 89. ch. 11 que Justinien, pour la première fois, énonce formellement ces principes, qui d'ailleurs étaient reconnus (1).

Quod et aliis liberis. L'effet des justes noces contractées en place du concubinage s'étend et sur les enfants déjà

----

(1) D. 1. 6. 11. f. Mod.

nés , et sur ceux qui naîtront par la suite. Les premiers de
naturels qu'ils étaient deviennent légitimes ; et les seconds,
au lieu de naître naturels, naîtront légitimes. Aussi tous
les textes, non-seulement celui des Instituts , mais encore
ceux du Code , ne manquent-ils pas d'indiquer ce double
résultat (*vel ante matrimonium vel postea progeniti....* —
Sive ante dotalia instrumenta editi sint, sive postea) .(1)

----

(1) C. 5. 27. l. 5 et 10. Cependant ces expressions du texte *quod
et aliis liberis , qui ex eodem matrimonio fuerint procreati , similiter
nostra constitutio præbuit,* ont généralement été considérées comme
corrompues , parce que , dit-on, les enfants nés après le mariage
n'ont aucun besoin qu'on leur accorde une légitimité qu'ils ont de
droit. En conséquence, on a présenté plusieurs corrections plus ou
moins raisonnables. Cujas dit : *Quod etsi alii liberi ex eodem matrimonio fuerint procreati , etc.* ; Hotoman : *Quod etsi alii liberi nulli ex
eodem matrimonio fuerint procreati , etc.* Mais la plus ingénieuse et la
plus simple est celle de Bynkersh qui ne change absolument qu'une
seule lettre : *Quod ut aliis liberis,* etc., et le sens serait alors celui-ci :
ce que notre constitution leur accorde aussi bien qu'aux autres enfants
qui naîtraient du même mariage. Cette correction devrait sans doute
être admise, si elle était indispensable, et si d'ailleurs on pouvait se
laisser aller facilement à corriger des textes. Mais les passages du
Code que nous avons cités dans notre explication prouvent que, dans
plus d'un endroit, les empereurs ont parlé de la légitimité produite
par les noces pour les enfants nés soit avant, soit après. La paraphrase de Théophile vient encore dissiper les doutes : Non seulement,
dit-il, ceux qui sont nés avant l'acte dotal, mais encore ceux qui
surviendraient ensuite, seront soumis à ma puissance. Ainsi le texte
doit rester tel qu'il est. Cela posé, faut-il l'entendre comme n'ayant
voulu parler que de l'enfant conçu avant le mariage et né depuis,
parce que cet enfant a besoin de légitimation ? C'est une opinion ingénieuse, indiquée par un ancien commentateur ; mais, outre qu'elle
particulariserait une loi générale, une observation suffit pour la dé-

Parmi ces derniers, il faut comprendre l'enfant conçu avant, mais né après la confection de l'acte dotal. Ayant été conçu hors mariage, il devrait être naturel (1); mais la légitimation s'appliquant à lui, il naît légitime (2). — Du reste, il n'est nullement nécessaire, pour que la légitimation ait lieu, qu'il naisse des enfants après la confection de l'acte dotal. Cette question même ne se serait point présentée si quelques expressions équivoques d'une constitution de Justinien, ne l'avaient fait naître (3). Mais cet empereur se hâta de faire disparaître le doute, en déclarant que les enfants naturels seraient légitimés, soit qu'il naquît des enfants postérieurs au mariage, soit qu'il n'en naquît point, soit que ceux qui naîtraient vinssent à mourir (4).

On pouvait légitimer par mariage subséquent les enfants issus d'une concubine affranchie, aussi bien que ceux issus d'une concubine ingénue (5). Bien plus, un maître sans enfant légitime, mais ayant eu des enfants de son esclave, pouvait, d'après une novelle de Justinien, affranchir la mère, l'épouser, et par cela seul les enfants devenaient libres et légitimes (6): c'est une dérogation au principe qu'on ne peut légitimer que les enfants dont on aurait pu épouser la mère au moment de la conception.

---

truire : les Instituts et Théophile parlent de *plusieurs enfants* nés après ce mariage; or, si on n'avait fait allusion qu'à l'enfant conçu avant et né après, on n'aurait parlé que *d'un enfant*, comme dans la loi 11 au Code 5. 27. et dans la novelle 89. c. 8. ; car, à moins de jumeaux, il ne saurait se trouver plus d'un enfant dans ce cas.

(1) D. 1. 5. 11. f. Paul. — (2) C. 5. 27. 11. — (3) C. 5. 27. 10. — (4) C. 5. 27. 11. — Inst. 3. 1. 2. — Nov. 74. Præf. — (5) Nov. 18. c. 11. — (6) Nov. 78. c. 4.

Légitimation par oblation à la curie. Nous avons développé longuement (*H. d. d. p.* 175) ce que c'était que les curies, les curiaux et les décurions. Nous savons que les curiaux formaient le premier ordre de la ville, jouissaient de plusieurs priviléges, mais que leur rang les assujettissait à plusieurs obligations onéreuses, que l'on cherchait souvent à éviter. Nous savons que le titre de curial se transmettait du père aux fils légitimes ; que les citoyens riches pouvaient se faire agréer par la curie, eux ou leurs enfants, et entrer ainsi dans la classe des curiaux. Mais le père qui voulait procurer cet honneur à ses fils devait leur assurer une fortune qui les rendît capables d'y aspirer. Les enfants naturels d'un père curial ne succédaient pas à son titre. D'un autre côté, ils étaient incapables de recevoir par le testament de leur père au delà d'une certaine portion déterminée. Théodose et Valentinien (an 442 de J. C.) déclarèrent les premiers que, si un citoyen, curial ou non, n'avait que des enfants naturels, ils lui permettaient d'offrir à la curie de sa ville ceux de ses enfants qu'il voudrait, et en conséquence de leur donner, par donation ou par testament, même la totalité de ses biens ; que pareillement, si une fille naturelle épousait un curial, elle deviendrait par là capable de recevoir même la totalité des biens de son père. Le but de ces empereurs était, dans le premier cas, d'engager de nouvelles personnes à entrer dans la classe des curiaux ; dans le second cas, d'accorder une faveur aux curiaux déjà existants (ut *novos lex faciat curiales, aut foveat quos invenit*) (1). Il paraît

____

(1) C. 5. 27. 3.

que cette institution se développa; l'enfant naturel offert à la curie acquit des droits de succession même *ab intestat,* comme s'il était légitime (1); il passa sous la puissance paternelle (*legitimus mox fiet, naturalium jure omnino liberatus*); et l'oblation à la curie devint un mode de légitimation. Justinien le confirma, et ne le permit pas seulement, comme on avait fait jusqu'alors, à ceux qui n'avaient que des enfants naturels, mais même à ceux qui avaient déjà d'autres enfants légitimes (2). Une chose particulière à ce mode de légitimation, c'est que l'enfant, quoiqu'il passât sous la puissance du père, n'acquerait des droits que par rapport à ce dernier, et aucun sur ses agnats et ses cognats, de telle sorte qu'on peut dire qu'il n'entrait pas dans la famille (3); chose qui eût été inconciliable d'après les principes rigoureux de l'ancien droit, car on ne pouvait être sous la puissance du père sans être dans sa famille. — Il ne faut pas croire que l'oblation à la curie fût un mode de légitimation à la portée de tout le monde; il n'était que pour les personnes riches. Il ne faut pas croire non plus que les enfants offerts à la curie se trouvassent dans une position subalterne et comme servile; ils entraient dans la classe des curiaux, et devaient remplir à leur tour les fonctions de décurions. L'oblation à la curie avait pour effet de leur donner à la fois un titre honorable, quoique pénible, et la fortune de leur père (*curiæ splendore honestate, et hereditatis opibus adjuvare* (4). Une infinité de textes, outre celui que nous venons de citer,

---

(1) C. 5. 27. 4. — (2) C. 5. 27. 9. § 3. — Nov. 89. c. 2 et suiv. — (3) Ib. pr. — (4) C. 5. 27. 3.

font foi de l'honneur qu'on y attachait (*Illustris ordine civitatis illuminet. — Municipalibus eum voluit aggregare muneribus et donare patriæ principalem — nostræ civitatis curiæ principalem, etc.*) (1). Du reste les enfants ne pouvaient être légitimés malgré eux, pas plus par oblation à la curie que par mariage subséquent.

Légitimation par rescrit. Ce mode fut introduit par Justinien dans la novelle 74. Il consistait à obtenir de l'empereur un rescrit permettant la légitimation ; mais il fallait, pour avoir cette permission, que le père qui la demandait n'eût aucun enfant légitime, et qu'il lui fût impossible d'épouser la mère de ses enfants naturels, soit qu'elle fût morte, qu'elle eût disparu, ou pour toute autre raison valable (2).

Légitimation par testament. Si un père, n'ayant que des enfants naturels, ne les a point légitimés de son vivant, et qu'en mourant il ait, dans son testament, exprimé le désir qu'ils le soient, ces enfants pourront s'adresser à l'empereur, et obtenir de lui le rescrit permettant leur légitimation : ils se trouveront ainsi les héritiers de leur père. (3).

L'adoption avait été, d'après une constitution d'Anastase, un moyen de légitimer les enfants naturels ; mais Justin abrogea cette constitution, et Justinien confirma cette abrogation (4).

---

(1) C. 5. 27. 1. 3 et 4. — (2) Nov. 74. c. 2. — Nov. 89. c. 9. — (3) Nov. 74. c. 2. § 1. — Nov. 89. c. 10. — (4) C. 5. 27. 1. 6 et 7. — Nov. 74. c. 3.

TIT. XI.

DE ADOPTIONIBUS.

Non solum autem naturales liberi secundum ea quæ diximus ,
in potestate nostra sunt, verum
etiam ii quos adoptamus.

TIT. XI.

DES ADOPTIONS.

En notre puissance sont non seule-
ment les enfants naturels(1), comme
nous l'avons dit ; mais encore les
personnes que nous adoptons.

Ce n'est que comme d'un acte produisant le pouvoir paternel que Gaïus, Ulpien et les Instituts traitaient de l'adoption.

L'adoption, dès son origine, avait pour but d'introduire une personne dans sa famille et d'acquérir sur elle la puissance paternelle. L'adopté sortait de sa famille naturelle, y perdait tous ses droits d'agnation, et par conséquent de succession, y devenait étranger aux dieux domestiques et aux choses sacrées ; mais il entrait dans la famille de l'adoptant ; les droits d'agnation et de succession dans cette famille lui étaient acquis, les dieux lares et les choses sacrées lui devenaient communs. Il prenait le nom de l'adoptant, et ne conservait celui de son ancienne maison qu'en le transformant en adjectif par la terminaison *ianus : Scipio Æmilianus ,* Scipion Émilien ; *César Octavianus ,* César Octavien (*H. d. d., p.* 124.). Les adop-

---

(1) Le mot d'enfants naturels (*naturales liberi*) pris , comme dans le titre précédent, par opposition à *justi liberi*, désigne les enfants issus d'un concubinage ; mais pris, comme ici, par opposition à *liberi adoptivi ,* il désigne les enfants réellement nés d'une personne.

tions , comme dit Cicéron , entraînaient le droit de succéder au nom , aux biens et aux dieux domestiques (1).

L'adoption se classe parmi les anciennes institutions de Rome. On voit dans l'histoire plus d'une famille puissante près de s'éteindre faute d'enfants , être ravivée par une adoption. Cet acte était beaucoup plus fréquent qu'il ne l'est de nos jours. Cependant l'on considérait comme ayant mérité moins bien de la patrie celui qui ne lui avait pas donné d'enfant par lui-même et qui avait eu recours à une paternité fictive (2).

Le mot *adoption* était un terme générique. Il y avait deux espèces d'adoption : *l'adrogation* qui s'appliquait aux chefs de famille *sui juris ; l'adoption*, proprement dite, qui s'appliquait aux enfants de famille *alieni juris*. Elles différaient par leurs formes et par leurs effets.

L'adrogation faisait passer sous la puissance d'autrui , un chef de famille avec tous ses biens et toutes les personnes qui lui étaient soumises. La maison dont il était chef se confondait dans celle de l'adrogeant; il n'était plus inscrit sur le cens comme père de famille , mais seulement comme fils ; il perdait ses dieux domestiques et entrait dans les choses sacrées de sa nouvelle famille (*in sacra transibat*) (3) ; ces changements , importants pour la cité et pour la religion, avaient exigé le consentement du peuple et l'approbation du collége des pon-

---

(1) *Hereditas nominis , pecuniæ, sacrorum secutæ sunt.* Cicer. *pro dom.* 13. § 55.

(2) Gell. 5. 19. — (3) C. 3. 28. 37. § 2. — Ib. 6. 58. 13. § 1. — Valer. 7. 7.

tifés (1) ; aussi l'adrogation n'avait-elle lieu qu'en vertu d'une loi curiate (*populi auctoritate*). On demandait dans les comices à l'adrogeant s'il voulait prendre un tel pour son fils légitime ; à l'adrogé s'il voulait le devenir ; au peuple s'il le permettait, et alors, si toutefois le collége des pontifes ne s'y opposait pas, l'adrogation avait lieu. C'est même de ces diverses interrogations que vient le nom d'*adrogation* (2). Il est vrai de dire que, même peu de temps après les douze Tables, à l'époque où les assemblées par curies n'eurent plus lieu que fictivement,

---

(1) Il ne paraît pas que, sous la République, des lois spéciales réglassent les conditions de l'adoption ; mais on suivait pour cet acte un droit d'usage et la décision du collége des pontifes. Nous trouvons dans Cicéron un passage relatif à cette matière. Un sénateur, Clodius, voulant entrer dans l'ordre des plébéiens, afin de devenir tribun, s'était donné en adrogation à un plébéien, qui était plus jeune que lui ; Cicéron, intéressé à prouver la nullité de cette adoption, s'exprimait ainsi dans un discours prononcé devant le collége des pontifes :... *Quod est, Pontifices, jus adoptionis? nempe ut is adoptet, qui neque procreare jam liberos possit et, quum potuerit, sit expertus. Quæ deinde causa cuique sit adoptionis, quæ ratio generum ac dignitatis, quæ sacrorum, quæri a pontificum collegio solet. Quid est horum in ista adoptione quæsitum ? Adoptat annos viginti natus, etiam minor, senatorem. Liberorumne causa ? at procreare potest, habet uxorem ; suscepit etiam liberos. Exhæredabit igitur pater filium. Quid? sacra Clodiæ gentis cur intereunt quod in te est ?* (Cic. pr. dom. 13. § 34.)

(2) *Quæ species adoptionis dicitur adrogatio, quia et is qui adoptat rogatur, id est interrogatur, an velit eum quem adoptaturus sit justum sibi filium esse ; et is qui adoptatur rogatur, an id fieri patiatur ; et populus rogatur an id fieri jubeat.* G. 1. 99. — Les formules de ces diverses interrogations nous sont indiquées par Cicéron, *pro domo* 20. et par Aul. Gell. *Noct. att.* 5. 19.

cette loi curiate devint une simple formalité ; trente licteurs représentaient chacune des curies , et , sous la présidence d'un magistrat, donnaient leur adhésion à l'adrogation. (*H. d. d. p.* 79.)

L'adoption proprement dite avait pour effet de faire passer un fils d'une famille dans une autre. Toute la puissance paternelle de celui qui donnait en adoption était éteinte en lui et transmise au chef qui adoptait. On conçoit par là que les formes de cette adoption devaient être des formes propres d'un côté à l'extinction , de l'autre à la cession de la puissance paternelle. Elle se composait de la vente solennelle nommée *mancipatio, alienatio per æs et libram* (*H. d. d. p.* 48.), et de la cession en justice (*in jure cessio*). La mancipation, qui devait être répétée trois fois pour un fils mâle au premier degré, servait à détruire la puissance paternelle , conformément à la loi des douze Tables (*H. d. d. p.* 44 *et* 45) ; la cession en justice servait à faire déclarer par le magistrat que l'enfant appartenait en qualité de fils à l'adoptant(1).

____

(1) *Adoptantur autem , cum a parente in cujus potestate sunt , tertia mancipatione in jure ceduntur , atque ab eo , qui adoptat , apud eum apud quem legis actio est , vindicantur.* (Gell. 5. 19.) — Sueton. in Aug. 64. — Pourquoi le concours de ces deux formalités , la *mancipation* et la *cession en justice?* Une seule n'aurait-elle point suffi ? Non. Il fallait la mancipation , parce que c'était le seul moyen qu'indiquaient les douze Tables pour éteindre la puissance paternelle du chef qui donnait en adoption. Il fallait de plus la cession en justice, parce qu'en vertu de la mancipation l'enfant était vendu , il est vrai, solennellement, mais non en qualité de fils de famille ; il se trouvait *in mancipio* de l'acquéreur , et ce n'était que la cession en justice qui lui donnait la qualité de fils. Il est bon de rappeler que la cession en

Dans les derniers temps de la République s'introduisit l'usage de déclarer dans son testament que l'on considérait tel individu comme son fils. C'est ainsi que Jules-César adopta Octave; et plus d'un empereur suivit cette méthode : mais, pour que cette adoption eût son effet, on avait soin de la faire ratifier par un plébiscite (1); du reste elle ne pouvait produire de puissance paternelle, puisque l'adoptant était mort; elle donnait seulement des droits de succession, comme si cette puissance avait eu lieu.

A l'époque de Gaius et d'Ulpien les conditions des adoptions avaient été développées par des sénatus-consultes, des constitutions, et surtout par les écrits des jurisprudents; quant aux formes, elles étaient encore telles que nous venons de les exposer. On pourrait s'étonner que l'adrogation se fît par l'autorité du peuple (*per populum; auctoritate populi* (2), tandis que cette autorité s'était évanouie, et qu'aucune assemblée n'avait plus lieu; cependant en rappelant qu'on n'employait qu'une cérémonie fictive, qui avait fort bien pu survivre à la République, tout

---

justice, dont nous avons dit quelques mots, pag. 3o8, était la représentation fictive d'un procès. L'acquéreur qui voulait adopter réclamait l'enfant, comme sien, par une vendication simulée, devant le magistrat jugeant les procès (*vindicabat*); le père ne contredisait point, et le magistrat déclarait que l'enfant appartenait à l'adoptant. Voilà pourquoi le passage d'Aulu-Gelle que nous avons cité et la loi 4 au Dig. 1. 7. disent que l'adoption ne pouvait se faire que par les magistrats devant qui on peut intenter les actions de la loi, comme les préteurs, les consuls, les présidents.

(1) App. Bell. civ. 3. 14. 94. — (2) G. 1. 99. — Ulp. Reg. 8. § 2.

étonnement cessera. Du reste cette fiction disparut elle-même par la suite, et les adrogations finirent par être faites en vertu d'un rescrit impérial. — Nous allons maintenant examiner sur ce sujet la législation de Justinien d'après les Instituts.

1. Adoptio autem duobus modis fit, aut *principali rescripto*, aut *imperio magistratus*. Imperatoris auctoritate adoptare quis potest eos easve, qui quæve sui juris sunt : quæ species adoptionis dicitur adrogatio. Imperio magistratûs adoptamus eos easve, qui quæve in potestate parentum sunt ; sive primum gradum liberorum obtineant, qualis est filius, filia ; sive inferiorem, qualis est nepos, neptis, pronepos, proneptis.

1. *L'adoption se fait de deux manières : par rescrit du prince ou par la puissance du magistrat. Avec l'autorisation de l'empereur, on adopte les hommes ou les femmes maîtres d'eux-mêmes, espèce d'adoption qui se nomme adrogation; par la puissance du magistrat, les enfants soumis à la puissance paternelle: qu'ils soient au premier degré comme le fils, la fille; ou à un degré inférieur, comme le petit-fils, la petite-fille, l'arrière-petit-fils ou petite-fille.*

Principali rescripto. L'adrogation, sous Justinien, resta, à peu de chose près, telle qu'elle était dans sa forme, dans ses conditions, dans ses effets. Elle se faisait par rescrit du prince, qui ne devait donner son autorisation qu'en connaissance de cause (*causa cognita*). On examinait si l'adoptant n'avait pas moins de soixante ans, et s'il n'avait pas déjà d'autres enfants naturels ou adoptifs; car on ne devait pas en général permettre l'adoption à celui qui pouvait encore avoir des enfants par lui-même, ou qui en avait déjà. Cependant des motifs tels qu'une maladie, le désir d'adopter un parent, auraient pu faire obtenir l'autorisation impériale (1).

---

(1) D. 1. 7. 15. § 2 et suiv.

Imperio magistratus. Justinien modifia l'adoption proprement dite, et dans sa forme et dans ses effets. Dans sa forme, car supprimant et la mancipation et la cession en justice, l'empereur décida qu'il suffirait de faire dresser devant le magistrat compétent, en présence des parties, un acte constatant l'adoption, avec le consentement réuni de celui qui donnait, de celui qui prenait, et de celui qui était donné en adoption (1). Cependant de la part de ce dernier il suffisait qu'il n'y eût point d'opposition (*eo qui adoptatur non contradicente*) , d'où il suit qu'on pouvait donner en adoption même des enfants ne parlant pas encore (*etiam infantem*) (2). Quant aux changements apportés dans les effets de l'adoption, ils sont exposés au paragraphe suivant.

2. Sed hodie ex nostra constitutione, cum filiusfamilias a patre naturali *extraneæ personæ* in adoptionem datur, jura patris naturalis minime dissolvuntur, neo quicquam ad patrem adoptivum transit, nec in potestate ejus est, licet ad intestato jura successionis ei a nobis tributa sint. Si vero pater naturalis *non extraneo,* sed avo filii sui materno; vel si ipse pater naturalis fuerit emancipatus, etiam avo paterno vel proavo simili modo paterno vel materno filium suum dederit in adoptionem : hoc casu, quia

2. *Mais aujourd'hui, d'après notre constitution, le père naturel, lorsqu'il donne son fils de famille en adoption à une personne étrangère, ne perd aucun de ses droits; rien n'en passe au père adoptif, et l'enfant n'est pas en puissance de ce dernier, bien que nous lui accordions des droits de succession* ab intestat. *Au contraire, lorsque l'enfant est donné en adoption par son père naturel non pas à un étranger, mais à son aïeul maternel, ou bien, s'il est né d'un fils émancipé, à son aïeul paternel, ou même à son bisaïeul paternel*

---

(1) C. 8. 48. 11. — (2) D. 1. 7. 42. f. Mod.

(412)

concurrunt in unam personam et naturalia et adoptionis jura, manet stabile jus patris adoptivi, et naturali vinculo copulatum, et legitimo adoptionis modo constrictum, ut et in familia et in potestate hujusmodi patris adoptivi sit.

ou maternel, alors, comme sur la même personne se réunissent les droits que donne la nature et l'adoption, nous laissons au père adoptif tous ses droits fondés sur un lien naturel, et légalement établis par l'adoption, de sorte que l'enfant passera sous sa puissance et dans sa famille.

Extraneæ personæ. En vertu de ces changements apportés par Justinien, il faut distinguer pour l'adoption proprement dite deux cas : 1°. celui où un fils est donné en adoption par son père à un étranger (*extraneo*); par étranger, on entend quelqu'un qui n'est point ascendant : 2° celui où il est donné à un ascendant. — Dans le premier cas, l'adoption perd totalement son caractère primitif ; l'enfant ne passe plus sous la puissance paternelle de l'adoptant, il n'entre pas dans la famille adoptive, et n'y acquiert aucun droit d'agnation. Tous les effets de l'adoption se réduisent à établir dans les mœurs une sorte de relation fictive de paternité et de filiation entre l'adoptant et l'adopté, et à donner à ce dernier un droit de succession *ab intestat* sur l'hérédité de l'adoptant. Il est important de remarquer ces mots : droit de succession *ab intestat.* L'adopté ne succédera que s'il n'y a pas de testament ; si l'adoptant en fait un il sera libre de ne laisser à l'adopté que ce qu'il voudra, il pourra même ne lui rien donner (1) : chose qui n'au-

----

(1) *Licentiam damus tali adoptivo patri, id est extraneo, si voluerit, nihil ei testamento relinquere; sed quidquid ei reliquerit, hoc liberalitatis sit et non legitimo vinculo adstrictum.* C. 8. 48. 10. § 1.

rait pas lieu si la puissance paternelle avait été produite, car nous verrons qu'un fils légitime ne pouvait être dépouillé totalement de l'hérédité paternelle (1). Mais, précisément parce qu'il n'entrait pas dans la famille de l'adoptant, l'enfant donné en adoption ne sortait pas de sa famille naturelle, et n'y perdait aucun de ses avantages; d'où il résultait qu'il avait à la fois sur l'hérédité du père naturel les droits de fils légitime, et sur celle du père adoptif des droits *ab intestat*. Quel était le but de ces modifications? Justinien les expose dans sa constitution (2): anciennement l'enfant sortant de la famille paternelle y perdait ses droits ; s'il était ensuite renvoyé par émancipation de la famille adoptive, il perdait encore ses droits, et se trouvait ainsi dépouillé des deux côtés. Les préteurs avaient bien cherché à parer cet inconvénient; ils l'avaient fait, mais seulement en partie (3), et Justinien voulut le faire disparaître totalement. — Lorsque le chef de famille avait donné en adoption non pas son fils, mais son petit-fils, sa petite-fille, tout ce que nous venons de dire s'appliquait aussi, mais avec quelque restriction ; car si l'aïeul venait à mourir à une époque où le petit-fils, la petite-fille ne se trouvaient pas ses héritiers, parce qu'ils étaient précédés dans la famille par leur père, alors n'ayant pas eu de succession dans la famille naturelle, ils conservaient intacts les droits que donnait jadis l'adoption dans la famille adoptive (4).

Non extraneo. C'est à dire à un ascendant. C'est une

---

(1) Inst. 2. 18. — (2) C. 8. 48. 10. — (3) Inst. 3. 1. 10. — (4) C. 8. 48. 10. § 4.

chose bien remarquable : chez les Romains, il arrivait qu'un aïeul, qu'un père même adoptait son propre fils. Pourquoi ? parce qu'il arrivait souvent qu'un aïeul, qu'un père n'avaient point la puissance paternelle sur leur petit-fils, leur fils, et le seul moyen de l'acquérir était l'adoption (1). Des exemples éclairciront la matière. Premier exemple : Jamais un aïeul maternel n'avait sous sa puissance et dans sa famille les enfants de sa fille ; s'il voulait les acquérir et leur donner des droits de succession, il fallait qu'il les obtînt en adoption de son gendre. — Deuxième exemple : Un chef de famille a émancipé son fils ; celui-ci s'est marié et a eu des enfants ; ces enfants, nés après l'émancipation, ne sont point en la puissance de leur aïeul. Si ce dernier veut les acquérir il faut qu'il les reçoive en adoption. — Troisième exemple : Un chef de famille a sous sa puissance son fils et les enfants de ce dernier ; il émancipe le fils et retient les enfants. Le père émancipé se trouve n'avoir pas sous sa puissance ses propres fils ; s'il veut les acquérir et leur donner des droits, il faut qu'il les obtienne en adoption de leur aïeul. — Dans tous ces cas et autres semblables, on voit que l'adoption faite par l'ascendant n'a pour but que d'acquérir la puissance paternelle et de donner à l'enfant des droits de succession légitime. Aussi Justinien lui conserve-t-il ses effets ; la puissance paternelle se trouve comme autrefois détruite pour celui qui donne en adoption, et transportée à l'ascendant qui reçoit. D'ailleurs cet ascendant étant déjà uni à l'adopté

---

(1) D. 1. 7. 12 f. Ulp.

par les liens du sang, on n'a pas à craindre qu'il l'émancipe sans raison, et le dépouille de son hérédité. C'est le
motif principal qu'indique Justinien (1).

3. Cum autem *impubes* per principale rescriptum adrogatur, causa cognita adrogatio permittitur, et exquiritur causa adrogationis *an honesta sit, expediatque pupillo*. Et *cùm quibusdam conditionibus* adrogatio fit, id est, ut *caveat adrogator personæ publicæ*, si intra pubertatem pupillus decesserit, restituturum se bona illis qui, si adoptio facta non esset, ad successionem ejus venturi essent. Item non aliter emancipare eum potest adrogator, nisi causa cognita dignus emancipatione fuerit, et tunc sua bona ei reddat. Sed et si decedens pater eum exheredaverit, vel vivus sine justa causa emancipaverit, jubetur quartam partem ei bonorum suorum relinquere, videlicet, præter bona quæ ad patrem adoptivum transtulit, et quorum commodum ei postea adquisivit.

3. *L'adrogation d'un impubère, faite par rescrit du prince, ne se permet qu'en connaissance de cause. On recherche si le motif en est honnête, et s'il est avantageux au pupille; encore l'adoption ne se fait-elle qu'avec certaines conditions que voici : l'adrogeant doit donner caution à une personne publique; que, si le pupille meurt avant la puberté, il restituera ses biens à ceux qui, sans l'adoption, lui eussent succédé; de même, il ne peut l'émanciper qu'en prouvant au magistrat qu'il a mérité l'émancipation : et alors il doit lui rendre ses biens. S'il vient à le déshériter en mourant, ou à l'émanciper de son vivant sans motif, il sera condamné à lui laisser le quart de ses propres biens, en sus, bien entendu, de ceux que le pupille lui a transférés au moment de l'adoption ou acquis par la suite.*

Impubes. De tout temps on avait pu adopter devant
le magistrat les femmes comme les hommes, les impu-

---

(1) C. 8. 48. 10. princ. in fin.

bères comme les pubères. Mais on ne pouvait adroger, d'après l'ancien droit, ni les femmes, ni les impubères. Une constitution d'Antonin le Pieux permit l'adrogation des impubères. Quant à celle des femmes, Gaius nous dit qu'elle n'était point permise de son temps (1) ; elle ne l'était point non plus sous Ulpien dont voici les termes : *Per populum vero Romanum feminæ quidem non adrogantur. Pupilli antea quidem non poterant ; nunc autem possunt ex constitutione divi Antonini Pii* (2). Mais un fragment du Digeste nous apprend que, sous Justinien, l'adrogation des femmes était permise comme celle des hommes : *Nam et feminæ ex rescripto principis adrogari possunt* (3). Ainsi les femmes et les impubères pouvaient être adrogés, en observant pour ces derniers certaines conditions.

An honesta sit, expediatque pupillo. Lorsqu'il s'agissait de l'adrogation d'un impubère, il fallait, outre les recherches ordinaires (pag. 410), examiner si c'était une affection honnête qui faisait agir l'adrogeant : considération qui, d'après les mœurs des Romains et des Grecs, ne doit point nous étonner ; quelle était la conduite et la réputation de cet adrogeant ; quelle était sa fortune et celle du pupille comparée à la sienne ; en un mot si l'adrogation était honorable et avantageuse au pupille.

____

(1) G. 1. 101 et 102. — (2) Ulp. Reg. 8. § 5.

(3) D. 1. 7. 21. Ce fragment est attribué par les compilateurs du Digeste à Gaius ; mais c'est évidemment une de ces altérations dont nous avons parlé (*H. d. d. p.* 215.). Tribonien et ses collaborateurs, voulant changer sur ce point l'ancien droit, font dire à Gaius le contraire de ce qu'il avait dit.

Cum quibusdam conditionibus. Ces conditions avaient toutes pour but d'empêcher que le pupille, au lieu de trouver un avantage dans l'adrogation, y rencontrât la perte de sa fortune. En effet, il apportait dans la famille de l'adrogeant tous ses biens, conformément aux règles de la puissance paternelle, et l'on ne voulait point qu'il les perdît. Or, il pouvait arriver plusieurs cas : 1° que le pupille mourût avant sa puberté ; 2° qu'il fût émancipé ou déshérité sans motif avant sa puberté ; 3° qu'il fût émancipé ou déshérité avec un juste motif avant sa puberté ; 4° qu'il atteignît sa puberté sans aucun de ces événements. Dans le premier cas, l'adrogeant, au lieu de garder les biens du pupille, devait les rendre à ses héritiers naturels ; dans le deuxième cas, les biens devaient être rendus au pupille lui-même, plus le quart des propres biens de l'adrogeant, parce que ce dernier n'avait pas dû se faire un jeu de l'adrogation en émancipant ou déshéritant sans motif. Ce quart se nommait *quarte Antonine* (*quarta D. Pii.*), parce que Antonin est, comme nous l'avons dit, l'auteur de ces dispositions. Dans le troisième cas, l'adrogé reprenait seulement tous ses biens. Enfin, dans le quatrième, étant arrivé à la puberté, il pouvait réclamer contre son adrogation, et s'il prouvait qu'elle lui était défavorable, il était émancipé et reprenait tous ses droits (1). S'il ne réclamait pas, ou si sa réclamation n'était point admise, l'adrogation se trouvait confirmée et produisait tous les effets ordinaires.

---

(1) *Et si pubes factus non expediri sibi in potestatem ejus redigi probaverit, æquum est emancipari eum à patre adoptivo, atque ita pristinum jus recuperare.* (D. 1. 7. l. 32 et 33.)

Caveat personœ publicœ. On désigne par ces mots les personnes chargées dans chaque cité de tenir les registres publics (*tabulœ*), sur lesquels devaient être inscrits plusieurs actes, tels que certaines donations, certains cautionnements. Ces espèces de greffiers se nommaient *tabularii.* Théophile dit aussi, dans sa paraphrase, que l'adrogeant doit donner caution à une personne publique, c'est à dire, ajoute-t-il, Ταβουλλαρίω (*tabulario*). On donnait autrefois ces fonctions à des esclaves publics, ou à des esclaves particuliers avec le consentement de leur maître (1). C'est pour cela que les fragments d'Ulpien et de Marcellus, cités au Digeste, portent *servo publico* (2). Mais Arcadius et Honorius exigèrent qu'elles ne fussent données qu'à des hommes libres (3).

4. Minorem natu, majorem non posse adoptare placet. Adoptio enim naturam imitatur ; et pro monstro est, ut major sit filius quam pater. Debet itaque is, qui sibi filium per adoptionem vel adrogationem facit *plena pubertate*, id est, decem et octo annis præcedere.

4. Nul ne peut adopter un plus âgé que soi ; car l'adoption imite la nature, et il est contre nature que le fils soit plus âgé que le père. Celui qui se donne un fils par adoption ou par adrogation doit donc avoir de plus que lui la puberté pleine, c'est à dire dix-huit ans.

Plena pubertate. Pour les hommes, la puberté proprement dite était fixée, nous le savons, à quatorze ans ; à dix-huit ans la puberté pleine, ainsi nommée parce qu'à cet âge elle avait acquis tout son développement

---

(1) C. 7. 9. 3. —(2) D. 46. 6. 5. f. Ulp. —Ib. 1. 7. 18. f. Marcell. —(3) C. 10. 69. 5.

même chez les personnes les plus tardives (1). Nous ne trouvons, relativement à l'âge de l'adoptant et de l'adopté, d'autre règle que celle de ce paragraphe. Nous savons qu'un impubère, même enfant, peut être adopté ou adrogé; que l'âge de l'adoptant n'est pas non plus limité, quoique cependant on ne permette pas facilement l'adrogation à des personnes âgées de moins de soixante ans, parce qu'elles peuvent encore espérer d'avoir des enfants (2).

5, Licet autem et in locum nepotis vel pronepotis, neptis vel proneptis, vel deinceps adoptare, quamvis filium quis non habeat.

5. *On peut adopter pour petit-fils, petite-fille, arrière-petit-fils ou petite-fille, même lorsqu'on n'a point de fils.*

Selon qu'on adopte quelqu'un pour fils, pour petit-fils, ou pour arrière-petit-fils, l'adoption produit des effets différents dans le degré de parenté, et par conséquent dans les prohibitions du mariage, dans les droits de tutelle et de succession. Quelqu'un est-il adopté comme fils, il est au premier degré de l'adoptant, le frère des enfants que ce dernier peut avoir, l'oncle de leurs descendants qu'il ne pourra épouser jusqu'à l'infini. Est-il adopté comme petit-fils, il se trouve au deuxième degré de l'adoptant, le neveu des enfants de ce dernier, dont il peut épouser les descendants, car il n'est que leur cousin.

Quamvis filium quis non habeat. De ce que l'adoption

____

(1) Théoph. h. t. — (2) D. 1. 7. 15.

imite la nature, on aurait pu conclure que, pour adopter un petit-fils, il fallait déjà avoir un fils (*filium et non filiam*, parce que les descendants d'une fille ne sont jamais au pouvoir de l'aïeul maternel). C'est cette objection qu'on prévient ici. Il suffit, en effet, que celui qui adopte un petit-fils pût être son aïeul naturellement, et partant qu'il ait de plus que lui deux fois la puberté.

6. Et tam filium alienum quis in locum nepotis adoptare potest quàm nepotem in locum filii.

7. Sed si quis nepotis loco adoptet, vel *quasi ex eo filio* quem habet jam adoptatum, vel quasi ex illo quem naturalem in sua potestate habet : eo casu et filius consentire debet, ne ei invito suus heres agnascatur ; sed ex contrario, si avus ex filio nepotem *det in adoptionem*, non est necesse filium consentire.

6. *Et l'on peut adopter le fils d'un autre pour petit-fils, comme le petit-fils pour fils.*

7. *Mais si l'on adopte un petit fils en le supposant issu d'un fils déjà adopté, ou d'un fils naturel qu'on a sous sa puissance, ce fils doit aussi consentir à l'adoption, pour qu'elle ne lui donne pas malgré lui un héritier sien. Au contraire, l'aïeul peut donner en adoption son petit-fils, sans le consentement du fils.*

Quasi ex eo filio. Lorsqu'on adoptait quelqu'un pour petit-fils, on pouvait le faire de deux manières : 1° simplement et sans lui désigner aucun membre de la famille pour père (*incerto natus*); 2° en désignant pour son père tel de ses enfants (*quasi ex filio*) (1). La différence entre ces deux cas était grande. Dans le premier, l'adopté entrait dans la famille, comme un petit-fils dont le père serait déjà mort ; il n'était que le neveu de tous les fils de

____

(1) D. 1. 7. 43. f. Pomp.

l'adoptant ; à la mort du chef de famille, il devenait libre et par conséquent héritier sien. Dans le deuxième cas, l'adopté entrait comme petit-fils du chef de famille, et comme fils de celui de ses enfants qu'on avait désigné ; à la mort du chef, il ne devenait point libre, mais il retombait sous la puissance et dans la famille de celui qu'on lui avait désigné pour père, et c'est par rapport à celui-là qu'il devenait héritier sien. Il y avait donc réellement deux adoptions dans une, et il fallait le consentement des deux adoptants, l'aïeul et le père.

Det in adoptionem. Nous avons déjà expliqué, pag. 367, le principe sur lequel repose cette règle.

8. *In plurimis autem causis, adsimilatur is qui adoptatus vel adrogatus est, ei qui ex legitimo matrimonio natus est : Et ideo si quis per imperatorem, vel apud prætorem, vel præsidem provinciæ non extraneum adoptaverit potest eundem in adoptionem alii dare.*

8. *Sous bien des rapports, l'enfant adopté ou adrogé est assimilé à l'enfant né d'un légitime mariage. Ainsi l'on peut donner en adoption à un autre celui qu'on a adopté par rescrit du prince, ou même devant le magistrat, s'il n'était pas étranger.*

In plurimis causis. Nous savons déjà quels sont les effets de l'adoption. Lorsque l'adopté passe sous la puissance paternelle de l'adoptant, il entre dans sa famille : il devient l'agnat des membres de cette famille, et par conséquent leur cognat, puisque la *cognation* est la parenté en général (*qui in adoptionem datur, his quibus agnascitur et cognatus fit : quibus vero non agnascitur nec cognatus fit*) (1) : le chef de famille, ayant sur lui la puissance paternelle,

---

(1) D. 1. 7. 23. f. Paul.

peut en disposer comme de ses autres enfants, et par conséquent le donner en adoption à un autre.

Non extraneum. Cette circonstance est nécessaire pour
l'adoption proprement dite, puisque sans cela il n'y aurait
pas de puissance paternelle.

<table>
<tr><td>

9. Sed et illud utriusque adop-
tionis commune est, quod et ii
qui generare non possunt, quales
sunt spadones, adoptare possunt;
castrati autem non possunt.

</td><td>

9. *Il y a encore cela de commun
aux deux adoptions, que ceux qui
ne peuvent engendrer, comme les
impuissants, peuvent adopter; mais
les castrats ne le peuvent pas.*

</td></tr>
</table>

Cette différence vient de ce que, chez l'impuissant, le
vice d'organisation n'est ni assez complet ni assez démontré pour qu'il soit contre nature de supposer que celui
qui paraît impuissant ait un enfant; d'autant plus, comme
le remarque Théophile, que souvent on voit le vice qui
produisait l'impuissance disparaître. Pour le castrat, il
n'en était pas de même : supposer qu'il avait un enfant,
était une chose évidemment contraire à la nature, et c'est
pour cela que les Romains ne lui permettaient pas d'a-
dopter, bien que l'adoption dût avoir pour but principal
de donner légalement des enfants à ceux qui ne peuvent
naturellement en avoir.

<table>
<tr><td>

10. Feminæ quoque adoptare
non possunt; quia nec naturales
liberos in sua potestate habent;
sed ex indulgentia principis, ad
solatium liberorum amissorum
adoptare possunt.

</td><td>

10. *Les femmes non plus ne peuvent
adopter; car elles n'ont pas même
leurs enfants naturels en leur pou-
voir, mais la bienveillance impé-
riale peut leur en donner la per-
mission, comme adoucissement à la
perte de leurs propres enfants.*

</td></tr>
</table>

C'est ainsi qu'une constitution de Dioclétien et Maximien permet l'adoption à une mère ayant perdu ses en-

fants. Dans ce cas, l'adoption ne produit jamais la puissance paternelle, mais elle établit entre la mère et le fils adoptif des liens semblables à ceux qui existent entre la mère et ses enfants propres. (*Et eum perinde atque ex te progenitum, ad vicem naturalis legitimique filii habere permittimus*) (1).

11. *Illud proprium est adoptionis illius quæ per sacrum oraculum fit, quod is qui liberos in potestate habet, si se adrogandum dederit, non solum ipse potestati adrogatoris subjicitur, sed etiam liberi ejus in ejusdem fiunt potestate, tanquam nepotes. Sic enim divus Augustus non ante Tiberium adoptavit, quam is Germanicum adoptavit, ut protinus, adoptione facta, incipiat Germanicus Augusti nepos esse.*

11. *Il y a cela de propre à l'adoption faite par rescrit, que si un père, ayant des enfants en son pouvoir, se donne en adrogation, non-seulement il passe lui-même en la puissance de l'adrogeant, mais ses enfants y passent aussi comme petit-fils ; et c'est ainsi qu'Auguste ne voulut adopter Tibère qu'après que ce dernier eut adopté Germanicus, afin qu'immédiatement après l'adoption, Germanicus se trouvât le petit-fils d'Auguste.*

Illud proprium est. La même chose n'a point lieu dans l'adoption proprement dite, parce que le fils de famille donné en adoption, bien qu'il soit marié et qu'il ait des enfants, ne les a jamais en sa puissance, puisqu'il est lui-même au pouvoir du chef qui peut le céder en adoption et retenir ses enfants.

12. *Apud Catonem bene scriptum refert antiquitas, servos, si a domino adoptati sint, ex hoc*

12. *Nous apprenons des anciens que Caton avait écrit à bon droit que les esclaves, s'ils étaient adop-*

---

(1) C. 8. 48. 5.

ipso posse liberari. Unde et nos eruditi, in nostra constitutione etiam eum servum quem dominus actis intervenientibus filium suum nominaverat, liberum constituimus, licet hoc ad jus filii accipiendum non sufficiat.

tés par leur maître, pouvaient par cela seul devenir libres. Instruits par cette décision, nous avons établi, dans notre constitution, qu'un esclave à qui son maître aura, dans un acte public, donné le titre de fils, sera libre, bien qu'il ne puisse par là acquérir les droits de fils.

L'adoption d'un affranchi n'était permise qu'à son patron, sans quoi les droits de patronage eussent été lésés (1). Quant à l'adoption des esclaves, elle n'était point valable comme adoption. Mais ce passage nous apprend, qu'anciennement même, elle suffisait pour donner la liberté à l'esclave adopté. Du reste ce mode indirect de manumission produisait-il les mêmes effets que les affranchissements solennels par le cens, par la vindicte, par testament, ou ne faisait-il que donner une liberté de fait? C'est ce que rien ne nous indique. Justinien l'a rangé parmi les modes qu'il sanctionne dans la constitution que nous avons déjà citée pag. 312.

L'adoption n'était point indissoluble : l'adoptant pouvait la détruire facilement, soit en émancipant l'adopté, soit en le donnant en adoption à un autre, non étranger. L'enfant, une fois renvoyé de la famille, n'était plus l'agnat ni le cognat d'aucun des membres, et tous les liens étaient rompus, sauf les prohibitions de mariage existant encore entre l'adoptant et l'adopté. *In omni fere jure, finita patris adoptivi potestate, nullum ex pristino retinetur vestigium* (2). Une fois dissoute, l'adoption ne pouvait plus être renou-

---

(1) D. 1. 7. 15. § 3. — (2) D. 17. 13. f. Papin.

velée entre les mêmes personnes. *Eum, quem quis adoptavit, emancipatum vel in adoptionem datum, iterum non potest adoptare* (1).

Pouvoir du mari sur la femme (*manus*). Le mariage,
même légitime (*justæ nuptiæ*), ne pouvait pas seul produire la puissance maritale ; la femme tombait sous cette
puissance (*in manum conveniebat*) de trois manières : par
l'usage, la confarréation ou la coemption (*usu, farreo,
coemptione*) (H. d. d. p. 44.). — 1° Par l'usage (*usu*).
D'après les douze Tables, les objets mobiliers s'acquéraient
par l'usage d'une année : ce mode d'acquisition (*usucapio*)
fut appliqué même à la femme ; elle était acquise à son
mari, et tombait en son pouvoir lorsque, depuis le mariage,
elle avait été possédée par lui pendant une année sans in-
terruption (*velut annua possessione usucapiebatur*). Si elle
voulait éviter cette puissance, elle devait chaque année,
pour interrompre l'usucapion, s'éloigner trois nuits de
suite du toit conjugal (*usurpatum ire trinoctio*). Dans
tous les mariages où l'on passait une année sans cette in-
terruption, la puissance maritale avait lieu. — 2° Par la
confarréation (*farreo*). Si l'on voulait que la puissance
maritale fût produite à l'instant même du mariage, il
fallait avoir recours aux formalités de la confarréation ou
à celle de la coemption. Les premières consistaient dans
une sorte de sacrifice, pour lequel on se servait d'un pain
de froment (*farreus panis*), d'où est venu le mot de confarréation (*farreum*). Ce sacrifice était accompagné de
certaines solennités et de paroles sacramentelles, le tout
en présence de dix témoins. Cés cérémonies religieuses,

---

(1) Ib. f. 37. § 1.

(426)

outre qu'elles produisaient la puissance paternelle, rendaient les enfants issus du mariage, capables d'être nommés à certaines fonctions sacerdotales : aussi est-il à présumer que la confarréation était surtout employée par les patriciens (1). — 3° Par la coemption (*coemptione*). Ce mode consistait dans la mancipation ou vente solennelle de la femme au mari, qui se portait acheteur (*coemptionator*). Nous allons dire bientôt quelles étaient les formes de la mancipation. — Du reste, toutes ces formalités étaient bien distinctes du mariage, qui en lui-même n'en exigeait aucune ; il faut bien se garder de se méprendre sur leur but, qui n'était pas de marier les conjoints, mais seulement de donner la *manus* au mari.

De quelque manière que la femme tombât au pouvoir de son mari, elle sortait de la puissance paternelle de son père et de sa propre famille, dans laquelle elle perdait tous ses droits d'agnation ; mais elle entrait dans la famille du mari, dans laquelle elle prenait en quelque sorte le rang et les droits de fille (*filiæ loco incipit esse ; nam si omnino, qualibet ex causa, uxor in manu viri sit, placuit eam jus filiæ nancisci*). C'est alors seulement qu'elle se trouvait l'agnat de ses propres enfants ; ayant en cette qualité des droits de succession sur eux, sur son mari, et réciproquement.

Tous ces détails sont tirés et presque traduits de Gaius (2), qui nous a donné là-dessus des idées à peu près inconnues. Il nous apprend que de son temps l'acquisition de la *manus* par l'usage était en partie abrogée par des lois, en partie tombée en désuétude ; que la confarréation était pratiquée

____

(1) Tacit. Ann. 4. 16. — (2) G. 1. § 108 et suiv.

pour les grands flamines, c'est à dire les pontifes particuliers de Jupiter, de Mars et de Quirinus ; que la coemption avait encore lieu ; et qu'on l'employait fictivement dans des cas autres que le mariage, afin d'éluder certaines dispositions de l'ancien droit (*H. d. d.,p.* 123 *et* 124). Ulpien nous dit quelque chose de la confarréation dans les fragments qui nous restent (1). Mais, sous Constantin, ce mode religieux disparut totalement avec le paganisme ; il ne resta tout au plus que la coemption, qui finit elle-même par tomber en désuétude. A l'époque de Justinien, depuis long-temps il n'était plus question de puissance maritale (*manus*), aussi les Instituts n'en disent pas un mot. Les filles qui se marient restent toujours dans la famille de leur père, n'y perdent aucun de leurs droits d'agnation, n'entrent pas dans la famille du mari, si ce n'est comme alliée : mais depuis long-temps aussi des sénatus-consultes avaient établi, comme nous le verrons, des droits d'hérédité entre la mère et les enfants.

Pouvoir sur l'individu libre acquis par mancipation (*mancipium*). Un chef de famille pouvait vendre à un citoyen toutes les personnes soumises à sa puissance, ses esclaves, ses enfants, de quelque sexe qu'ils fussent, même sa femme lorsqu'il l'avait *in manu*. Mais les esclaves, comme les personnes libres, étaient de ces choses nommées *mancipii res*, dont on ne pouvait transporter le domaine quiritaire (*dominium ex jure quiritium*) que par la vente solennelle, la mancipation (*H. d. d.,p.* 124). Cette vente se faisait en présence de cinq témoins, citoyens romains pubères, et d'une autre personne de même condition,

---

(1) Ulp. Reg. T. 9.

portant une balance, et nommée à cause de cela porte-balance (*libripens*). L'acheteur, tenant la personne qu'on lui vendait, disait : *hunc ego hominem ex jure quiritium meum esse aio, isque mihi emptus est hoc ære, æneaque libra.* A ces mots, il frappait la balance avec l'airain qu'il donnait au vendeur comme prix de la vente. Cette formalité n'était qu'un simulacre légalisé des ventes qui avaient lieu à l'époque où, la monnaie étant presque inconnue à Rome, on donnait les métaux au poids (*H. d. d., pag.* 48) (1). La personne libre, vendue de cette manière, tombait au pouvoir de l'acquéreur (*in mancipio*), et par rapport à lui était en quelque sorte assimilée à un esclave (*mancipati, mancipatæve servorum loco constituuntur*); cependant elle ne perdait pas sa qualité d'homme libre, point très-important à remarquer. Il y avait cette différence entre la mancipation que nous venons de décrire et celle qui avait lieu dans la *coemption* de la femme, que la première se faisait avec les mêmes paroles que l'achat des esclaves, ce qui n'avait pas lieu dans la coemption; aussi les personnes livrées *in mancipio* étaient-elles en quelque sorte esclaves; il n'en était pas de même de la femme tombée *in manu*.

Du reste, ce pouvoir particulier (*mancipium*) s'adoucit avant même la puissance sur les esclaves. Gaius nous dit qu'il n'était point permis d'outrager les personnes qu'on avait *in mancipio*, sans s'exposer à être attaqué par l'action d'injure; de son temps, ce n'était même que fictivement et pour libérer leurs enfants de leur puissance que les chefs de famille les mancipaient. Dans un cas cependant la mancipation était sérieuse: c'est lorsqu'un individu ayant

---

(1) G. 1. § 122.

commis quelque dommage, le chef de famille à qui il appartenait en faisait l'abandon noxal, c'est à dire le donnait *in mancipio*, en réparation du préjudice qu'il avait causé (*noxæ dedere ; noxali causa mancipare*) (1). Mais ce dernier usage tomba encore en désuétude, comme nous l'apprennent les Instituts eux-mêmes (2). Il ne restait plus sous Justinien de la mancipation des personnes libres que l'emploi fictif qu'on en faisait pour les donner en adoption ou les émanciper ; et cet empereur fit disparaître jusqu'à ces dernières traces. Aussi les Instituts ne parlent-ils pas plus du *mancipium* que de la *manus*.

<table>
<tr><td>

TIT. XII.

QUIBUS MODIS JUS POTESTATIS SOLVITUR.

Videamus nunc, quibus modis ii, qui alieno juri sunt subjecti eo jure liberantur. Et quidem *servi quemadmodum a potestate liberantur*, ex iis intelligere possumus, quæ de servis manumittendis superius exposuimus. Hi vero qui in potestate parentis sunt, mortuo eo, sui juris fiunt. Sed hoc distinctionem recipit : nam mortuo patre, sane omnimodo, filii filiæve sui juris efficiuntur. Mortuo vero avo, non omnimodo nepotes neptesque sui juris fiunt; sed ita, si post mortem avi in

</td><td>

TIT. XII.

DE QUELLES MANIÈRES SE DISSOUT LE DROIT DE PUISSANCE.

Voyons maintenant de quelles manières les personnes soumises au pouvoir d'autrui en sont libérées. Déjà, par ce qui a été dit plus haut sur l'affranchissement, nous savons comment les esclaves sont délivrés de la puissance de leurs maîtres. Quant aux individus qui sont au pouvoir d'un ascendant, à la mort de ce dernier ils deviennent maîtres d'eux-mêmes. Cependant il faut distinguer. A la mort du père, il est bien vrai que ses fils et ses filles deviennent toujours maîtres d'eux-mêmes ; mais à la mort de

</td></tr>
</table>

---

(1) G. 1. § 116 et suiv. — § 141. — (2) Inst. 4. 8. 7.

potestatem patris sui *recasari non sunt*. Itaque, si moriente avo pater eorum vivit, et in potestate patris sui est, tunc post obitum avi in potestate patris sui fiunt. Si vero is, quo tempore avus moritur, aut jam mortuus est, *aut exiit de potestate patris*, tunc ii, qui in potestate ejus cadere non possunt, sui juris fiunt.

l'aïeul, il n'en est pas toujours ainsi des petits-fils et des petites-filles, qui ne deviennent maîtres d'eux-mêmes que dans le cas où ils ne doivent pas retomber de la puissance de l'aïeul sous celle du père. Si donc le père est vivant et soumis au pouvoir de l'aïeul lorsque ce dernier meurt, les petits enfants, après cette mort, retombent en la puissance de leur père. Mais si lors du décès de l'aïeul, le père est déjà mort ou sorti de la famille, ses enfants, ne pouvant pas tomber sous sa puissance, deviennent maîtres d'eux-mêmes.

Nous avons à examiner la dissolution des trois différents pouvoirs, *potestas*, *manus* et *mancipium*, en commençant par le premier qui est le seul dont s'occupent les Instituts.

Servi quemadmodum a potestate liberantur. Le seul moyen de libérer les esclaves de la puissance dominicale est l'affranchissement; car la mort du maître, son esclavage, et les autres évènements qui peuvent le frapper, ne libèrent point l'esclave, mais en transportent la propriété à un autre (1).

Quant aux fils de famille, ils sont libérés de la puissance paternelle, comme nous le disent les empereurs Dioclétien et Maximien, par certains évènements, ou par un acte solennel (*actu solenni, vel casu*) (2); à cela il faut ajouter, et par certaines dignités. — Les évènements qui rendaient

____

(1) Theoph. hic. — (2) C. 8. 49. 3.

les enfants *sui juris* étaient : la mort du chef de famille , la perte de la liberté, celle des droits de cité, soit que ces pertes frappassent le père, soit qu'elles frappassent l'enfant. Les Instituts examinent chacun de ces évènements en particulier.

Recasuri non sunt. Le texte développe fort clairement ici comment, à la mort du chef, les enfants qui lui étaient immédiatement soumis deviennent indépendants et chefs à leur tour ; comment les petits enfants retombent de la puissance de l'aïeul à celle du père, et comment la grande famille se décompose ainsi en plusieurs petites , entre lesquelles le lien d'agnation continue à subsister.

Aut exiit de potestate patris. Quelques éditions ajoutent *per emancipationem ;* mais, de quelque manière que le père soit sorti de la puissance paternelle, soit par émancipation, soit par adoption (1), il suffit qu'il ne soit plus dans la famille et qu'il y ait perdu ses droits, pour que ses enfants, à la mort de l'aïeul, ne retombent point en sa puissance.

1. Cum autem is, qui ob aliquod maleficium in insulam deportatur, civitatem amittit, sequitur ut qui eo modo ex numero civium Romanorum tollitur, perinde ac si eo mortuo, desinant liberi in potestate ejus esse. Pari ratione et si is, qui in potestate parentis sit, in insulam depor-

1. *Celui qui pour quelque crime est déporté dans une île, perd les droits de cité ; il est effacé du nombre des citoyens romains, et dès-lors ses enfants, comme s'il était mort, cessent d'être en sa puissance. De même l'enfant qui se trouve sous la puissance paternelle, cesse d'y être soumis lorsqu'il est*

(1) Excepté toutefois par le patriciat ou les autres dignités qui, en vertu d'une novelle, libéraient de la puissance paternelle sans faire perdre les droits de famille. *Voyez* le § 4 suivant.

tatus fuerit, desinit in potestate parentis esse. Sed si, ex indulgentia principis, *restitut fuerint per omnia*, pristinum statum recipiunt.

déporté. Mais s'ils obtiennent de la clémence du prince une restitution entière, ils reprennent leur ancien état.

Les droits de cité se perdaient par l'interdiction de l'eau et du feu, et plus tard par la déportation. Nous aurons occasion bientôt d'en parler avec détail (1). L'homme frappé de ces peines devenait étranger (*peregrinus*), et comme tel perdait tous les droits civils, c'est à dire tous les droits de citoyen; s'il était chef de famille, sa puissance devait donc s'évanouir: et s'il était *alieni juris*, il devait, par une raison semblable, sortir de sa famille et de la puissance paternelle. *Neque (enim) peregrinus civem romanum, neque civis peregrinum in potestate habere potest* (2).

Restituti fuerint per omnia. L'empereur, ayant le pouvoir de faire grâce, pouvait rappeler le condamné. Si ce rappel était fait purement et simplement, tous ses effets se bornaient à libérer le condamné de sa peine, à lui permettre de rentrer dans sa patrie et d'y reprendre le titre de citoyen; dans ce cas la puissance paternelle ne renaissait pas: mais si l'empereur avait accordé une restitution entière (*restituo te in integrum; restituo te per omnia*), alors le restitué rentrait dans ses dignités, dans son rang et dans tous les droits qu'il avait jadis (*ut autem scias quid sit in integrum restituere : honoribus, et ordini tuo et omnibus cæteris te restituo*); par conséquent la puissance paternelle renaissait (3). Du reste et dans tous ces cas, ce n'est que

______

(1) Inst. 1. 16. 2. — (2) Ulp. Reg. 10. § 3. — G. 1. § 128. —
(3) C. 9. 51. l. 1. 6 et 9.

pour l'avenir que le gracié reprenait ses droits, parce que le pouvoir impérial ne pouvait pas détruire dans le passé des effets qui avaient été définitivement produits.

2. Relegati autem patres in insulam, in potestate sua liberos retinent: et ex contrario, liberi relegati in potestate parentum remanent.

2. *Quant aux pères relégués dans une île, ils conservent leur puissance paternelle: et réciproquement, les enfants relégués restent sous cette puissance.*

La rélégation était une peine moins forte que la déportation. Elle était ordinairement temporaire, quelquefois perpétuelle ; mais, dans tous les cas, elle laissait au condamné ses droits de cité. *Sive ad tempus, sive in perpetuum quis fuerit relegatus, et civitatem Romanam retinet* (1). Son effet se bornait à ôter au condamné le droit de sortir du lieu désigné (*tantum enim insula eis egredi non licet*). Mais le relégué conservait la puissance paternelle comme tous ses autres droits civils (*quia et alia omnia jura sua retinet*) (2).

3. Pœnæ servus effectus, filios in potestate habere desinit. Servi autem pœnæ efficiuntur, qui in metallum damnantur, et qui bestiis subjiciuntur.

3. *Celui qui devient esclave de la peine, cesse d'avoir ses enfants en son pouvoir. Deviennent esclaves de la peine, les individus condamnés aux mines, ou exposés aux bêtes.*

L'individu fait esclave se trouve mis au rang de chose; il perd non-seulement les droits de citoyen, mais encore les droits des gens ; et, s'il est chef de famille, sa puissance

---

(1) D. 48. 22. 7. § 3. f. Ulp. — (2) Ib. 1. 4. f. Marc.

paternelle s'évanouit avec tous ses autres droits. Quant aux cas dans lesquels un homme libre devient esclave, nous les avons exposés (*p.* 289); mais de quelque manière que l'esclavage ait été produit, il faut appliquer ce que notre texte dit ici, quoiqu'il ne parle que de la condamnation aux mines ou aux bêtes, condamnations qui plus tard, en vertu d'une novelle de Justinien, cessèrent même de produire l'esclavage.

Nous venons d'examiner les évènements accidentels (*casus*) qui terminent la puissance paternelle : parmi eux il faudrait ranger, il est vrai, la captivité chez l'ennemi, puisqu'elle produit l'esclavage ; mais, pour suivre les Instituts, nous serons forcés d'en parler plus bas. D'ailleurs il y a dans ce cas quelques différences très-marquées. Avant d'aller plus avant, une observation générale nous reste à faire. Lorsque les enfants ne deviennent *sui juris* que parce que le chef de famille est mort, fait esclave, ou privé des droits de cité, mais que d'ailleurs ils sont restés jusqu'à ce moment sous la puissance paternelle, la libération de cette puissance ne les prive d'aucun de leurs droits de famille ; ils ne sortent pas de la famille, qui ne fait que se décomposer en plusieurs, le lien d'agnation continue à exister entre eux, les autres membres devenus *sui juris*, leurs enfants actuellement existants, et même ceux qui surviendront par la suite (*H. d. d.*, *p.* 46.).

4. Filiusfamilias si militaverit, vel si senator vel consul factus fuerit, manet in potestate patris ; militia enim, vel consularis dignitas, de potestate patris filium non liberat. Sed ex constitutione nostra summa patriciatus dignitas

4. *Le fils de famille qui est devenu soldat, sénateur ou consul, reste sous le pouvoir du père ; car ni l'état des armes, ni la dignité consulaire, ne délivrent de la puissance paternelle. Mais, d'après notre constitution, la haute dignité*

illico, imperialibus codicillis præstitis, filium a patria potestate liberat. Quis enim patiatur patrem quidem posse per emancipationis modum suæ potestatis nexibus filium relaxare, imperatoriam autem celsitudem non valere eum quem sibi patrem elegit ab aliena eximere potestate?

de patrice, immédiatement après la délivrance des patentes impériales, libère le fils de la puissance de son père. Serait-il supportable en effet que, par l'émancipation, un père pût dégager son fils des liens de sa puissance; tandis que la position sublime de l'empereur ne lui suffirait point pour arracher à un pouvoir étranger celui qu'il s'est choisi pour père?

Ni l'âge, ni les noces, ni les dignités, ne libéraient un fils de la puissance paternelle. Les consuls, les dictateurs commandaient à la République; mais, rentrés dans la maison paternelle, ils n'étaient que fils de famille, et obéissaient à leur père. Cependant les flamines de Jupiter, c'est-à-dire les pontifes consacrés spécialement au culte de ce dieu, et les vestales ou vierges consacrées à Vesta, sortaient de la puissance de leur père, parce qu'ils étaient censés entrer sous celle du dieu ou de la déesse (1); mais toutes ces institutions disparurent avec le paganisme. Justinien, dans le rescrit dont parlent ici les Instituts, et qui se trouve inséré au code (2), attacha à la dignité de patrice le privilége de rendre indépendant le fils qui en était revêtu. Nous avons expliqué quelle était cette dignité créée par Constantin (*H. d. d., pag.* 188). Plus tard (*an* 529 *de J.-C.*), Justinien établit par une novelle que la dignité d'évêque, de consul, et généralement toutes celles qui libèrent de la curie, c'est-à-dire,

---

(1) Ulp. Reg. T. 10. § 5. — G. 1. § 130. — Aul. Gell. 1, 12. noct. att. — (2) C. 12. 3. 5.

qui déchargent les curiaux de leurs obligations (*H. d. d.*, pag. 176.), libéreraient aussi de la puissance paternelle (1). Parmi ces dignités se rangent encore celles de préfet du prétoire, soit dans la capitale, soit dans les provinces, de questeur du sacré palais, de maître de la cavalerie ou de l'infanterie (2). — Par un privilége particulier, les enfants devenus *sui juris* par les dignités, bien qu'ils fussent sortis de la puissance paternelle avant la mort du chef, ne perdaient aucun de leurs droits; ils étaient toujours comptés dans la famille comme agnats; lorsque le chef mourait, ils lui succédaient comme héritiers siens, et leurs enfants, s'ils en avaient, retombaient sous leur puissance (3).

5. Si ab hostibus captus fuerit parens, quamvis servus hostium fiat, tamen pendet jus liberorum propter *jus postliminii* : quia hi, qui ab hostibus capti sunt, si reversi fuerint, omnia pristina jura recipiunt; idcirco reversus etiam liberos habebit in potestate quia postliminium fingit eum, qui captus est, semper in civitate fuisse. Si vero ibi decesserit, *exinde, ex quo captus est pater*, filius sui juris fuisse videtur. *Ipse quoque filius*, neposve, si ab hostibus captus fuerit, similiter dicimus propter jus postliminii, jus quoque potestatis pa-

5. *Si l'ascendant tombe au pouvoir des ennemis, il devient leur esclave, et néanmoins l'état des enfants reste en suspens, à cause du droit de* postliminium, *parce que les prisonniers faits par l'ennemi, s'ils reviennent, reprennent tous leurs anciens droits. Ainsi l'ascendant, s'il revient, aura ses enfants en sa puissance, l'effet du* postliminium *étant de faire supposer que le captif est toujours resté au nombre des citoyens; mais, s'il meurt dans les fers, le fils est réputé avoir été maître de lui-même, depuis l'instant où le père a été pris. Si c'est le fils ou le petit-fils*

---

(1) Nov. 81. — (2) C. 10. 31. 66. — (3) Nov. 81. c. 2.

rentis in suspenso esse. Dictum est autem postliminium, a limine et post. Unde eum, qui ab hostibus captus, in fines nostros postea pervenit, postliminio reversum recte dicimus. Nam limina, sicut in domo finem quemdam faciunt, sic et imperii finem limen esse veteres voluerunt. Hinc et limes dictus est, quasi finis quidam et terminus : ab eo postliminium dictum, quia eodem limine revertebatur, quo amissus erat. Sed et qui captus victis hostibus recuperatur, *postliminio rediisse* existimatur.

qui tombe au pouvoir des ennemis, il faut dire pareillement que, par le droit de postliminium, *la puissance paternelle reste encore en suspens. Quant à l'expression* postliminium *, elle vient de* limes *(seuil) et* post *(ensuite), d'où l'individu pris par l'ennemi, et retourné ensuite à nos frontières, est dit avec raison* reversum post-liminio *(retourné ensuite au seuil). En effet, comme le seuil d'une maison est une espèce de frontière, de même les anciens ont vu dans la frontière d'un empire une espèce de seuil ; de là on a dit* limes *(seuil), pour dire frontière, limite; et de là* postliminium, *parce que le captif revient au même seuil d'où il avait été perdu. Celui qui est repris sur les ennemis vaincus, est encore censé de retour* postliminio.

Jus postliminii. Le droit de *Postliminium* est fort important, et plus d'une fois encore nous aurons occasion d'en parler. Il était de deux sortes (*duæ species postliminii sunt, ut aut nos revertamur, aut aliquid recipiamus*) (1); l'une s'appliquait à certaines choses tombées au pouvoir de l'ennemi, qui, si elles étaient recouvrées, devaient revenir à leur maître : tels étaient les esclaves, les chevaux, les navires, jamais les armes, parce qu'on ne peut les perdre que honteusement *(quod turpiter amittantur)* (2);

____

(1) D. 49. 15. 14. f. Pomp. — (2) Ib. l. 2.

l'autre s'appliquait aux personnes libres : c'est de celle-là qu'il s'agit ici. Le citoyen pris par les ennemis devenait leur esclave; mais, dans sa patrie, on ne le considérait pas définitivement comme tel : son état se trouvait soumis à une véritable condition suspensive , la condition de son retour. En attendant, tous ses droits sur ses biens, sur ses enfants , sur ses esclaves, sur leurs pécules, etc., étaient suspendus. (*Omnia jura civitatis in personam ejus in suspenso retinentur, non abrumpuntur* (1). Si par un moyen

---

(1) D. 28. 5. 32. § 1. f. G. — Il est de quelque importance de connaître la position du citoyen pendant sa captivité. On peut , ce me semble, la résumer ainsi : 1° Tout ce qui consiste en droit, ou , pour mieux dire , dans la jouissance des droits (*quæ in jure consistunt*), est en suspens, et lui sera acquis s'il revient. Ainsi les droits de puissance dominicale et paternelle , les acquisitions faites par ses enfants ou ses esclaves sont en suspens (D. 49. 15. 22. § 2. 3. f. Jul. — 28. 16. 15. f. Papin.) ; il peut être institué héritier, mais l'institution est en suspens (D. 28. 5. 32. § 1. f. Gai.); les droits de tutelle qu'il peut avoir sont en suspens (*Inst.* 1. 20. 2.) ; sa succession est en suspens, et n'est point encore déférée , etc. 2° Tout ce qui consiste dans l'exercice des droits lui est retiré. Ainsi il ne pourrait contracter de justes noces, adopter , stipuler , etc. ; ainsi le testament qu'il aurait fait en captivité serait nul, même en cas de retour (*Inst.* 2. 12. 5.). 3° Tout ce qui consiste en fait est pareillement perdu pour lui (*facti autem causæ infectæ nulla constitutione fieri possunt*). Si donc il possédait une chose par lui-même, l'usucapion est interrompue (*D.* 49. 15. 12. § 2.) ; de même si la femme est restée dans sa patrie, comme il n'y a plus réunion de fait entre eux, le mariage est rompu (*Ib.* § 3. —*D.* 24. 2. 1. f. *Paul.*). Si au contraire sa femme se trouvait en captivité avec lui, et qu'ils eussent des enfants, la légitimité de ceux-ci serait en suspens (*D.* 49. 15. 25. f. *Marci.*). 4° Par exception, la validité du testament fait avant la captivité n'est point en suspens, en vertu de la loi Cornelia (*Inst.* 2. 12. 5.).

quelconque il était retiré des mains ennemies, la condition suspensive s'étant accomplie, il rentrait dans tous
ses droits, sauf quelques légères exceptions, non-seulement pour l'avenir, mais pour le passé, comme s'il
n'avait jamais été au pouvoir des ennemis (*cætera quæ
in jure sunt posteaquam postliminio redit, pro eo habentur
ac si nunquàm iste hostium potitus fuisset*) (1). Ce bénéfice attaché au retour du captif se nommait *jus postliminii.* Si au contraire il mourait dans sa captivité, la condition suspensive ne s'étant point accomplie, il devait,
d'après le droit strict, être considéré comme ayant été
esclave depuis l'instant qu'il avait été pris, et comme
ayant perdu tous ses droits en conséquence. Cependant
nous verrons plus loin qu'une loi *Cornelia testamentaria,*
rendue sous Sylla (*H. d. d., pag.* 108), voulut que,
par rapport à son testament, on agît comme s'il avait
perdu ses droits non par l'esclavage, mais par la mort,
ce qui était fort important (2); et cette disposition fut
par la suite étendue généralement. De sorte qu'Ulpien
exprime les résultats que nous venons d'exposer, en disant que, si le captif revient de chez l'ennemi, il est censé
n'être jamais sorti du nombre des citoyens (c'est le *jus
postliminii*); et que, s'il ne revient plus, il est considéré
comme mort du moment où il a été pris. (C'est ce que
les commentateurs ont nommé *fiction de la loi Cornelia*):
*Retro creditur in civitate fuisse, qui ab hostibus advenit
—In omnibus partibus juris is qui reversus non est ab
hostibus, quasi tunc decesisse videtur cum captus est* (3).

___

(1) D. 49. 15. 12. § 6. f. Tryph. — (2) Paul. Sent. 3. 4. § 8. —
Inst. 2. 12. 5. — (5) D. 49. 15. 16. f. Ulp. —Ib. f. 18.

Ces résultats généraux sont appliqués par les Instituts à la puissance paternelle. Tant que le père est captif, l'état des enfants est en suspens, parce que le postliminium peut avoir lieu ; il leur est cependant permis dans l'intervalle de se marier, quoiqu'ils ne puissent obtenir le consentement de leur chef (1). Si le père retourne, il reprend sa puissance comme s'il ne l'avait jamais perdue ; s'il meurt dans les fers, les enfants sont réputés libres depuis le jour de sa captivité ; et, pour cet effet, ce qu'on nomme la *fiction de la loi Cornelia* est indifférente, parce que, soit que le père ait perdu ses droits par l'esclavage, soit qu'il les ait perdus par la mort, sa puissance est également dissoute.

Exinde ex quo captus est pater. Gaius nous dit qu'on pouvait douter, de son temps, si les enfants devenaient libres à dater de la mort réelle du père, ou à dater du jour de sa captivité (2). Le doute venait probablement de ce que les enfants, puisque dans l'intervalle leur état avait été en suspens, n'avaient réellement pas agi comme des individus *sui juris;* et la question n'était pas sans importance, parce que, si on les considérait comme *sui juris* depuis la captivité, tout ce qu'ils avaient acquis, à partir de cette époque, était pour eux ; tandis qu'il n'en était pas de même, si on ne les considérait comme *sui juris* que depuis la mort (3). Environ trente ans après Gaius, deux jurisconsultes résolvent la question en faveur des enfants : l'un est *Tryphoninus* (H. d. d., p. 159), dont l'avis se trouve au Digeste (4) ; l'autre Ulpien, qui dit que

---

(1) V. ci-dess. p. 368.—D. 49. 15. 12. § 2. — (2) G. 1. § 129.—
(3) Theop. h. p. — (4) D. 49. 15. 12. § 1.

sur tous les points de droit (*in omnibus partibus juris*), le captif est censé mort du jour de sa captivité. Cette opinion, qui du reste ne paraît guère avoir été controversée, est celle que consacrent les Instituts.

Ipse quoque filius. Quand le fils revient de chez l'ennemi, le *postliminium* produit un double effet. Car il y a à la fois, pour le père, recouvrement d'une propriété qu'il avait perdue; pour le fils, réintégration dans tous ses droits. *Duplicem in eo causam esse oportet postliminii : et quod pater eum reciperet, et ipse jus suum* (1).

Postliminio rediisse. De quelque manière que le captif soit retourné, par ruse, par force, par rachat, peu importe. *Nihil interest quomodo captivus reversus est* (2). Dès l'instant qu'il est parvenu sur le territoire de l'empire, ou sur celui d'un peuple allié ou ami, il y a *postliminium* (3).

6. Præterea emancipatione quoque desinunt liberi in potestate parentum esse. Sed emancipatio antea quidem vel per antiquam legis observationem procedebat, quæ per *imaginarias venditiones*, et intercedentes manumissiones celebrabatur, vel *ex imperiali rescripto*. Nostra autem providentia etiam hoc in melius per constitutionem reformavit : ut, fictione pristina explosa,

6. *De plus, les enfants sont encore libérés de la puissance paternelle par l'émancipation. Cet acte, avant nous, se faisait ou d'après les anciennes formalités de la loi, à l'aide de ventes fictives et d'affranchissements intermédiaires, ou par rescrit du prince. Mais, dans notre sagesse, nous avons encore, par une constitution, amélioré ce point en le réformant; de sorte que, rejetant l'ancienne fiction, les ascen-*

____

(1) D. 49. 15. 14. f. Pomp. — (2) D. Ib. f. 26. — (3) D. Ib. f. 19. § 3.

recta via ad competentes judices vel magistratus, parentes intrent; et filios suos, vel filias, vel nepotes, vel neptes, ac deinceps, sua manu dimittant. Et tunc ex edicto prætoris in hujus filii, vel filiæ, vel nepotis, vel neptis bonis qui quæve à parente manumissus, vel manumissa fuerit, eadem jura præstantur parenti, *quæ tribuuntur patrono* in bonis liberti. Et præterea si impubes sit filius, vel filia, vel cæteri, ipse parens ex manumissione tutelam ejus nanciscitur.

dants n'auront qu'à se présenter directement devant les juges ou magistrats compétents, et là ils pourront affranchir de leur puissance leurs fils, filles, petit-fils, petites-filles ou autres. Alors, conformément à l'édit du préteur, on donne à l'ascendant sur les biens de l'enfant qu'il a ainsi émancipé, les mêmes droits qu'au patron sur les biens de l'affranchi; et de plus, si cet enfant est impubère, l'ascendant se trouve par l'émancipation investi de sa tutelle.

Imaginarias venditiones. Lorsqu'un chef de famille usait du droit qu'il avait de vendre ses enfants (*venum dare, mancipare*), transportant par la vente sa propriété à l'acquéreur, il ne devait plus régulièrement avoir de puissance sur l'enfant vendu. Cependant la loi des douze Tables portait : *si pater filium ter venum duit filius a patre liber esto* (H. d. d., p. 44). Ce qui s'expliquait, en ce sens, que si l'individu devenu propriétaire du fils par la mancipation l'affranchissait, cet enfant ne devenait point *sui juris*, mais il retombait au pouvoir de son père, qui pouvait le vendre une seconde fois. Si le second acquéreur l'affranchissait encore, il retombait de nouveau au pouvoir de son père, qui pouvait le vendre une troisième fois; et ce n'est qu'après cette troisième vente que la puissance paternelle était entièrement épuisée. Comme le texte de la loi, dans cette disposition toute spéciale, ne parlait que du fils (*filium*), les jurisconsultes n'étendirent cette expression ni aux filles ni aux petits enfants;

et, quant à eux, le chef de famille perdait toute sa puissance après une seule vente (1). Dans quelle position se trouvait l'enfant vendu, même après que la puissance paternelle était totalement épuisée? Nous savons qu'il était au pouvoir de celui qui l'avait acheté par mancipation (*in mancipio*), assimilé en quelque sorte à un esclave ; mais il pouvait arriver que son maître l'affranchît, et alors il se trouvait *sui juris*, libre de la puissance paternelle épuisée par les ventes, et libre du *mancipium* éteint par l'affranchissement. Seulement l'affranchissant avait sur lui des droits de patronage et de succession, ainsi que nous allons bientôt le dire en parlant de ces affranchissements. Voilà comment, d'après les principes rigoureux des douze Tables, les enfants, après une ou plusieurs mancipations, suivies d'un ou de plusieurs affranchissements, pouvaient se trouver *sui juris*. Il est probable que, dans le principe, ces *mancipations* furent réelles ; mais bientôt elles devinrent fictives. Un père, qui voulait rendre son fils *sui juris*, convint avec un ami de le lui manciper, celui-ci promettant de l'affranchir, et ces mancipations finirent par n'être employées le plus souvent que fictivement, pour éteindre la puissance paternelle (2). On nomma *émancipation* cet acte composé de *mancipations* simulées et d'affranchissements intermédiaires. Du reste, les différentes mancipations pouvaient se faire soit à la même personne, soit à des personnes différentes, le même jour ou après des intervalles quelconques ; mais, quand elles étaient fictives, on avait coutume de les faire

---

(1) G. 1. § 132. — Ulp. Reg. T. 10. § 1. — (2) G. 1. § 118.

de suite et à la même personne (1). Un seul inconvénient se présentait, c'est celui qui résultait de ce que l'acquéreur fictif gardait sur le fils, en qualité de manumisseur (*manumissor extraneus*), des droits de patronage, de tutelle, de succession. Pour y remédier, le père faisait ordinairement la mancipation avec la clause de fiducie (*contracta fiducia*). C'est une clause qu'on employait quelquefois, par laquelle, en mancipant une chose, on obligeait l'acquéreur à vous la rendre dans un cas déterminé. Ici le père obligeait celui à qui il transférait la propriété de son fils à la lui rendre (*ea lege mancipio dedit ut sibi remancipetur*) (2), et alors il avait son fils non pas *in patria potestate*, puisque cette puissance était épuisée par les ventes, mais *in mancipio;* dans cette position il pouvait l'affranchir lui-même et acquérir les droits de tutelle et de succession.

Ex imperiali rescripto. C'est un mode d'émancipation introduit par Anastase, que les commentateurs ont nommé pour cela *émancipation Anastasienne.* Il consistait à obtenir de l'empereur un rescrit autorisant l'émancipation, et à faire insinuer ce rescrit par un magistrat, aux mains duquel il était déposé (3).

Quæ tribuuntur patrono. Justinien, en remplaçant l'ancien mode d'émancipation et celui qu'avait introduit Anastase, par un mode beaucoup plus simple, voulut cependant conserver à cet acte tous les effets qu'il avait jadis, même quand la mancipation était faite *contracta*

***

(1) Paul. Sent. 2. 25. 2. — G. 1. § 152. — (2) G. 1. § 140. —
(3) C. 8. 49. 5.

fiducia (1) : voilà pourquoi il accorde à l'ascendant qui émancipe tous les droits du patron.

7. Admonendi autem sumus, *liberum arbitrium esse* ei qui filium, et ex eo nepotem vel neptem, in potestate habebit, filium quidem potestate dimittere, nepotem vero vel neptem retinere ; et e converso filium quidem in potestate retinere, nepotem vero vel neptem manumittere, vel omnes sui juris efficere. Eadem et de pronepote et pronepte dicta esse intelligantur.

7. *Il est bon d'avertir que celui qui a sous sa puissance un fils, et de ce fils un petit-enfant, est libre d'émanciper le fils, en retenant le petit-fils ou petite-fille ; et réciproquement de retenir le fils en émancipant le petit-fils ou petite-fille ; ou bien de les rendre tous maîtres d'eux-mêmes. Et ceci, nous sommes censés le dire aussi pour les arrière-petits-enfants.*

Liberum arbitrium esse. Ce principe a déjà été énoncé pag. 367. — L'émancipation pouvait être faite sur un enfant de tout âge, même impubère, parce qu'elle avait pour but de le libérer du pouvoir paternel, mais non pas de lui donner la faculté de se gouverner seul. — Elle ne pouvait jamais avoir lieu malgré l'enfant. Paul dit expressément : *filiusfamilias emancipari invitus non cogitur* (2). Cette règle est encore énoncée dans une novelle, comme reconnue incontestablement (3). Cependant on appliquait ici ce que nous avons dit pour l'adoption (p. 411.), il suffisait que l'enfant ne contestât point.

Les effets de l'émancipation étaient de rendre l'enfant *sui juris;* sous ce rapport elle lui était avantageuse, mais sous d'autres elle pouvait lui être nuisible; car l'enfant

---

(1) Inst. 3. 2. 8. — (2) Paul. Sent. 2. 25. § 5. — (3) Nov. 89. c. 11. p.

sortait de sa famille, tous ses liens d'agnation étaient rompus ; ses enfants, s'il en avait, n'étaient pas en sa puissance, et ne pouvaient plus s'y trouver, à moins que le chef consentît à les lui donner en adoption ; selon la stricte rigueur des lois, il perdait ses droits de succession sur son père et sur les autres membres de la famille : nous verrons plus loin comment ces divers résultats furent adoucis par les préteurs, par les constitutions impériales et par Justinien.

L'émancipation n'était point irrévocable. Elle pouvait être résiliée, lorsque l'enfant émancipé se rendait coupable envers son père de mauvais traitements ou d'injures. Par cette résiliation , il se trouvait rappelé sous la puissance paternelle (1).

8. Sed et si pater filium, quem in potestate habet , avo vel proavo naturali, secundum nostras constitutiones super his habitas, in adoptionem dederit : id est, si hoc ipsum actis intervenientibus apud competentem judicem manifestaverit, præsente eo qui adoptatur, et non contradicente, nec non eo præsente qui adoptat, solvitur quidem jus potestatis patris naturalis ; transit autem in hujusmodi parentem adoptivum, in cujus persona et adoptionem esse plenissimam antea diximus.

8. *Si le père donne son fils à un aieul ou à un bisaieul naturel , conformément à nos constitutions sur cette matière , c'est-à-dire en le déclarant dans un acte devant le magistrat compétent , en présence et sans opposition de l'adopté , comme aussi en présence de l'adoptant , la puissance paternelle s'éteint en la personne du père naturel, et passe à un tel père adoptif pour qui l'adoption, comme nous l'avons dit plus haut , est pleine et entière.*

______

(1) C. 8. 5o.

Tout ceci nous est déjà connu par ce que nous avons dit sur l'adoption (p. 412.). Dans ce cas, la puissance paternelle s'éteint; mais le fils ne devient pas *sui juris*, il ne fait que changer de chef; et en cela ce mode de dissolution du pouvoir paternel diffère de ceux que nous avons examinés jusqu'ici. — On peut assimiler à ce cas celui où un chef de famille se donne en adrogation : sa puissance paternelle se dissout, mais ses enfants le suivent sous le pouvoir d'un nouveau père de famille (p. 406 et 423.).

9. Illud autem scire oportet, quod si nurus tua ex filio tuo conceperit, et filium postea emancipaveris, vel in adoptionem dederis, prægnante nuru tua : nihilominus quod ex ea nascitur in potestate tua nascitur. Quod si post emancipationem vel adoptionem conceptus fuerit, patris sui emancipati vel avi adoptivi potestati subjicitur.

9. *Il faut savoir que, si ta bru étant enceinte de ton fils, tu as émancipé ce dernier ou tu l'as donné en adoption, l'enfant qu'elle met au monde naît toujours sous ta puissance ; mais s'il a été conçu après l'émancipation ou après l'adoption, il est au pouvoir de son père émancipé ou de son aïeul adoptif.*

Lorsqu'un fils marié en justes noces était émancipé ou donné en adoption, sa femme le suivait toujours, soit qu'elle fût *in manu*, soit qu'elle n'y fût point, et cela, parce que le mariage est une union indivisible (p. 358.). Quant aux enfants, ceux qui étaient déjà nés ou conçus restaient au pouvoir du chef. Nous ajoutons même les enfants conçus, parce que nous savons qu'en mariage légitime les enfants suivent la condition du père, prise au moment de la conception (p. 295.). — Jadis, quand les enfants étaient émancipés par des *mancipations*, comme il pouvait y avoir des intervalles de temps entre ces mancipations, et qu'un enfant pouvait avoir été conçu pendant ces intervalles, on distinguait: s'ils étaient conçus avant la dernière mancipation, et, par conséquent, sans que la puissance du chef fût éteinte, ils naissaient sous cette puissance ; s'ils étaient conçus après, ils n'y étaient point soumis (1).

10. Et quidem neque naturales liberi, neque adoptivi, *ullo pene modo* possunt cogere parentes de potestate sua eos dimittere.	10. *Du reste, les enfants, soit naturels, soit adoptifs, n'ont presque aucun moyen de contraindre leurs ascendants à les émanciper.*

Ullo pene modo. Les cas où un père pouvait être forcé d'émanciper ses enfants étaient ceux-ci : s'il avait prostitué ses filles (*qui suis filiabus peccandi necessitatem imponunt*) (2) ; exposé ses enfants (3) ; contracté un mariage incestueux (4) ; enfin on peut y joindre le cas où l'individu adopté pendant qu'il était impubère , une fois parvenu à la puberté, fait dissoudre par l'émancipation l'adoption qu'il prouvait lui être désavantageuse (p. 417.).

Comment se dissolvaient le pouvoir marital Manus *et le* Mancipium.

Il paraît que le pouvoir marital (*manus*) pouvait être dissous même durant le mariage : quel était le mode de dissolution? Le manuscrit de Gaïus était trop altéré à ce

---

(1) G. 1. § 135. — (2) C. 11. 40. 6. — 1. 4. 12. — (3) C. 8. 52. 2. — Nov. 132. c. 1. — (4) Nov. 12. c. 2.

passage, pour qu'on ait pu le lire en entier. Ce mode était peut-être l'émancipation, parce que la femme *in manu* était assimilée en quelque sorte à une fille (1). Ce pouvoir était encore détruit, même contre le gré du mari, quand la femme lui envoyait le *repudium* et divorçait.

Les individus soumis au *mancipium*, étant considérés comme esclaves, devenaient *sui juris*, lorsqu'ils étaient affranchis par la vindicte, par le cens, ou par testament; mais les restrictions portées par les lois *Ælia Sentia*, et *Furia Caninia* ne s'appliquaient pas à ces affranchissements. Bien plus, à l'époque où le *mancipium* était devenu le plus souvent fictif, ayant pour but de rendre un fils indépendant, la volonté du maître ne pouvait pas empêcher que l'enfant qu'on lui avait livré *in mancipio* fût inscrit, lors du recensement, comme libre et *sui juris*; à moins que la mancipation n'eût été faite sérieusement pour cause noxale (2). —L'individu libéré par manumission du *mancipium* n'était point affranchi, mais ingénu, puisqu'il était né libre et n'avait jamais été esclave; cependant, de même qu'il était assimilé à un esclave (*servorum loco habetur*), de même l'affranchissant (*manumissor extraneus*) était assimilé, sous plusieurs rapports, à un patron (*per similitudinem patroni*), et comme tel, il avait des droits de succession, ce qui fut, comme nous le verrons plus loin, corrigé par le préteur (3) ; et des droits de tutelle: dans ce cas, Ulpien le nomme *tutor fiduciarius* (4). Quant à la ques-

---

(1) G. 1. § 156. — (2) G. 1. § 138 et suiv. — (3) Inst. 3. 9. 3. — (4) Ulp. Reg. T. 21. § 5.

tion de savoir si les enfants de l'individu soumis au mancipium le suivaient après son affranchissement, ou restaient au pouvoir du maître, Labéon la décidait pour le maître; mais Gaïus pense que ces enfants doivent être *sui juris* si leur père meurt *in mancipio,* et soumis au pouvoir paternel si le père est affranchi (1). Cette différence d'opinion pouvait venir de ce que le *mancipium* était souvent réel sous Labéon, et presque toujours fictif sous Gaïus.

ACTIONS RELATIVES AUX DROITS DE FAMILLE. Parmi ces actions, nous ne ferons ici qu'indiquer les plus importantes.

Relativement à la paternité ou à la puissance paternelle : 1° L'action *de partu agnoscendo* était donnée, soit pendant le mariage, soit après le divorce, à la femme contre le mari, afin que celui-ci eût à reconnaître et à élever, comme son fils légitime, l'enfant dont elle venait d'accoucher. Pour assurer davantage ses droits, la femme, lorsqu'elle s'appercevait qu'elle était enceinte, pouvait, dans les trente jours qui suivaient le divorce, dénoncer sa grossesse au mari; celui-ci avait le droit d'envoyer vérifier cette grossesse, et de placer des gardiens pour empêcher une supposition de part (*custodes mittere*); il pouvait aussi contester que l'enfant fût conçu de lui. — 2° Des actions étaient également données au père contre un enfant, soit pour faire reconnaître qu'il en était le père, soit pour faire reconnaître qu'il ne l'était pas; et au fils contre un père, soit pour faire reconnaître qu'il était son fils, soit pour faire reconnaître qu'il ne l'était pas (2). Aucune

---

(1) G. 1. § 155. — (2) D. 25. T. 3. et suiv.

de ces actions n'était reçue quand il s'agissait d'enfants *vulgò concepti* (1). — D'autres actions pouvaient
avoir lieu relativement non pas à la paternité, mais à la
puissance paternelle : le père agissant pour faire reconnaître que son fils était sous sa puissance, ou qu'il n'y était
pas ; ou bien le fils agissant pour faire reconnaître qu'il
était *sui juris*, ou qu'il ne l'était pas. — Toutes ces actions
étaient dans la classe de celles qu'on nommait *préjudicielles*; nous les développerons plus loin (2). — Sous un
autre rapport, lorsqu'un père voulait réclamer son fils des
mains d'un étranger, il le faisait anciennement par une
vendication, comme une chose lui appartenant; mais le
préteur lui donna un autre mode spécial d'agir (3).

Relativement au *mancipium*, il devait y avoir des
actions analogues à celles qui existaient à l'égard des
esclaves ou des affranchis; mais nous ne trouvons rien de
spécial à ce sujet dans les fragments des anciens auteurs,
et, sous Justinien, toute cette partie était entièrement
disparue.

Nous ne parlerons point des actions relatives aux biens,
comme celle qui, après la dissolution du mariage, était
donnée à la femme, ou à ses héritiers, pour obtenir la
restitution de la dot (*rei uxoriæ actio*), c'est en traitant spécialement des actions que nous la développerons.
Nous ne dirons rien non plus des accusations criminelles
contre les coupables de *stuprum*, d'adultère ou d'inceste;
cette matière est rejetée au dernier titre des Instituts.

____

(1) D. 25. 3. 5. § 4. f. Ulp. — (2) Inst. 4. 6. 13. — (3) D. 6. 1.
§ 1. — 43. T. 30.

RÉSUMÉ.

Il s'agit ici des personnes considérées par rapport à leur position dans la famille.

Les individus qui composent les familles sont ou *sui juris*, maîtres d'eux-mêmes, ou *alieni juris*, soumis au pouvoir d'autrui. — Par famille (*familia*) on entend : dans un sens spécial, une seule maison, savoir, le chef et toutes les personnes qui lui sont soumises; dans un sens général, les diverses maisons qui, ayant une même origine et descendant d'un chef commun, forment par leur réunion une grande famille, bien que chacune d'elles soit commandée par un chef différent. — Les individus *sui juris* prennent le nom de *paterfamilias* pour les hommes, (*qui in domo dominium habet*), et celui de *materfamilias* pour les femmes. — Les individus *alieni juris* étaient jadis ou *in potestate*, ou *in manu*, ou bien enfin *in mancipio*; mais, sous Justinien, les pouvoirs nommés *manus* et *mancipium* n'existent plus.

Le mot *potestas* désigne le pouvoir du chef sur ses esclaves ou sur ses enfants.

Le pouvoir sur les esclaves s'étend à la personne et aux biens. — Quant à la personne, l'esclave est comme une chose par rapport à son maître : il peut être vendu, donné, légué; mais le droit de vie et de mort n'existe plus sur lui. D'après un rescrit d'Antonin le Pieux, le maître qui tue son esclave est puni comme homicide; celui qui traite cruellement ses esclaves est forcé de les vendre à de bonnes conditions. — Quant aux biens, tout ce que l'esclave a, ou acquiert, est à son maître; celui-ci quelquefois laisse à l'esclave la jouissance d'un pécule.

Le pouvoir sur les enfants est adouci de beaucoup. — Quant à la personne, le père n'a plus ni le droit de vie et de mort, ni le droit d'exposition ; il ne peut vendre ses enfants qu'au sortir du sein de leur mère, lorsqu'il y est forcé par une extrême misère. Sa puissance paternelle est réduite à un simple droit de correction domestique. — Quant aux biens, la législation a successivement admis plusieurs pécules, sur lesquels le fils a des droits de propriété plus ou moins étendus.

La puissance paternelle s'acquiert ou par justes noces, ou par des actes qui légitiment les enfants naturels, ou par adoption.

Les noces, en général (*nuptiæ, matrimonium*), sont l'union de l'homme et de la femme, entraînant l'obligation de vivre dans un commerce indivisible (*viri et mulieris conjunctio, individuam vitæ consuetudinem continens*). Les justes noces (*justæ nuptiæ, justum matrimonium*) sont les noces de ceux qui s'unissent selon le prescrit des lois (*qui secundum præcepta legum coeunt*). Les justes noces produisent la puissance paternelle sur les fils et les filles qui en sont issus, et sur les descendants par les mâles. — Pour qu'il y ait justes noces, il faut qu'il y ait : puberté, consentement et *connubium*. La puberté est fixée à douze ans pour les femmes, à quatorze ans pour les hommes. Le consentement est nécessaire de la part des conjoints, de leur chef de famille, et, s'il s'agit d'un petit-fils, de la part non seulement de l'aïeul, mais encore du père. Le *connubium* est la capacité relative que les deux futurs époux doivent avoir pour s'unir entre eux. — Les obstacles au *connubium*, et par suite aux justes noces, proviennent de la qualité d'étranger chez l'un des époux, de la parenté, de l'alliance, et de quelques autres causes particulières. La parenté porte le nom général de *cognation*. Elle vient quelquefois de la nature, quelquefois du droit civil, quelquefois de l'un et de l'autre. La cognation naturelle retient le nom de cognation proprement dite : c'est le lien qui existe entre personnes unies par le sang et descendant ou l'une de l'autre, ou d'une souche commune. La cognation civile porte bien le nom générique de cognation, mais elle se nomme spécialement *agnation* : c'est le lien qui existe entre les personnes membres de la même famille civile. L'alliance est le lien que le mariage établit entre les deux cognations des époux. — La célébration des justes noces n'est soumise, en règle générale, à aucune formalité légale ; il suffit qu'il y ait consentement des parties et tradition de la femme. Quelquefois cependant on dresse un acte, soit pour constater les noces (*nuptiales tabulæ, nuptialia instrumenta*), soit pour les conventions relatives aux biens (*instrumentum dotale*). Des fiançailles peuvent précéder les justes noces : on nomme ainsi la promesse réciproque des noces futures (*sponsio et repromissio nuptiarum futurarum*). Elles ne donnent aucune action pour contraindre au mariage. — Les justes noces se dissolvent par la mort de l'un des époux, par la perte de la liberté ou des droits de cité, par la captivité et par le divorce. La femme ne peut se remarier qu'après l'année de deuil. — Les noces contractées contrairement aux lois sont nulles et de nul effet ; les enfants sont considérés comme étant sans père connu (*spurii*) ; la dot est confisquée, et les coupables punis suivant les lois, s'il y a inceste ou bigamie. — Le concubinage est le commerce licite d'un homme et d'une femme sans qu'il y ait mariage entre eux (*licita consuetudo causa non matrimonii*). Les enfants qui en sont issus ont un père connu, mais ils ne sont point sous la puissance paternelle, ils se nomment enfants naturels (*naturales liberi*). — Tout commerce illicite se nomme en général *stuprum* ; les enfants qui en sont issus sont *spurii*, sans père connu. — L'union des esclaves (*contubernium*) est abandonnée au droit naturel.

Les actes par lesquels les enfants naturels peuvent être légitimés, et par conséquent amenés sous la puissance paternelle, sont : 1.º le mariage subséquent des père et mère ; 2.º l'oblation à la curie : mais, dans ce cas, l'enfant n'entre pas dans la famille, et n'acquiert des droits qu'à l'égard du père. Justinien permit, dans ses Novelles, de légitimer par deux autres modes : 3.º par rescrit du prince ; 4.º par testament. — L'effet produit par ces divers actes a été nommé légitimation. Il est indispensable que les enfants qu'on veut légitimer y consentent, ou du moins ne s'y opposent pas.

Il y a deux sortes d'adoption : l'adrogation, et l'adoption proprement dite. Elles diffèrent dans les personnes auxquelles elles s'appliquent, dans leurs formes et dans leurs effets. — Dans l'adrogation, on adopte un chef de famille *sui juris ;* dans l'adoption, un fils de famille *alieni juris.* Jadis il y avait aussi cette différence que les impubères et les femmes ne pouvaient être adrogés, tandis qu'ils pouvaient être adoptés; mais, depuis Antonin, l'adrogation des impubères est permise avec certaines conditions, et, sous Justinien, celle des femmes l'est aussi. — L'adrogation se fait par rescrit du prince (*principali rescripto*), l'adoption par autorité du magistrat (*imperio magistratus*). — L'adrogation et l'adoption avaient autrefois toutes deux pour but de donner sur l'adopté la puissance paternelle; mais sous Justinien, leurs effets sont ordinairement différents : l'adrogation produit toujours la puissance paternelle; l'adrogé passe sous l'adrogeant avec tous ses biens et ses enfants, s'il en a. Quant à l'adoption, il faut distinguer : si l'adoptant est un ascendant (*non extraneus*), la puissance paternelle est produite; si c'est un étranger, l'adopté acquiert seulement des droits de succession *ab intestat.* Du reste on peut adopter quelqu'un pour fils ou pour petit-fils : dans ce dernier cas, on peut désigner l'un de ses enfants comme père du petit-fils adoptif (*quasi ex filio*), ou n'en désigner aucun (*quasi incerto natus*); l'adoption produit alors des effets différents quant aux dégrés de parenté, et par suite quant aux prohibitions de mariage et à tous les droits de famille. — Les qualités et conditions nécessaires pour l'adoption, aussi bien que pour l'adrogation, sont celles-ci : l'adoptant doit avoir la puberté pleine de plus que l'adopté : cette règle observée, il peut adopter, quelque soit son âge; néanmoins l'adrogation n'est pas facilement permise à celui qui a moins de soixante ans, ou qui a déjà des enfants; les castrats peuvent adopter, les impuissants ne le peuvent pas; les femmes non plus, si ce n'est avec l'autorisation impériale, en consolation des enfants qu'elles ont perdus. L'adopté peut l'être à tout âge; les affranchis ne peuvent être adoptés que par leurs patrons; les esclaves ne peuvent pas l'être. Il faut en outre le consentement des parties; toutefois, quant à celui qui est donné en adoption, il suffit qu'il ne s'y oppose pas (*non contradicente*); dans l'adoption d'un individu comme petit-fils issu d'un tel fils (*quasi ex filio*), il faut le consentement de l'aïeul et du père adoptants. — L'adoption peut être dissoute soit en émancipant l'adopté, soit en le donnant en adoption à un autre. Tout lien dans la famille adoptive est alors rompu, et l'adoption ne peut plus être renouvelée.

Le mot *manus* désignait le pouvoir que le mari avait sur sa femme dans certains cas déterminés. Ce pouvoir n'existe plus sous Justinien.

Par *mancipium* on entendait le pouvoir sur l'individu libre, acquis par mancipation. Il est entièrement hors d'usage comme le précédent.

Le droit de puissance (*potestas*) se dissout : quant à l'esclave, par l'affranchissement; quant au fils de famille, par certains évènements, par un acte solennel; ou par certaines dignités. — Ces évènements sont : la mort du chef, la perte de la liberté ou seulement des droits de cité, survenue au père ou à l'enfant; lorsque le père ou le fils est tombé au pouvoir de l'ennemi, la puissance paternelle n'est pas détruite, mais seulement suspendue, à cause du droit de *postliminium*. — Les actes solennels sont l'émancipation, et l'adoption dans certains cas; l'une et l'autre font perdre au fils ses droits de famille, et ne peuvent avoir lieu contre son gré. — Aucune dignité, autre que celle de flamine ou de vestale, ne pouvait libérer jadis de la puissance paternelle. Justinien, dans ses Instituts, attache cet effet à la dignité de patrice; et, dans une novelle, à toutes les dignités qui libèrent de la curie. L'enfant, ainsi rendu libre, ne perd pas ses droits de famille.

Le pouvoir du mari (*manus*) et celui du maître sur l'homme libre, livré en mancipation (*mancipium*), pouvaient aussi se dissoudre par certains modes qu'il n'est plus nécessaire d'examiner sous Justinien.

Il existe des actions relatives aux droits de famille , données soit à la femme ; soit au mari , soit à l'enfant, dans le but soit de faire reconnaître , soit de nier la paternité , la légitimité ou la puissance paternelle. Ces actions sont dans la classe de celles qu'on nomme *préjudicielles ;* il en existait aussi relatives aux droits provenants de la *manus* ou du *mancipium*.

<table>
<tr><td>

TIT. XIII.

DE TUTELIS.

Transeamus nunc ad aliam divisionem personarum. Nam ex his personis , quæ in potestate non sunt, quædam vel in tutela sunt vel in curatione , quædam neutro jure tenentur. Videamus ergo de his quæ in tutela vel in curatione sunt. Ita enim intelligemus ceteras personas , quæ neutro jure tenentur. Ac prius dispiciamus de his quæ in tutela sunt.

</td><td>

TIT. XIII.

DES TUTELLES.

Passons maintenant à une autre division des personnes. En effet, parmi celles qui ne sont pas au pouvoir d'autrui , quelques-unes sont en tutelle ou en curatelle, d'autres ne sont soumises à aucun de ces droits. Occupons-nous des personnes qui sont en tutelle ou en curatelle : car nous apprendrons par là quelles sont celles qui n'y sont point ; et d'abord traitons de celles qui sont en tutelle.

</td></tr>
</table>

Après avoir examiné les individus par rapport à leur position privée dans l'état et dans les familles , nous allons les étudier par rapport à la capacité ou à l'incapacité dans laquelle ils peuvent être de se gouverner et de se défendre. En effet, des causes générales, telles que la faiblesse de l'âge ou du sexe , ou des causes particulières, telles que la démence, une longue maladie, peuvent mettre les personnes dans un tel état qu'elles aient besoin d'un protecteur. C'est alors aux lois à leur en donner. Voyons comment celles des Romains y avaient pourvu. Les individus *alieni juris* étaient la propriété du chef auquel ils étaient soumis ; c'était à ce chef propriétaire à les diriger, à les défendre : ainsi, quelque incapables qu'ils fussent, ces individus trouvaient la protection qui leur était nécessaire, dans le pouvoir auquel ils obéissaient ; la loi n'avait pas à s'occuper d'une manière spéciale de leur défense, et tout ce que nous allons dire leur est absolument étranger. Mais les individus *sui juris*, étant à la tête d'une famille, maîtres de leurs personnes, de leurs biens, avaient indispensablement besoin que la loi pourvût à leurs intérêts, lorsqu'ils étaient incapables d'y pourvoir eux-mêmes. C'est ce qu'on fit en les plaçant, selon les cas, en tutelle ou en curatelle. Ces institutions étaient inspirées par la nature même des choses, et communes généralement à tous les peuples (1) ; la loi romaine s'en empara ; les revêtit de son caractère particulier, et elles se rangèrent dans le droit propre aux seuls citoyens.

Les causes générales qui, aux yeux de la loi romaine, rendaient les individus incapables d'exercer leurs droits, étaient la faiblesse de l'âge chez les impubères, et celle du sexe chez les femmes ; les causes particulières qui pouvaient frapper d'incapacité tel individu, sans frapper tel autre, étaient, par exemple, la fureur, la démence, la prodigalité, etc. Dans le premier cas, il y avait lieu à la tu-

---

(1) G. 1. § 189.

telle, dans le second à la curatelle : nous nous occuperons, avec les Instituts, d'abord de la tutelle. — On donnait donc des tuteurs aux impubères, et aux femmes, quelque âgées qu'elles fussent (1). Cependant la tutelle perpétuelle des femmes tomba successivement en désuétude ; à l'époque de Justinien, il n'en restait plus aucun vestige. Nous en donnerons une idée ; mais, pour ne point mêler la législation existante avec celle qui est abrogée, nous traiterons premièrement de la tutelle des impubères, et séparément de celle des femmes.

1. Est autem tutela, ut Servius definivit, *vis ac potestas in capite libero, ad tuendum* eum qui *propter ætatem* se defendere nequit, *jure civili data ac permissa.*

1. *La tutelle est, comme l'a défini Servius, une puissance avec autorité sur une tête libre, donnée et permise par le droit civil pour protéger celui qui, à cause de son âge, ne peut se défendre lui-même.*

Presque tous les termes de cette définition ont fourni matière à un commentaire ; il est vrai qu'ils indiquent tous les caractères essentiels de la tutelle.

Vis ac potestas. Les uns ont vu dans *vis* l'autorité sur la personne du pupille, dans *potestas* l'autorité sur les biens ; d'autres dans *vis*, le pouvoir qu'a le tuteur d'agir par lui-même : dans *potestas*, le droit d'autoriser les actes du pupille ; il en est même pour qui *vis* indique la contrainte exercée sur le tuteur forcé de prendre la tutelle malgré lui ;

---

(1) *Tutores constituuntur tam masculis quam feminis : sed masculis quidem impuberibus duntaxat...., feminis autem tam impuberibus quam puberibus.* Ulp. Reg. 11. § 1.

mais, par la simple connaissance du style des lois romaines, on se convaincra que, dans ces lois, les mots *vis ac potestas* marchaient souvent ensemble, et c'est Vinnius qui en fait la remarque. Il cite des passages du Digeste, des Instituts et du Code, dans lesquels ces mots sont également réunis (1). Ainsi ils formaient un pléonasme usité ; cependant j'ajouterai qu'ici ce pléonasme n'est pas entièrement inutile, parce qu'il existait certaines tutelles de femmes, dans lesquelles le tuteur n'avait, pour ainsi dire, qu'une puissance sans force, ne donnant son autorisation que pour la forme et ne pouvant la refuser, tellement qu'à cette occasion Gaius observe que, si ce tuteur était un patron ou un ascendant, on ne pouvait pas le contraindre à donner son autorisation, et que sa tutelle avait quelque force. *Legitimæ tutelæ vim aliquam habere intelliguntur* (2). Ceci peut nous aider à mieux sentir l'étendue de cette expression *tutela est vis ac potestas.*

In capite libero. Par ces mots on désigne souvent une personne non esclave ; mais ils ont ici un sens plus étendu : ils indiquent un individu libre de toute puissance, *sui juris*, qualité sans laquelle on ne peut être en tutelle. Nous ne dirons pas qu'ils s'appliquent aussi au tuteur et qu'ils signifient que la puissance est donnée à une tête libre sur une tête libre. La construction de la phrase et le raisonnement s'opposent à ce double sens. Pour être tuteur, il faut, il est vrai, ne pas être esclave ; mais il n'est point nécessaire d'être *sui juris.*

---

(1) *Scire leges non hoc est, verba earum tenere, sed vim ac potestatem.* D. 1. 3. 17. — Inst. 4. 15. 3. — C. 4. 56. 7. — (2) G. 1. § 192.

Ad tuendum. La puissance du tuteur est toute de protection et dans l'intérêt du pupille, bien différente en cela des autres puissances, *potestas patria, manus, mancipium;* elle a pour but de défendre la personne et les biens de l'impubère. Ce ne sont point les droits de ce dernier que l'on donne au tuteur et dont on lui transporte la propriété, c'est seulement le soin de leur conservation et de leur exercice qu'on lui confie.

Propter œtatem. Puisque, sous Justinien, la tutelle à cause du sexe n'existe plus.

Jure civili. L'expression *jus civile* a, comme nous l'avons déjà dit, deux significations : elle désigne quelquefois le droit propre aux seuls citoyens, par opposition au droit des gens, et quelquefois le droit établi par la puissance législative, par opposition au droit prétorien (pag. 272). L'un et l'autre sens est applicable à la tutelle ; car, d'un côté, les citoyens seuls peuvent être tuteurs, ou recevoir des tuteurs d'après la loi romaine ; de l'autre, la tutelle a été introduite et réglée non par les préteurs, mais par des lois, des sénatus-consultes et l'usage (*legibus, senatus consultis, moribus*) (1).

Data ac permissa. Quelquefois la tutelle est donnée par la loi elle-même : telle est celle qui est déférée de plein droit aux agnats ; on ne peut nier qu'elle soit *jure civili data* (2); d'autres fois la tutelle est seulement permise : telle est celle que la loi permet au chef de famille de donner par testament ; il est certain qu'elle est *jure civili permissa* (3). On peut rapporter à cette différence les expres-

---

(1) Ulp. Reg. 11 § 3. — (2) D. 26. 4. 1 et 5. f. Ulp. — (3) D. 26. 2. 1. f. Gai.

sions du texte *data ac permissa*, quoique cependant ni les jurisconsultes romains, ni Théophile, dans sa Paraphrase, ne paraissent leur attribuer de sens spécial et distinct.

2. Tutores autem sunt, qui eam vim ac potestatem habent, exque ipsa re nomen ceperunt: itaque appellantur tutores, quasi tuitores atque defensores; sicut æditui dicuntur, qui ædes tuentur.

2. Les tuteurs sont ceux qui ont cette puissance, cette autorité. C'est de la chose même qu'ils ont pris leur nom; on les appèle tuteurs (tutores), pour dire protecteurs (tuitores), défenseurs, comme on appelle æditui ceux qui veillent sur les édifices.

Après ces idées générales, les Instituts passent à l'exposé des diverses tutelles. Nous ne chercherons point ici combien elles formaient d'espèces; mais, rejetant plus loin cette question, nous les parcourrons successivement les unes après les autres, en suivant le texte, et commençant d'abord par celle que l'on donnait par testament. Cette tutelle se nommait testamentaire (*testamentaria tutela*); et les tuteurs ainsi donnés, tuteurs testamentaires (*testamentarii tutores*) (1). Nous trouvons encore dans Gaius et dans Ulpien que ces tuteurs portaient aussi le nom de tuteurs datifs (*tutores dativi*), lorsqu'ils avaient été donnés nommément, c'est à dire spécialement désignés par le testament (2). Mais cette dénomination, moins générale

______

(1) D. 26. 2. 11. princ. § 1 et 4. — 46. 3. 14. § 5. f. Ulp.

(2) *Vocantur autem hi, qui nominatim testamento tutores dantur, dativi.* G. 1. § 154. — *Testamento quoque nominatim tutores dati..... tutores dativi appellantur.* Ulp. Reg. 11. § 14.

que l'autre, se liait principalement à une particularité de la tutelle des femmes, que nous verrons en traitant cette matière.

3. Permissum est itaque parentibus, liberis impuberibus quos in potestate habent, testamento tutores dare. Et hoc in filios filiasque procedit omnimodo : nepotibus vero, neptibusque, ita demum parentes possunt testamento tutores dare, si post mortem eorum in patris sui potestatem non sunt recasuri. Itaque, si filius tuus mortis tuæ tempore in potestate tua sit, nepotes ex eo non poterunt ex testamento tuo tutorem habere, quamvis in potestate tua fuerint, scilicet quia, mortuo te, in potestatem patris sui recasuri sunt.

3. Il est permis aux ascendants de donner par testament des tuteurs aux enfants impubères qu'ils ont sous leur puissance, et cela, sans distinction pour les fils et les filles. Mais ils ne peuvent en donner aux petits-fils et aux petites-filles que lorsque ces derniers ne doivent pas, après la mort de l'aïeul, retomber au pouvoir du père. Si donc, au moment de ta mort, ton fils est sous ta puissance, tes petits-fils issus de lui ne pourront pas recevoir des tuteurs par ton testament ; bien qu'ils soient sous ta puissance, parce qu'ils doivent, après ta mort, retomber sous celle du père.

La tutelle testamentaire était consacrée par la loi des douze Tables en ces termes : *uti legassit super pecunia tutelave suæ rei, ita jus esto* (H. d. d. p. 45.) (1). Elle passait avant toutes les tutelles, car ce n'était qu'à défaut d'un tuteur testamentaire qu'on avait recours aux autres. Il nous faut examiner qui peut nommer le tuteur par testament, à qui on peut le nommer ; quels individus peuvent être nommés, et comment doit être faite la nomination. Les deux premières questions sont traitées dans ce titre, les

____

(1) Ulp. Reg. 11. § 14.

deux dernières dans le titre suivant. — C'est le chef de famille seul qui peut nommer le tuteur par testament, et c'est de lui que parle la loi des douze Tables que nous venons de citer. — C'est seulement aux enfants placés sous sa puissance qu'il peut nommer un tuteur : aussi trouve-t-on dans la loi cette expression remarquable, *tutelave suæ rei*, pour dire la tutelle des personnes qui lui appartiennent ; mais il ne suffit pas que les enfants soient au pouvoir du testateur, il faut encore qu'à la mort de celui-ci ils aient besoin d'un tuteur, c'est-à-dire qu'ils soient impubères et *sui juris* ; ce qui fait répéter ici dans les Instituts les observations déjà faites plus haut (pag. 429), lorsqu'il s'agissait de déterminer quels sont les enfants qui, à la mort du chef, deviennent *sui juris*.

4. Cum autem *in compluribus aliis causis* postumi pro jam natis habentur, et in hac causa placuit non minus postumis quam jam natis testamento tutores dari posse, si modo in ea causa sint, ut si vivis parentibus nascerentur, *sui heredes*, et in potestate eorum fierent.

4. De même que, dans plusieurs autres cas, les posthumes sont considérés comme nés, pareillement ici on a décidé qu'ils pourront, aussi bien que les enfants déjà nés, recevoir des tuteurs par testament, pourvu toutefois qu'ils soient dans une position telle que, s'ils étaient nés du vivant de leurs ascendants, ils auraient été héritiers siens, sous la puissance de ces ascendants.

In compluribus aliis causis. Dans le sens le plus général, les mots *enfant posthume* signifient : enfant né après la mort. On doit indiquer à la mort de quelle personne on compare la naissance de cet enfant ; car il peut être posthume par rapport à son aïeul, à son oncle, à son frère, à son père, selon qu'il est né après la mort de l'un ou de l'autre. Dans un sens particulier on entend par *posthume*, sans autre désignation, l'enfant né après la mort de son père. — Le posthume, même déjà conçu, n'a jamais été, pour les personnes mortes avant sa naissance, qu'un être incertain ; et comme tel, d'après l'ancien droit romain, il ne pouvait recevoir, par le testament de ceux auxquels il était posthume, ni tuteur, ni legs, ni hérédité (1). Ce droit primitif fut modifié dans un seul point : lorsqu'un chef de famille mourait, laissant un enfant seulement conçu, lequel, s'il fût déjà né, eût été son héritier, on trouva trop rigoureux de dépouiller ce posthume de l'hérédité paternelle, parce qu'il n'était né qu'après la mort de son père, et l'on agit comme s'il était né de son vivant. Ainsi il fut appelé à l'hérédité légitime ; il fut permis au chef de l'instituer dans son testament, ou de le deshériter (2) ; de lui donner un legs ; de lui nommer un tuteur ; aussi Gaius disait-il dans ses commentaires que pour la nomination d'un tuteur et pour plusieurs autres causes (*in compluribus aliis causis*) l'enfant posthume était considéré comme né (3). Ce sont ces expressions que l'on a transportées dans les Instituts ; mais ici elles ont un sens encore plus étendu, parce que Justinien donna aux posthumes le droit de recevoir par le testament de tout le monde, et les considéra comme nés, non-seulement par rapport au chef dont ils auraient dû hériter ; mais par rapport à toutes les autres personnes (4).

---

(1) G. 2. § 241. — *Ac ne heres quidem potest institui postumus alienus ; est enim incerta persona.* Ib. § 242. — Inst. 2. 20. 26.

(2) G. 2. § 130. — Inst. 2. 13. 1. — (3) G. 1. § 147.

(4) Inst. 2. 20. 26 et 28. — Il faut bien remarquer les deux règles

Sui heredes. On nommait héritiers siens (*heredes sui*), les enfants qui, dans la famille, n'étant précédés par personne, à la mort du chef devaient se trouver *sui juris;* ce sont ces enfants qui héritaient. Pour que le posthume pût recevoir un tuteur du chef de famille mourant, il fallait qu'en le réputant né au moment de cette mort, il se trouvât dans cette position ; un exemple fera sentir cette règle. Un aïeul a sous sa puissance son fils marié, dont la femme est enceinte; pendant la grossesse l'aïeul meurt, laissant le fils chef de famille et héritier sien ; ce fils meurt lui-même quelque temps après, la grossesse continuant toujours ; enfin, le petit enfant vient au monde, et comme il se trouve ainsi posthume à son père et à son aïeul, il naît maître de lui-même, ayant besoin d'un tuteur. A-t-il pu en recevoir un dans le testament de l'aïeul? Non, parce qu'en le supposant né à la mort de cet aïeul, il n'eût pas été *sui juris* et héritier sien, puisqu'il était précédé par son père, sous la puissance duquel il est en quelque sorte retombé, quoiqu'il ne fût encore que conçu. Mais il a pu recevoir un tuteur par le testament du père, parce qu'en le réputant déjà né lors de la mort de celui-ci, il n'en eût pas moins été

---

suivantes : lorsqu'il s'agissait d'un enfant conçu, pour défendre ses intérêts, pour empêcher qu'il souffrît, qu'il fût lésé dans ses droits, on agissait comme si cet enfant était déjà né : *qui in utero est, perinde ac si in rebus humanis esset custoditur, quotiens de commodis ipsius partus quæritur.* D. 1. 5. 7. f. Paul. Mais, lorsqu'il s'agissait d'un posthume, c'est-à-dire d'un enfant conçu, considéré par rapport à une personne morte avant sa naissance, il n'était, jusqu'à Justinien, réputé déjà né que relativement au chef dont il aurait dû être héritier.

sui juris et *heres suus.* — Du reste, il faut bien se garder de conclure de là, que l'enfant doive nécessairement être héritier, pour que le père puisse lui donner un tuteur par testament. C'est à sa puissance paternelle seule que le chef doit la faculté de nommer le tuteur. Il pourrait, dans son testament, enlever à ses enfants toute sa succession, en les déshéritant, et néanmoins leur désigner un tuteur (1). Ainsi, dans cette maxime de Q. M. Scævola : *nemo potest tutorem dare cuiquam, nisi ei quem in suis heredibus, cum moritur habuit, habiturusve esset, si vixisset* (2), on a voulu par ces mots : *suis heredibus* exprimer qu'on ne peut donner de tuteur qu'aux enfants qui ne sont précédés par personne dans la famille, et que la loi, en conséquence, met parmi les héritiers siens.

5. Sed si emancipato filio tutor a patre testamento datus fuerit, confirmandus est ex sententia præsidis omni modo, id est, sine inquisitione.

5. *Mais si un tuteur a été donné par le testament du père à un fils émancipé, il doit être confirmé par sentence du président dans tous les cas, et par conséquent sans enquête.*

Confirmandus est. Dans bien des cas où la nomination du tuteur était nulle d'après le droit, elle devait néanmoins être confirmée par le magistrat. Un titre spécial est consacré à cette matière, dans le Digeste et dans le Code, *de confirmando tutore vel curatore* (3). Si le père a donné le tuteur dans un testament ou dans un codicille

______

(1) D. 26. 2. 4. f. Modest. — Ib. l. 31. — (2) D. 50. 17. 73. § 1. — (3) D. 26. 3. — C. 5. 29.

non valable ; s'il l'a donné à un enfant émancipé sur lequel il n'avait aucune puissance paternelle ; ou même à un enfant naturel, pourvu que, dans ce cas, il lui ait laissé quelques biens (1) ; si la mère, un patron, ou même un étranger, ont donné par testament un tuteur à un enfant qu'ils ont institué héritier (2) ; dans tous ces cas, bien que, selon le droit strict, le tuteur ne soit pas valablement donné, le magistrat le confirmera, sans enquête quand il a été donné par le père, et, s'il l'a été par toute autre personne, avec enquête, c'est-à-dire en recherchant d'après la fortune, la probité et l'habileté du tuteur, s'il pourra bien remplir ses fonctions (3).

<table>
<tr><td>

TIT. XIV.

QUI TESTAMENTO TUTORES

DARI POSSUNT.

</td><td>

TIT. XIV.

QUI PEUT ÊTRE NOMMÉ TUTEUR

PAR TESTAMENT.

</td></tr>
</table>

Il est évident, pour premier principe, qu'on ne pouvait nommer tuteur par testament, que des individus qu'il était permis de faire entrer dans la confection d'un pareil acte, qu'on pouvait prendre pour but d'une disposition testamentaire, ou, pour nous exprimer comme les Romains, que des individus avec lesquels on avait faction de testament (*testamento tutores hi dari possunt, cum quibus testamenti factio est. — Cum quibus testamenti faciendi jus est*) (4).

____

(1) D. 26. 3. 1. § 1. — Ib. l. 3 et 7. — C. 5. 29. 4. — (2) D. 26. 2. 4. — C. 5. 28. 4. — D. 26. 3. 1. § 1. — Ib. l. 4. — (3) D. 26. 2. 1. § 2. — Theop. h. p. — (4) D. 26. 2. 21. f. Paul. — Ulp. Reg. 11. § 15.

Ainsi, par là se trouvaient exclus tous les étrangers, parce qu'on n'avait pas avec eux faction de testament. Mais cette condition générale suffisait-elle, et tout individu capable de figurer dans un testament comme héritier, comme légataire, pouvait-il y figurer comme tuteur? Les femmes, les fils de famille, les esclaves, les furieux, les impubères, peuvent recevoir un legs, une hérédité, pourront-ils recevoir une tutelle? Les Instituts examinent successivement la nomination de ces diverses personnes.

Les femmes ne pouvaient être appelées à la tutelle qui était une charge publique sous certains rapports, et réservée aux hommes seuls (1). Il n'y avait d'exception que pour celles qui obtenaient du prince la permission de gérer la tutelle de leurs propres enfants (2).

Dari autem potest tutor non solum paterfamilias, sed etiam filiusfamilias.	*On peut nommer tuteur non-seulement un chef, mais encore un fils de famille.*

Si le fils de famille était soumis à son père, c'était à cause du caractère particulier de la puissance paternelle chez les Romains, et non pour aucune incapacité. Il pouvait gérer toutes les charges publiques, lorsqu'il avait l'âge voulu ; il en était de même pour la tutelle (3).

1. Sed et servus proprius testamento cum libertate recte tutor dari potest. Sed sciendum est,	1. *On peut aussi par testament nommer valablement pour tuteur son propre esclave en l'affranchis-*

---

(1) D. 26. 2. 26. f. Papin. — (2) D. 26. 1. 18. f. Nerat. — (3) D. 1. 6. 9. f. Pomp.

eum et sine libertate tutorem datum, *tacite libertatem directam* accepisse videri, et per hoc recte tutorem esse. Plane si per errorem, quasi liber, tutor datus sit, aliud dicendum est. Servus autem alienus *pure inutiliter testamento datur* tutor; sed ita, *cum liber erit*, utiliter datur : proprius autem servus *inutiliter eo modo* tutor datur.

sant ; mais sachez que, même dans le cas où on l'a nommé tuteur sans l'affranchir, il est censé avoir reçu tacitement la liberté directe, et par là il prend valablement la tutelle. Néanmoins il en serait tout autrement si on ne l'avait nommé tuteur que par erreur, le croyant libre. Quant à l'esclave d'autrui, on ne peut dans son testament le donner pour tuteur purement et simplement, mais on le peut avec cette condition : lorsqu'il sera libre. Si l'on nommait ainsi son propre esclave, la nomination serait inutile.

Tacite libertatem directam. Les esclaves étaient incapables de gérer aucune charge ; si on voulait les nommer à une tutelle, il fallait donc les affranchir. Les avait-on nommés tuteurs sans affranchissement, il est certain que les principes rigoureux du droit primitif s'opposaient à la validité de cette nomination, et qu'il a dû nécessairement exister une époque où elle était radicalement nulle. Cependant, lorsqu'on se relâcha de la rigueur des premiers principes, cette conclusion put être modifiée par faveur pour la liberté et pour les pupilles (*et libertatis et pupillorum favore*). Nous trouvons au Digeste un fragment de Paul, qui, par cela seul que l'esclave a été nommé tuteur, décide qu'il doit avoir la liberté directe (1). Cette opinion ne devait pas être universellement adoptée et

---

(1) D. 26. 2. 32. § 2.

entièrement assise, car, environ quarante ans ,après, les empereurs Valérien et Gallien disent, dans un rescrit , qu'il est reçu que, dans ce cas , l'esclave aura la liberté fidéicommissaire (1). Justinien consacre ici l'opinion de Paul. Il y a, comme nous le savons, entre la liberté directe et la liberté fidéicommissaire, cette différence principale, que la première est acquise à l'esclave de plein droit après l'acceptation d'hérédité, tandis que la seconde ne lui est acquise, que lorsque l'héritier l'a affranchi (p. 309).

Pure inutiliter testamento datur. Une disposition est pure et simple, quand on n'y met aucune condition, aucune modification. On ne pouvait affranchir purement et simplement l'esclave d'autrui, mais on le pouvait par fidéicommis (2) ; la tutelle devait suivre la même règle, puisqu'elle ne pouvait exister sans la liberté. Ainsi cette disposition : je vous prie, mon héritier, d'affranchir l'esclave de mon voisin et je le donne pour tuteur à mon fils, était valable ; tandis que celle-ci : que Stichus, l'esclave de mon voisin, soit tuteur de mon fils, devait être nulle. Néanmoins les prudents, s'écartant du droit rigoureux, décidèrent toujours en faveur de la liberté et des pupilles, que même, dans ce dernier cas , le testateur serait censé avoir voulu donner la liberté fidéicommissaire, à moins qu'il ne fût évident que ce n'était point là son intention (*nisi aliud evidenter defunctum sensisse appareat*), et l'héritier, en conséquence, devait acheter l'esclave et l'affranchir (3). Ces mots des Instituts *pure inutiliter datur*, doivent donc

____

(1) C. 7. 4. 9. — (2) Inst. 2. 24. 5. — (3) D. 26. 2. 10. § 4. f. Ulp. — C. 7. 4. 9.

être pris en ce sens , que la nomination est inutile comme pure et simple , ce qui n'empêche pas qu'elle soit valable comme fidéicommissaire. Quant à cette disposition « que Stichus, l'esclave de mon voisin , soit tuteur quand il sera libre » , elle n'avait rien de contraire au droit, parce que la nomination était faite pour une époque où l'esclave serait capable.

Inutiliter eo modo. Parce que celui qui dit : Je donne à mon fils pour tuteur mon esclave Eros quand il sera libre , n'a évidemment pas l'intention d'affranchir cet esclave.

2. Furiosus , vel minor vigintiquinque annis tutor testamento datus , tutor tunc erit , cum compos mentis , aut major vigintiquinque annis factus fuerit.

2. Le fou ou le mineur de vingt-cinq ans , nommé tuteur par testament , prendra la tutelle quand il sera sain d'esprit ou majeur de vingt-cinq ans.

Un fou ne pouvait être tuteur. Quelques auteurs pensaient que sa nomination était nulle ; mais la plupart voulait qu'elle fût toujours considérée comme faite sous cette condition tacite, *cum suœ mentis esse cœperit* (1). C'est cette opinion qu'exposent les Instituts, et qui s'applique, d'une manière analogue, au mineur de vingt-cinq ans. Il est presqu'inutile de dire que si le pupille, ayant par exemple douze ans, l'individu désigné pour tuteur n'en a que vingt, comme l'un arrivera à sa puberté avant que l'autre parvienne à vingt-cinq ans, la nomination est entièrement inutile.

____

(1) D. 26. 1. 11. f. Paul. — 26. 2. 10. § 5. f. Ulp.

Il faut ajouter, pour terminer l'examen des individus qui pouvaient être nommés tuteurs, que les militaires en étaient incapables (1). On ne pouvait non plus nommer une personne incertaine, comme : « le premier qui rencontrera mon convoi funèbre », parce que la tutelle ne doit être donnée que par la confiance (2).

3. Ad certum tempus, seu ex certo tempore , vel sub conditione , vel *ante heredis institutionem* posse dari tutorem , non dubitatur.	3. *On peut , et cela ne fait aucun doute , nommer le tuteur jusqu'à un certain temps , ou à partir d'un certain temps , ou sous condition , même avant l'institution d'héritier.*

Le tuteur pouvait être nommé purement et simplement (*pure*): que Titius soit tuteur ; jusqu'à un certain temps (*ad certum tempus; ad diem*): qu'il soit tuteur pendant quatre ans ; à partir d'un certain temps (*ex certo tempore ; a die*): qu'il prenne la tutelle quatre ans après ma mort ; sous condition (*sub conditione*): qu'il soit tuteur s'il gagne le procès qu'il soutient dans ce moment. Ce n'est pas sans motif qu'on s'explique formellement sur la validité de pareilles nominations ; car nous verrons que le testateur n'avait pas la même latitude pour toutes les dispositions testamentaires, et qu'il ne pouvait nommer un héritier ni pour un temps, ni à partir d'un certain temps (3).

Ante heredis institutionem. L'institution d'héritier était la désignation des personnes que le testateur choisissait

______

(1) C. 5. 34. 4. — Inst. 1. 25. 14. — (2) Ib. 2. 20. 27. — (3) Ib. 2. 14. 9.

pour héritier. Le testament n'existait que par cette institution et devait commencer par elle ; si bien que jadis les legs, les fidéicommis, les affranchissements inscrits avant l'institution d'héritier étaient nuls. Des jurisconsultes étendaient même cette rigueur à la nomination d'un tuteur ; mais Labéon, Proculus, et leurs disciples étaient d'un avis contraire relativement au tuteur (1). Du reste, Justinien abolit cette subtilité non-seulement pour la tutelle, mais pour toutes les autres dispositions.

4. Certæ autem rei vel causæ tutor dari non potest, quia personæ, non causæ, vel rei datur.

4. *Mais un tuteur ne peut être nommé pour un bien ou pour une affaire spéciale, parce que c'est à la personne qu'il est donné, et non à l'affaire ni à la chose.*

Nous verrons plus loin comment il faut entendre cette maxime que le tuteur est donné à la personne et non à la chose. Il suffit ici de dire que la tutelle ayant pour but général de défendre le pupille dans tous ses intérêts, dans sa personne, dans ses biens, dans ses affaires, on ne pouvait en faire un mandat spécial pour un objet déterminé. Une pareille nomination eût été nulle en entier (2). Il existait jadis quelques exceptions à cette règle, dans certains cas où, tandis qu'il y avait déjà un tuteur, on en nommait un autre pour une affaire particulière ; mais ces exceptions ne sont plus, sous Justinien (3). — Du reste, rien n'empêchait de nommer au même pupille plusieurs tuteurs : nous dirons bientôt comment ils devaient se di-

---

(1) G 2. § 229 et suiv. — (2) D. 26. 2 13. f. Pomp. — (3) G. 1. 176 et suiv. — Ulp. Reg. 11. § 20 et suiv. — Inst. 1. 21. 3.

viser l'administration. Rien n'empêchait aussi, lorsque les biens étaient situés dans des provinces différentes et éloignées, de partager la gestion de ces biens entre des tuteurs différents.

5. Si quis filiabus suis vel filiis tutores dederit, etiam postumæ vel postumo dedisse videtur, quia filii vel filiæ appellatione et postumus vel postuma continetur. Quod si nepotes sint, an appellatione filiorum et ipsis tutores dati sint? Dicendum est, ut ipsis quoque dati videantur, si modo liberos dixerit. Cæterum si filios, non continebuntur; aliter enim filii, aliter nepotes appellantur. Plane si postumis dederit, tam filii postumi, quam ceteri liberi continebuntur.

5. *Si quelqu'un a donné des tuteurs à ses filles ou à ses fils, il est censé les avoir donnés à celles ou à ceux qui sont posthumes, parce que ces derniers sont compris dans l'expression de filles ou de fils. Mais s'il s'agit de petits-fils, faut-il étendre à eux la nomination de tuteur faite pour les fils? Oui, si le défunt s'est servi du mot d'enfants; non, s'il a employé celui de fils. Car il y a une différence entre les expressions de fils et d'enfants. Mais si le tuteur était donné aux posthumes, cette expression comprendrait les fils et tous les autres enfants posthumes.*

TIT. XV.

DE LEGITIMA AGNATORUM TUTELA.

DE LA TUTELLE LÉGITIME DES AGNATS.

Quibus autem testamento tutor datus non sit, his ex lege duodecim tabularum agnati sunt tutores, qui vocantur legitimi.

A défaut de tuteur donné par testament, la tutelle est déférée, d'après la loi des douze Tables, aux agnats, qui se nomment tuteurs légitimes.

Nous passons ici aux tuteurs légitimes. Ce sont, dit Ulpien, en général ceux qui sont nommés par une loi;

mais surtout ceux qui viennent de la loi des douze Tables, soit expressément, soit par conséquence : *Legitimi tutores sunt qui ex lege aliqua descendunt : per eminentiam autem legitimi dicuntur, qui ex lege duodecim Tabularum introducuntur, seu propalam, quales sunt agnati, seu per consequentiam, quales sunt patroni* (1). Ces tuteurs ne sont donnés par personne ; ils reçoivent la tutelle de la loi même : *Legitimos tutores nemo dat, sed lex duodecim Tabularum fecit tutores* (2). Quant aux expressions propres de la loi des douze Tables sur cette matière, elles ne nous sont point connues ; mais nous savons que cette loi, rangeant la tutelle parmi les droits de famille, et établissant une analogie entre elle et l'hérédité, la déférait seulement aux agnats. C'est à ce sujet que Gaius et, après lui, les Instituts traitent de l'agnation, sur laquelle nous avons déjà donné quelques idées, pag. 346.

1. Sunt autem agnati, cognati *per virilis sexus* cognationem conjuncti, quasi a patre cognati : veluti frater ex eodem patre natus, fratris filius neposve ex eo ; item patruus, et patrui filius neposve ex eo. At qui per feminini sexus personas cognatione junguntur, non sunt agnati, sed alias naturali jure cognati : itaque amitæ tuæ filius non est tibi agnatus, sed cognatus ; et invicem tu illi eodem jure conjungeris, quia qui nascuntur, patris, non matris familiam sequuntur.

1. *Sont agnats, les cognats unis par le sexe masculin, les cognats par leur père ; par exemple : le frère issu du même père, son fils, l'enfant de ce fils ; de même l'oncle paternel, son fils ou l'enfant de ce fils. Quant aux cognats unis par le sexe féminin, ils ne sont point agnats, mais seulement cognats par le droit naturel. Ainsi le fils d'une tante paternelle n'est point ton agnat, mais ton cognat ; et réciproquement tu ne lui es uni qu'à ce titre, parce que les enfants suivent la famille du père et non celle de la mère.*

(1) Ulp. Reg. 11. § 3. — (2) D. 26. 4. 5. f. Ulp.

Nous savons que le mot de cognat est une expression générale qui s'applique à tous les parents. Les agnats ne forment qu'une classe particulière de cognats, ce sont ceux qui sont membres d'une même famille (*ejusdem familiæ; ex eadem familia*) (1), en comprenant dans le mot famille, non pas une seule maison commandée par un seul chef, mais toutes les maisons qui, dans leur origine, réunies en une seule, se divisent successivement à la mort de chaque chef. Le droit civil, pris dans toute sa rigueur, ne consacre pas d'autre lien de parenté que celui des agnats, et c'est à eux seuls qu'il accorde les droits de famille, tels que ceux de tutelle et d'hérédité. Par opposition aux agnats, et dans un sens restreint, on nomme simplement *cognats* les parents qui ne sont unis que par un lien naturel (pag. 345.).

Per virilis sexus. Les agnats sont donc les cognats, membres d'une même famille. Mais quels sont ceux qui se trouvent membres d'une même famille? Nous le savons: les parents par le sexe masculin issus de justes noces ou légitimés, et les enfants adoptifs. Quant aux parents du côté des femmes, comme ils n'entrent pas dans la famille de leur mère, ils ne sont que cognats avec les parents de cette dernière. C'est ce que les Instituts disent ici. Mais, du reste, il peut arriver qu'un parent par les hommes ne soit pas agnat, s'il a été renvoyé de la famille ; ou, en sens inverse, qu'un parent par les femmes, un étranger même, soient agnats s'ils ont été introduits dans la famille par l'adoption ; il faut donc bien se garder de croire, comme

----

(1) Ulp. Reg. 11. §4. — D. 38. 10. 10. § 2. f. Paul.

on pourrait le faire à la lecture du texte , que l'agnation soit essentiellement attachée à la qualité de parent par le sexe masculin ; elle est attachée à l'existence dans la même famille. Le texte ici n'exprime point le caractère de l'agnation , mais il indique quels sont ordinairement les agnats et les cognats.

2. Quod autem lex ab intestato vocat ad tutelam agnatos, non hanc habet significationem , si omnino non fecerit testamentum is qui poterat tutores dare ; sed si, quantum ad tutelam pertinet, intestatus decesserit : quod tunc quoque accidere intelligitur, cum is , qui datus est tutor, vivo testatore decesserit.

2. *Ces mots : que la loi appelle les agnats à la tutelle, ab intestat, ne signifient point qu'elle les appelle lorsque celui qui pouvait nommer les tuteurs est mort sans testament aucun , mais lorsqu'il est mort intestat par rapport à la tutelle : ce qui est censé avoir lieu aussi quand le tuteur nommé décède avant le testateur.*

On examine ici quand la tutelle légitime doit avoir lieu. Ce qui arrive : 1° quand le père de famille est mort sans tester, ou du moins sans nommer de tuteur dans son testament; il est alors intestat d'une manière absolue, ou du moins intestat par rapport à la tutelle ; 2° quand le tuteur nommé meurt avant le testateur ; celui-ci décède intestat par rapport à la tutelle , puisque la nomination qu'il avait faite s'est évanouie avant son décès ; 3° quand le tuteur testamentaire , ayant géré quelque temps , meurt ou perd ses droits de citoyen avant que le pupille ait atteint la puberté ; on revient alors aux agnats pour tout le restant de la tutelle (1); 4° quand le testateur n'a déféré la tutelle

----

(1) D. 26. 2. 11. § 3 et 4. f. Ulp. — D. 26. 4. 6. f. Paul.

que pour un certain temps ou jusqu'à une certaine condition : ce temps arrivé, ou cette condition accomplie, on
doit revenir également à la tutelle légitime. — Dans ces
deux derniers cas, le père de famille a testé pour une partie de la tutelle, et on le considère en quelque sorte comme
intestat pour tout le restant. C'est ici une différence remarquable avec l'hérédité. Nous verrons qu'il n'était jamais permis à un citoyen de mourir partie testat, partie intestat, par rapport à sa succession ; nul partage soit dans la
quotité, soit dans le temps, n'était admis entre les héritiers testamentaires et les héritiers légitimes (1). Ce principe n'avait pas été transporté dans les tutelles, parce qu'il
n'était pas contraire à leur nature d'être gérées pendant un
temps par une personne, pendant un autre temps par une
autre personne.

3. Sed agnationis quidem jus omnibus modis capitis deminutione plerumque perimitur : nam agnatio juris civilis nomen est ; cognationis vero jus non omnibus modis cominutatur, quia civilis ratio civilia quidem jura corrumpere potest, naturalia vero non utique.	3. *Les droits d'agnation s'éteignent, en règle générale, par toute diminution de tête ; car l'agnation est un lien du droit civil : mais les droits de cognation ne s'éteignent pas dans tous ces cas, parce que la loi civile peut bien détruire les droits civils, mais pas toujours les droits naturels.*

L'agnation est un effet purement civil, attaché à l'existence dans la même famille. Elle doit par conséquent
disparaître, et avec elle tous les droits qu'elle donnait,
lorsque cette existence dans la même famille cesse, pour

---

(1) Inst. 2. 14. 9.

quelque cause que ce soit. La cognation proprement dite, c'est-à-dire la parenté naturelle, est le résultat d'un fait, la naissance d'une souche commune. Ce fait est indestructible, et par conséquent la cognation aussi. Rien au monde ne pourra faire que celui qui est né du même père que moi cesse d'être né de ce père, et, par suite, cesse d'être mon frère. Mais les droits civils accordés à la cognation peuvent être retirés par la loi, parce qu'ils ont été donnés par elle. Ainsi en résumé : le lien d'agnation et tous ses droits peuvent être détruits ; le lien de cognation ne peut l'être jamais, mais les droits de cognation peuvent l'être. Comme la perte de l'agnation entraîne la perte de la tutelle, c'est ici, comme par accessoire, que Gaius, Ulpien et les Instituts examinent les diminutions de tête.

TIT. XVI.

DE CAPITIS DEMINUTIONE.

Est autem capitis deminutio, prioris status mutatio. Eaque tribus modis accidit. Nam aut maxima est capitis deminutio, aut minor, quam quidam mediam vocant, aut minima.

TIT. XVI.

DE LA DIMINUTION DE TÊTE.

La diminution de tête est le changement d'un premier état. Elle a lieu de trois manières : car elle est, ou grande, ou moindre ; quelques-uns disent moyenne, ou petite.

L'état de citoyen romain se composait essentiellement de trois éléments constitutifs, sans lesquels il n'existait jamais : la liberté, la cité, la famille : *Tria sunt quœ habemus libertatem, civitatem, familiam* (1). Point de citoyen

---

(1) D. 4. 5. 11. f. Paul.

sans la liberté, la cité et une famille dans laquelle il était ou chef ou dépendant. Quant aux qualités particulières de sénateur, patricien, chevalier, consul, etc., elles n'étaient qu'accessoires, pouvant se trouver chez l'un, ne pas se trouver chez l'autre, et n'entrant nullement dans la constitution de l'état de citoyen romain. Les trois éléments qui composaient cet état n'avaient pas tous la même importance, et ne se modifiaient pas de la même manière. Comme, de sa nature, la classe des hommes libres était une, quant à la liberté, abstraction faite des autres droits, il n'y avait point de milieu entre y rester ou en sortir, garder ou perdre la liberté, aussi ne dit-on pas *libertas mutatur*, mais *libertas amittitur* (1). Cette perte totale de l'un des éléments constitutifs de l'état de citoyen romain entraînait la perte de l'état lui-même, et des deux autres éléments qui le composaient; c'est ce qu'on nommait *maxima capitis deminutio*. — De même, comme il n'y avait qu'une seule cité romaine, point de milieu entre y rester ou en sortir, garder ou perdre la cité, on ne dit pas *civitas mutatur*, mais *civitas amittitur* (2). Cette perte totale de l'un des éléments constitutifs de l'état de citoyen romain entraînait aussi la perte de l'état lui-même, mais non celle des deux autres éléments; car ici l'individu, en perdant l'état de citoyen romain, conservait celui d'homme libre : c'est la *media capitis deminutio*. — Enfin, comme dans la cité romaine il y avait plusieurs familles, tant que l'on conservait la liberté et la cité, on ne sortait de l'une de ces familles que pour en-

---

(1) Ulp. Reg. 11. § 11. — (2) Inst. h. t. § 2.

trer dans une autre, dans laquelle on était ou chef ou dépendant; il n'y avait jamais perte absolue, mais seulement changement (*familia tantum mutatur*) (1). L'état de citoyen romain n'était point détruit (*salvo statu*) (2); mais la position de l'individu seulement était modifiée (*status duntaxat hominis mutatur*) (3): c'est ce qu'on nommait *minima capitis deminutio.* — Autrefois celui qui avait perdu la liberté ou la cité cessait d'être inscrit sur le cens des citoyens; celui qui avait changé de famille continuait toujours à y être inscrit, mais à une autre place, comme appartenant non plus à telle famille, mais à telle autre. — D'où vient qu'on avait donné à la perte de la liberté, de la cité, ainsi qu'au changement de famille, le nom de *capitis deminutio*, qui, littéralement traduit, signifie diminution de tête? Hotoman a donné sur cette expression une explication ingénieuse, qui a été citée par Vinnius, commentée par Heinneccius, et depuis généralement répétée : c'est que, dans tous ces cas, il y a diminution d'une tête dans la classe des hommes libres, dans la cité ou dans la famille, de sorte que, dans le sens primitif, le mot *diminution* devait s'appliquer à la classe qui perdait un de ses membres et non au membre lui-même; ce n'est que par une transposition d'idée qu'on l'a fait tomber sur ce dernier, et qu'on a dit *capite deminutus.*

---

1 Maxima capitis deminutio est, cum aliquis simul et civitatem et libertatem amittit; quod

1. *Il y a grande diminution de tête lorsqu'on perd à la fois la cité avec la liberté, ce qui arrive à celui*

---

(1) D. 4. 5. 11. f. Paul. — (2) D. 38. 17. 1. § 8. f. Ulp. — (3) Ulp. Reg. 11. § 13. — Inst. h. t. § 3.

accidit his qui servi pœnæ efficiuntur atrocitate sententiæ; vel
libertis, ut ingratis erga patronos
condemnatis; vel his qui se ad
pretium participandum venundari passi sunt.

*qu'une condamnation terrible rend
esclave de la peine ; à l'affranchi
condamné comme ingrat envers son
patron ; à celui qui s'est laissé
vendre pour prendre part au prix.*

Celui qui perd la liberté perd à la fois la cité et la
famille. Quant aux événements qui entraînent cette
grande diminution de tête, nous les avons énumérés
déjà (p. 289). C'est ici le cas de les rappeler. Les seuls
qui existassent encore à l'époque des Instituts, sont ceux
que citent notre texte : 1.° une condamnation. En effet,
les individus condamnés au dernier supplice, par exemple,
à être dévorés par les bêtes féroces, peine cruelle qui
existait encore sous Justinien (*qui bestiis subjiciuntur, ad
bestias damnati*) (1), les condamnés aux mines (*in metallum; in opus metalli damnati*) (2) devenaient esclaves
par l'effet seul de la condamnation, et sans attendre qu'elle
fût exécutée (3). Mais ils n'avaient d'autre maître que
leur supplice; aussi les nommait-on *servi pœnæ*, et si on
leur donnait quelque chose par testament, la disposition
était non avenue, puisqu'ils n'avaient point de maître à
qui ils pussent acquérir (4). Justinien supprima plus tard
(an 538) ce genre de servitude dans la Novelle 22, ch. 8.
— 2° L'ingratitude de l'affranchi. Elle donnait au patron
le droit d'attaquer l'affranchi devant les juges, et d'obtenir une condamnation qui le ferait rentrer en escla-

---

(1) Inst. 1. 12. § 3. — D. 48. 19. 11. § 3. f. Marci. et 29. f. Gai.
— (2) D. 48. 19. 17. f. Marc. — (3) Ib. l. 10. § 1. f. Macer. Ib. l.
2. § 1. f. Ulp. — (4) Ib. l. 17. f. Marc.

vage (1). — 3° La vente qu'un homme libre et majeur de vingt ans faisait de sa personne pour prendre part au prix (p. 291).

2. Minor, sive media capitis deminutio est, cum civitas quidem amittitur, libertas vero retinetur : quod accidit ei cui aqua et igni interdictum fuerit, vel ei qui in insulam deportatus est.	2. *Il y a moindre ou moyenne diminution de tête lorsqu'on perd la cité en conservant la liberté ; ce qui arrive à celui à qui l'on a interdit l'eau et le feu, ou que l'on a déporté dans une île.*

La moyenne diminution de tête fait perdre nécessairement les droits de famille, puisque ces droits sont propres aux seuls citoyens; mais l'individu reste libre, et devient étranger (*peregrinus fit*) (2). — L'interdiction de l'eau et du feu était une formule de bannissement perpétuel, qu'on employait pour contraindre un citoyen à s'expatrier lui-même, privé qu'il était de toutes les choses nécessaires à la vie. Personne, nous dit Cicéron, ne pourra jamais, par aucun ordre du peuple, perdre les droits de cité malgré lui : *Civitatem vero nemo unquam ullo populi jussu amittet invitus;* pas même les condamnés: on n'y parvient à leur égard que d'une manière indirecte, qu'en leur interdisant l'eau et le feu : *id autem ut esset faciendum, non ademptione civitatis, sed tecti, et aquæ, et ignis interdictione faciebant* (3). Ce caractère sacré qui protégeait le titre de citoyen romain disparut, mais la formule de bannissement resta. — La déportation différait

_____

(1) D. 25. 3. 6. § 1. f. Modest. — C. 6. 7. — (2) Ulp. Reg. 10. § 3. — (3) Cic. p. domo. c. 29 et 30.

de l'interdiction de l'eau et du feu, en ce que le condamné
était enfermé dans un lieu déterminé, une île, d'où il
ne pouvait sortir sous peine de mort (1). Ce genre de
peine remplaça en entier l'interdiction de l'eau et du feu,
dont le nom resta cependant (2). Il ne faut point confondre avec la déportation, la relégation, qui était aussi un
exil dans un lieu désigné. Elle en différait en ce qu'elle
pouvait être perpétuelle ou temporaire, mais surtout en
ce que, dans aucun cas, elle ne faisait perdre les droits
de cité (3).

3. Minima capitis deminutio
est, cum et civitas et libertas retinetur, sed *status hominis commutatur;* quod accidit his qui,
cum sui juris fuerunt, *cæperunt
alieno juri subjecti esse;* vel contra si filiusfamilias a patre emancipatus fuerit, est capite deminutus.

3. *Il y a petite diminution de
tête lorsque la cité et la liberté sont
conservées, mais que l'état de la
personne est modifié : ce qui arrive
à ceux qui, après avoir été maîtres
d'eux-mêmes, sont passés au pouvoir d'autrui. En sens inverse,
lorsqu'un fils est émancipé par son
père, il essuie la diminution de tête.*

Status hominis commutatur. L'état de citoyen romain
n'est nullement détruit, comme nous l'avons expliqué
déjà, par le changement de famille; aussi l'on ne dit pas
ici *status amittitur;* bien loin de là, Ulpien dit, en propres
termes, que la petite diminution de tête a lieu *salvo
statu* (4); mais si l'état de citoyen romain n'est pas détruit, la position de l'individu, quant à la famille, est

---

(1) D. 48. 19. 4. f. Marci. — (2) Ib. 2. §. 1. — (3) D. 48. 22. 7.
f. Ulp. — (4) D. 38. 17. 1. §. 8. f. Ulp.

modifiée, et c'est ce que signifient ici les expressions de notre texte.

Cœperunt alieno juri subjecti esse. Ce passage ne fait autre chose que citer comme exemple l'adrogé et l'émancipé. Gardons-nous bien de l'entendre comme énonçant le principe que, pour qu'il y ait petite diminution de tête, il faut que l'individu ait passé de l'état de chef de famille à celui de fils, ou réciproquement de l'état de fils à celui de chef. Outre que cette traduction serait vicieuse, elle exprimerait une erreur de droit. Il y a petite diminution de tête toutes les fois qu'il y a changement de famille (*cum familiam mutaverint*) (1). Il peut arriver que, dans ce changement, celui qui était fils devienne chef, ou réciproquement; mais il peut arriver aussi que cela n'ait point lieu : ainsi le fils donné en adoption par son père entre dans la nouvelle famille avec la qualité de fils qu'il avait dans l'ancienne. — Jadis la femme qui passait *in manu viri*, l'homme libre qui était donné *in mancipio*, essuyaient aussi la petite diminution de tête (2).

4. Servus autem manumissus capite non minuitur, quia nullum caput habuit.	4. *Lorsqu'un esclave est affranchi, il n'y a pas diminution de tête, puisqu'il n'avait pas de tête.*

Paul dit en d'autres termes : *Servile caput nullum jus habet, ideo nec minui potest* (3). L'esclave n'avait aucun des droits qui composaient l'état de citoyen romain, ni

---

(1) D. 4. 5. 3. f. Paul. — (2) G. 1. § 162. — (3) D. 4. 5. 3. § 1. f. Paul.

liberté, ni cité, ni famille; c'est en ce sens qu'on dit, *nullum caput habuit.* Quand il était affranchi, ni la classe des hommes libres, ni la cité, ni aucune famille, ne perdaient un de leurs membres: il n'y avait donc pas de diminution de tête.

5. Quibus autem dignitas magis quam status permutatur, capite non minuuntur; et ideo a senatu motos capite non minui constat.

5. *Il n'y a pas de diminution de tête pour ceux dont la dignité change plutôt que l'état, ni par conséquent pour le sénateur qui est exclu du sénat.*

Nous savons que les diverses dignités n'entraient nullement dans la composition de l'état de citoyen romain qui existait sans elle; l'acquisition ou la perte de ces dignités ne touchait en rien à cet état.

6. Quod autem dictum est, manere cognationis jus et post capitis deminutionem, hoc ita est, si minima capitis deminutio interveniat; manet enim cognatio. Nam, si maxima capitis deminutio intercurrat, jus quoque cognationis perit, ut puta servitute alicujus cognati; et ne quidem, si manumissus fuerit, recipit cognationem. Sed et si in insulam quis deportatus sit, cognatio solvitur.

6. *Quand on a dit que les droits de cognation survivent même à la diminution de tête, on a voulu parler de la petite; alors, en effet, la cognation n'est pas détruite. Mais, s'il intervient la grande diminution de tête, les droits de cognation s'éteignent aussi. Ils périssent, par exemple, pour le cognat réduit en servitude, et ne revivent même point par l'affranchissement. La cognation est aussi rompue par la déportation dans une île.*

Le but qui a fait examiner ici les diminutions de tête est, comme nous l'avons dit, de connaître leur influence sur l'agnation, et par accessoire, sur la cognation. Cette influence peut se résumer ainsi. Le lien même de l'agnation et les droits qu'elle donne sont détruits par toute diminution de tête ; le lien naturel de la cognation n'est rompu par aucune diminution ; les droits civils qui y sont attachés périssent par la grande et la moyenne, mais non par la petite, qui laisse l'entière jouissance des droits civils, et dont le seul effet est un changement de famille, chose indifférente pour la cognation. — Il est bon de remarquer que l'individu fait esclave perd tous ses agnats, tous ses droits de cognation, et qu'il ne les recouvre jamais, même si, par la suite, il est affranchi ; car, après l'affranchissement, il commence une nouvelle personne et une nouvelle famille, séparée entièrement de l'ancienne personne et de l'ancienne famille. Il en est de même dans le cas de déportation, à moins que le déporté n'ait été restitué en entier (pag. 432).

7. Cum autem ad agnatos tutela pertineat, non simul ad omnes pertinet, sed ad eos tantum *qui proximiores gradu sunt*, vel, si plures ejusdem gradu sunt, ad omnes pertinet.

7. *Bien que la tutelle appartienne aux agnats, elle n'appartient pas à tous en même temps, mais seulement aux plus proches en degré, ou à tous ceux du même degré, s'ils sont plusieurs.*

Qui proximiores gradu sunt. Les douze Tables, rangeant la tutelle parmi les droits de famille, établissant une analogie entre elle et l'hérédité, l'avaient déférée aux agnats dans le même ordre que la succession, c'est-à-dire en appelant d'abord les plus proches. De là cette maxime de droit romain : *Ubi emolumentum successionis ibi et onus tutelæ* (1). En effet, l'héritier présomptif du pupille, qui, si

____

(1) Inst. 1. 17.

ce pupille vient à mourir, doit succéder à sa fortune, est intéressé plus que tout autre à la conserver, à l'augmenter; d'ailleurs il était censé avoir le plus d'affection, puisqu'il était le plus proche parent civil. — Toutefois il ne faut point attacher à l'analogie qui existait entre la tutelle et l'hérédité une importance trop rigoureuse. Ainsi il pouvait arriver que le plus proche agnat fût héritier présomptif et ne fût point tuteur, par exemple, si c'était un impubère, un sourd-muet, une femme. En sens inverse, il pouvait arriver que le plus proche agnat fût tuteur, et ne fût point héritier présomptif. Par exemple, si le père, dans son testament, avait lui-même désigné l'héritier de son fils impubère, comme il en avait le droit, d'après ce que nous verrons (1).

Ad omnes pertinet. Ainsi il pouvait exister à la fois plusieurs tuteurs légitimes, aussi bien que plusieurs tuteurs testamentaires.

TIT. XVII.

DE LEGITIMA PATRONORUM TUTELA.

TIT. XVII.

DE LA TUTELLE LÉGITIME DES PATRONS.

Ex eadem lege duodecim Tabularum, libertorum et libertarum tutela ad patronos liberosque eorum pertinet, quæ et ipsa legitima tutela vocatur, non quia nominatim in ea lege de hac tu-

D'après la même loi des douze Tables, la tutelle des affranchis, hommes ou femmes, appartient aux patrons ou à leurs enfants. On la nomme aussi tutelle légitime; non pas qu'elle soit établie d'une

---

(1) D. 26. 4. 1. § 1 et suiv. f. Ulp. — f. 8. Paul. — f. 10. Hermog. — Inst. 2. 16.

tela caveatur, sed quia perinde accepta est per interpretationem, ac si verbis legis introducta esset. Eo enim ipso, quod hereditates libertorum libertarumque, si intestati decessissent, jusserat lex ad patronos liberosve eorum pertinere, crediderunt veteres voluisse legem etiam tutelas ad eos pertinere, cum et agnatos, quos ad hereditatem lex vocat, eosdem et tutores esse jusserit; quia plerumque ubi successionis est emolumentum, ibi et tutelæ onus esse debet. Ideo autem diximus plerumque, quia si a femina impubes manumittatur, ipsa ad hereditatem vocatur, cum alius sit tutor.

manière expresse par la loi, mais parce qu'elle est découlée de l'interprétation de cette loi, comme si elle avait été introduite par le texte même. En effet, de ce que la loi avait donné l'hérédité des affranchis, hommes ou femmes, morts intestats, aux patrons et à leurs enfants, les anciens ont conclu qu'elle voulait aussi leur donner la tutelle; puisque les agnats qu'elle appelle à l'hérédité sont aussi ceux-là qu'elle veut pour tuteurs; d'après ce principe que le plus souvent là où est l'avantage de la succession, là doit être aussi la charge de la tutelle. Nous disons le plus souvent; parce que si c'est une femme qui affranchit l'esclave impubère, elle est appelée à l'hérédité, et cependant un autre prend la tutelle.

Un esclave pouvait être affranchi impubère, ayant besoin d'un tuteur. Qui devait l'être? un tuteur testamentaire? mais il ne pouvait y en avoir, puisque cette espèce de tuteur n'est donné que par le chef de famille aux personnes soumises à son pouvoir; un agnat? mais l'affranchi commence en lui une nouvelle famille et n'a point d'agnat. Les mœurs le rattachaient en quelque sorte à la maison de son patron (pag. 301); la loi des douze Tables avait donné à ce dernier et à ses enfants le droit de famille le plus important, le droit d'hérédité. Théophile rapporte à ce sujet le sens de la loi des douze Tables, quoiqu'il n'en donne pas les propres expressions; il était conséquent d'y

joindre le droit de tutelle ; c'est ce que firent les prudents.
Ainsi, après l'affranchissement, c'est le patron qui est tuteur ; après la mort du patron, ce sont ses enfants, et
cette tutelle est légitime, parce que, d'après les termes
d'Ulpien que nous avons cités, on nommait ainsi les tutelles dérivant de la loi des douze Tables, soit expressément, soit par conséquence.

<table>
<tr><td>

TIT. XVIII.

DE LEGITIMA PARENTUM TUTELA.

Exemplo patronorum recepta est et alia tutela, quæ et ipsa legitima vocatur : nam si quis filium aut filiam, nepotem aut neptem ex filio, et deinceps impuberes emancipaverit, legitimus eorum tutor erit.

</td><td>

TIT. XVIII.

DE LA TUTELLE LÉGITIME DES ASCENDANTS.

A l'exemple de la tutelle des patrons, il en a été reçu une autre qui s'appelle aussi légitime ; car si quelqu'un émancipe avant leur puberté son fils ou sa fille, son petit-fils ou sa petite-fille issus d'un fils, et ainsi de suite, il en sera le tuteur légitime.

</td></tr>
</table>

Lorsqu'un individu avait reçu en mancipation un homme
libre, et qu'à ce titre il le tenait en son pouvoir (*in mancipio*), s'il venait à l'affranchir pendant qu'il était encore
impubère, cet enfant se trouvait, par rapport à la tutelle,
dans une position semblable à celle d'un véritable affranchi ; car, étant sorti de sa famille et n'ayant plus d'agnat,
il ne pouvait avoir des tuteurs de cette classe. Nous avons
vu que le propriétaire affranchissant était assimilé à un
patron, que par suite de cette similitude il avait des droits
d'hérédité (p. 449). Comme une conséquence, il devait
avoir la tutelle ; Ulpien et Gaius nous apprennent qu'il
l'avait : *qui liberum caput mancipatum sibi, vel a parente*

vel a (coemptionatore) manumisit, per similitudinem patroni, tutor efficitur.... qui fiduciarius tutor appellatur (1). Ces derniers mots nous font voir que cette tutelle n'était point légitime, mais se nommait *fiduciaire*. Pourquoi n'était-elle point légitime ? Cé ne peut être que parce que la loi des douze Tables ne parlait en rien ni des droits de tutelle ni des droits d'hérédité d'un pareil affranchissant ; que ces droits ne lui avaient été accordés absolument que par similitude du patron, comme le dit Ulpien, et qu'en conséquence la tutelle ne découlait des douze Tables ni directement ni indirectement. Et qu'on ne dise point : cet affranchissant avait l'hérédité, il était conséquent qu'il eût la tutelle, donc cette tutelle était légitime. Qui lui donnait l'hérédité ? était-ce la loi des douze Tables ? si ce n'était pas cette loi, si l'hérédité ne venait pas de ces tables, comment la conséquence de l'hérédité, la tutelle, pouvait-elle en venir ? Concluons, en résumé, que les droits d'hérédité, lorsqu'ils ne découlaient pas eux-mêmes des douze Tables, ne donnaient point une tutelle légitime, et que, par suite de ce principe, la tutelle donnée sur l'enfant affranchi du *mancipium* n'était que fiduciaire.

Cette tutelle n'existait plus sous Justinien ; mais elle va nous servir à mieux expliquer la tutelle de l'ascendant émancipateur sur l'enfant émancipé. Lorsque le père de famille émancipait avec clause de fiducie, il le faisait en éteignant d'abord sa puissance paternelle par les ventes nécessaires, en la transformant en *mancipium* par un rachat, et en affranchissant enfin le fils. C'est à cause de cet affranchissement, qu'il avait des droits d'hérédité et de

---

(1) Ulp. Reg. 11. § 5. — G. 1. § 166.

tutelle. Sa tutelle n'était autre chose que celle dont nous venons de parler, c'est-à-dire la tutelle d'un propriétaire qui, ayant un individu *in mancipio*, l'avait affranchi ; en conséquence, elle aurait dû strictement se ranger parmi les tutelles fiduciaires et non parmi les tutelles légitimes. C'est ce que nous prouve une observation de Gaius. Cependant le même auteur ajoute sur cet ascendant, non pas qu'il est tuteur légitime, mais qu'il est considéré comme tel (*cum is et legitimus tutor habeatur*). Ulpien dit pareillement qu'on lui accorde le rang de tuteur légitime (*vicem legitimi tutoris obtinet*) (1). Pourquoi donc cette distinction ? On peut en trouver le motif dans la dernière observation de Gaius ; c'est qu'en sa qualité de père il ne doit pas obtenir moins d'honneur que les patrons (*et non minus huic, quam patronis honor præstandus est*) (2). Du reste, à l'époque des Instituts, les mancipations, la réserve de fiducie étaient supprimées, et l'on ne faisait plus aucune difficulté de nommer tuteur légitime l'ascendant émancipateur.

TIT. XIX.

DE FIDUCIARIÁ TUTELA.

Est et alia tutela, quæ fiduciaria appellatur : nam si parens, filium vel filiam, nepotem vel neptem, vel deinceps impuberes manumiserit, legitimam nanciscitur eorum tutelam. *Quo defuncto*, si liberi virilis sexus ei ex-

TIT. XIX.

DE LA TUTELLE FIDUCIAIRE.

Il est encore une autre tutelle qui se nomme fiduciaire. En effet, lorsqu'un ascendant émancipe avant leur puberté son fils, sa fille, son petit-fils, sa petite-fille ou autres, il est investi de leur tutelle légitime ; et à sa mort, s'il laisse des

______

(1) D. 26. 4. 3. § 10. — (2) G. 1. § 172 et 175.

tant, fiduciarii tutores *filiorum suorum*, vel fratris, vel sororis, vel ceterorum efficiuntur. *Atqui patrono* legitimo tutore mortuo, liberi quoque ejus legitimi sunt tutores! Quoniam filius quidem defuncti, si non esset a vivo patre emancipatus, post obitum ejus sui juris efficeretur, nec in fratrum potestatem recideret, ideoque nec in tutelam. Libertus autem, si servus mansisset, utique eodem jure apud liberos domini post mortem ejus futurus esset. Ita tamen hi ad tutelam vocantur, *si perfectæ sint ætatis*, quod nostra constitutio generaliter in omnibus tutelis et curationibus observari precepit.

enfants mâles, ceux-ci deviennent tuteurs fiduciaires de leurs fils, frères, sœurs ou autres. Cependant, à la mort du patron tuteur légitime, ses enfants sont comme lui tuteurs légitimes ! Cette différence vient de ce que le fils du défunt, s'il n'avait pas été émancipé du vivant de son père, à la mort de ce dernier serait devenu maître de lui-même, sans retomber sous la puissance de ses frères ; voilà pourquoi il n'est point sous leur tutelle légitime. Mais l'affranchi, s'il était resté esclave, aurait toujours été soumis au même titre aux enfants du maître, après la mort de ce dernier. Toutefois, ces personnes ne sont appelées à la tutelle que si elles ont atteint l'âge de capacité entière ; règle que notre constitution a généralement prescrite pour toutes les tutelles et curatelles.

Quo defuncto. Le père émancipateur, tuteur du fils émancipé, mourant avant la puberté de ce fils, aurait pu lui nommer un tuteur testamentaire; et, quoique strictement cette nomination ne fût point valable, cependant on l'aurait confirmée (pag. 467); mais s'il ne l'avait point fait, on donnait pour tuteur à cet enfant ceux qui, avant son émancipation, avaient été ses agnats, c'est-à-dire les enfants du chef émancipateur, et parmi eux on prenait celui qui était au degré le plus proche de l'émancipé (1).

____

(1) D. 26. 4. 4. f. Modest.

Cette tutelle, ne découlant des lois des douze Tables ni directement ni indirectement, mais provenant de l'affranchissement d'un individu *in mancipio*, se rangeait dans la classe des tutelles fiduciaires.

Filiorum suorum. Théophile donne ici des exemples pour faire voir comment on peut se trouver le tuteur fiduciaire, tantôt de son fils, tantôt de son frère ou de son neveu. Il nous suffira d'en donner un pour le fils. Un aïeul émancipe son petit-fils, retenant sous sa puissance le père de ce petit-fils; l'aïeul mort, le père deviendra le tuteur fiduciaire de son fils émancipé.

Atqui patrono. Justinien se fait cette objection : Lorsque le patron tuteur légitime meurt, ses enfants sont tuteurs légitimes; pourquoi, lorsque le père émancipateur, tuteur légitime, meurt, ses enfants ne sont-ils que tuteurs fiduciaires? Et il y répond par un motif qui, outre qu'il ne prouve rien, ne s'applique pas à tous les cas; car supposons qu'il s'agisse d'un petit-fils émancipé par son aïeul, son père naturel restant dans la famille; ce petit-fils, s'il n'avait pas été émancipé, à la mort de l'aïeul serait retombé sous la puissance du père; et cependant ce dernier n'est qu'un tuteur fiduciaire. La véritable raison est que la loi des douze Tables donnait au patron et à ses enfants l'hérédité de l'affranchi et par conséquent la tutelle; cette tutelle était donc légitime; mais la loi des douze Tables ne parlait ni des droits d'hérédité ni des droits de tutelle du père émancipateur ou de ses enfants sur l'émancipé; leur tutelle n'était donc pas légitime. Cependant pourquoi donnait-on ce titre à celle du père émancipateur? Nous l'avons déjà dit, ce n'était que par honneur pour lui, et la même raison n'existait pas pour accorder cette faveur à ses enfants. Il ne faudrait pas croire que cette différence

tînt à ce que le père avait des droits d'hérédité , tandis que
les enfants n'en avaient point. Nous avons démontré que
les droits d'hérédité , lorsqu'ils ne venaient pas eux-
mêmes de la loi des douze Tables , ne donnaient point
une tutelle légitime. Aussi, bien que , depuis Anastase ,
les frères de l'émancipé aient acquis des droits de succession (1) , leur tutelle n'a point cessé d'être fiduciaire. Du
reste rappelons , comme observation générale, que si l'on
prend le mot de tutelle légitime dans le sens le plus étendu , comme signifiant tutelle donnée par la loi , celle des
agnats , du patron et de ses enfants , de l'ascendant
émancipateur et de ses enfants sont toutes légitimes, mais
si l'on prend ce mot dans le sens spécial., comme signifiant tutelle venant des douze Tables , soit expressément
soit par conséquence, alors les agnats , le patron et ses
enfants sont réellement les seuls tuteurs légitimes : le père
émancipateur leur est assimilé par honneur pour sa qualité ; mais ses enfants ne sont que tuteurs fiduciaires.

Si perfectæ sint ætatis. Cet âge était celui de vingt-cinq
ans (2). L'individu appelé à la tutelle , par la loi , devait
être capable de la gérer ; s'il était mineur de vingt-cinq
ans , furieux ou sourd et muet , il ne pouvait être tuteur (3) ; et ici l'on n'agissait point comme pour la tutelle
testamentaire , c'est-à-dire on n'attendait pas que son incapacité eût cessé ; mais on passait immédiatement au
tuteur que la loi appelait après lui (4).

---

(1) C. 5. 31. 4. — (2) Ib. 5. — (3) D. 26. 4. 10. § 1. 5. Herm.
(4) Le système que nous venons de parcourir sur les tutelles dé-
férées par la loi, est celui qui existait encore à l'époque des Instituts.
Mais, après cette novelle de Justinien qui introduisit (en 544) un

<table>
<tr><td>

TIT. XX.

DE ATILIANO TUTORE , ET EO QUI
EX LEGE JULIA ET TITIA DABATUR.

*Si cui nullus omnino tutor
fuerat, ei dabatur, in urbe qui-
dem romana, a prætore urbano
et majore parte* tribunorum ple-
bis tutor, *ex lege Atilia ;* in pro-
vinciis vero, a præsidibus pro-
vinciarum , ex lege Julia et Titia.

</td><td>

TIT. XX.

DU TUTEUR ATILIEN ET DU TUTEUR
DONNÉ PAR LA LOI JULIA ET TITIA.

*Si quelqu'un se trouvait absolu-
ment sans tuteur, il lui en était
donné un, dans la ville, par le pré-
teur urbain et la majorité des tri-
buns des plébéiens ; en vertu de la
loi Atilia ; dans les provinces, par
les présidents, en vertu de la loi
Julia et Titia.*

</td></tr>
</table>

Nous arrivons à la tutelle donnée par les magistrats :
les commentateurs et les écrivains modernes la nomment
tutelle dative. Cette dénomination est aujourd'hui généralement adoptée ; cependant elle n'était point consacrée
chez les jurisconsultes romains. Seulement, en rappro-
chant du fragment d'Ulpien déjà cité : *legitimos tutores
nemo dat, sed lex... fecit tutores* (1), ces expressions fréquemment employées , *testamento datus tutor , tutor datus a præside , a prætore ,* on pourrait conclure que , par
opposition à la tutelle déférée par la loi , les deux tutelles ,
celle donnée par testament et celle donnée par le magis-

---

nouvel ordre de succession, dans lequel on n'avait égard qu'au degré
de parenté sans plus distinguer les agnats des cognats, le même
changement fut apporté dans les tutelles, toujours conformément
à ce principe, que l'une doit être la conséquence de l'autre. Les femmes néanmoins restèrent toujours incapables d'être tutrices , à l'exception de la mère et de l'aïeule. (*Nov.* 108. c. 5.)

(1) D. 26. 4. 5.

trat, étaient datives ; mais le terme de *tutor dativus* qui, comme nous l'avons vu (pag. 462), est appliqué spécialement par Gaius et par Ulpien au tuteur donné par testament, n'est pas employé de même pour le tuteur donné par les magistrats. Ce tuteur est nommé comme ici, dans les Instituts, *tutor Atilianus* (1), du nom de la loi *Atilia*, d'après laquelle il était donné ; et comme cette loi ne regardait que les tuteurs donnés dans la ville, on appelait le tuteur donné dans les provinces *tutor Juliotitianus*, du nom de la loi *Julia et Titia* qui les concernait. C'est Théophile qui nous indique cette dernière expression.

Et majore parte. Les tribuns étaient au nombre de dix (*H. d. d. pag.* 34) ; ils délibéraient tous avec le préteur sur la nomination du tuteur. Cette nomination n'avait lieu que lorsqu'à l'avis du préteur se réunissait la majorité des tribuns, par conséquent au moins six, dit Théophile.

Ex lege Atilia. Sa date véritable n'est point connue. Elle doit remonter à une époque assez éloignée, parce qu'il dût arriver fréquemment que des personnes n'avaient ni tuteur testamentaire ni tuteur légitime ; et l'on dut sentir dès lors le besoin de régulariser la nomination d'un tuteur. La loi Atilia existait probablement en 557 ; car Tite-Live en parlant d'une affranchie vivant à cette époque, nous dit : *Post patroni mortem, quia nullius in manu esset, tutore a tribunis et prætore petito,...* (2). C'est pour cela que

---

(1) *Qui Atilianus tutor vocatur*, dit Gaïus. 1. § 185 ; *quos tutores Atilianos appellamus*, dit Ulpien. Reg. 11. § 18 ; de même Théophile. h. p.

(2) Tit. Liv. 39. 9.

M. Haubold, dans ses *Tables chronologiques*, commence à l'indiquer, dès cette année, comme douteuse quant à sa date. Henneccius , dans ses *Antiquités romaines*, la place en 443, présomption qui n'est fondée que sur le nom d'un tribun de cette époque, *Atilius Regulus*. Quant à la loi *Julia et Titia* , on s'accorde généralement à la placer sous Jules-César, Octavien , en 723 de Rome ; cependant Théophile en parle comme de deux lois distinctes : la loi *Julia* et la loi *Titia* , portées l'une après l'autre. Il faut avouer que cette assertion s'accorderait difficilement avec les fragments de tous les jurisconsultes qui ne disent jamais que *lex Julia et Titia* , au singulier. — La nomination d'un tuteur n'était point comprise dans les attributions ordinaires des magistrats ; elle ne se rattachait ni à la préparation d'une affaire avec l'indication du droit (*jurisdictio*) , ni à leur pouvoir exécutif (*imperium*) (H. d. d. pag. 55). Aussi était-il reconnu qu'ils n'avaient le droit de nommer un tuteur que lorsqu'une loi le leur avait spécialement accordé (1). La législation sur cette matière subit plusieurs variations que les Instituts indiquent ; la première loi fut la loi *Atilia*, dont nous venons de parler.

1. Sed et si testamento tutor sub conditione, aut die certo, datus fuerat , quandiu conditio aut dies pendebat, ex iisdem legibus tutor dari poterat. Item, si	1. *Et même si la nomination du tuteur par testament était sous condition ou à terme, tant que la condition ou le terme n'était point arrivé, on pouvait donner, d'a-*

(1) *Tutoris datio neque imperii est, neque jurisdictionis; sed ei solum competit, cui nominatim hoc dedit vel lex, vel senatusconsultum, vel princeps.* (D. 26. 1. 6. § 2. f. Ulp.)

pure datus fuerat, quandiu ex testamento nemo heres existebat, tamdiu ex iisdem legibus tutor petendus erat, qui desinebat esse tutor, si conditio existeret, aut dies veniret, aut heres extiteret.

près les mêmes lois, un autre tuteur par interim. Si la nomination était pure et simple, il fallait pareillement, tant que personne ne se portait héritier en vertu du testament, demander, d'après les mêmes lois, un tuteur qui cessait de l'être dès l'accomplissement de la condition, l'événement du terme ou l'acceptation d'un héritier. ·

2. Ab hostibus quoque tutore capto, ex his legibus tutor petebatur; qui desinebat esse tutor, si is qui captus erat, in civitatem reversus fuerat; nam, reversus, recipiebat tutelam, jure postliminii,

2. Pareillement, le tuteur étant pris par l'ennemi, suivant les mêmes lois on en demandait un autre, qui cessait de l'être si le captif revenait ; car celui-ci reprenait la tutelle par droit de postliminium.

Ces deux paragraphes réunis au *principium* expriment les cas dans lesquels a lieu la tutelle testamentaire; les voici : 1° Quand il n'y a absolument aucun tuteur, ni testamentaire, ni légitime (*si cui nullus omnino tutor fuerat*). — 2° Quand la tutelle testamentaire est suspendue ou interrompue pour une cause quelconque. Ainsi, lorsque le tuteur testamentaire ne devait commencer ses fonctions qu'à partir d'un certain jour ou qu'après l'accomplissement de telle condition : ou bien lorsque l'héritier choisi par le défunt tardait à se présenter et à accepter l'hérédité ; car, jusqu'à son acceptation, le testament et toutes ses dispositions se trouvaient suspendus : ou bien, enfin, lorsque le tuteur testamentaire était pris par l'ennemi. Dans tous ces cas, le magistrat nommait un tuteur en attendant ; car tant qu'il y a encore espérance de tutelle testamentaire, on ne doit point recourir à celle qui est déférée par la loi (*sciendum est enim quandiu testa-mentaria tutela speratur legitimam cessare*) (1). Si l'espérance se réalisait, le tuteur nommé par le magistrat cédait ses fonctions au tuteur testamentaire ; si l'espérance venait à défaillir totalement, il les cédait au tuteur appelé par la loi. — 3° Quand le tuteur testamentaire s'excusait de la tutelle, ou était destitué (2). Dans ce cas cependant il n'y avait plus d'espérance de tutelle testamentaire : pourquoi n'avait-on point recours à la tutelle des agnats, comme on le faisait lorsque le tuteur testamentaire était mort pendant sa gestion, avant la puberté du pupille ? Ulpien dit : que c'est parce que le tuteur était destitué précisément, pour qu'un autre fût nommé (*nam et hic idcirco abit, ut alius detur*) (3) ; ce qui peut se développer en ce sens, que toutes les fois qu'on s'adressait aux magistrats pour qu'ils fissent cesser les fonctions d'un tuteur, soit en admettant ses excuses, soit en le destituant, cela entraînait la conséquence nécessaire que le tuteur, n'étant écarté que par l'intervention de l'autorité, serait remplacé par la même autorité.

3. Sed ex his legibus tutores pupillis desierunt dari, posteaquam primo consules pupillis utriusque sexus tutores ex inquisitione dare cœperunt ; deinde prætores, ex constitutionibus. Nam, supradictis legibus, neque de cautione a tutoribus exigenda,

3. *Mais les tuteurs cessèrent d'être donnés d'après ces lois, lorsque les consuls d'abord commencèrent à les donner sur enquête aux pupilles des deux sexes, ensuite les préteurs conformément aux constitutions ; car ces lois dont nous venons de parler n'a-*

---

(1) D. 26. 2. 11. f. Ulp. — (2) Ib. § 1 et 2. — (3) D. 26. 2. 11. § 1.

rem salvam pupillis fore, neque de compellendis tutoribus ad tutelæ administrationem, quidquam cavebatur.

raient rien statué ni sur la caution qu'on doit exiger des tuteurs pour garantir les intérêts du pupille, ni sur les moyens de forcer les tuteurs à administrer.

C'est, d'après Suétone, sous l'empire de Claude, que le pouvoir de nommer les tuteurs fut attribué aux consuls (1). Il fut ensuite enlevé aux consuls et transporté aux préteurs sous Antonin le Pieux (2).

4. Sed hoc jure utimur, ut Romæ quidem præfectus urbi, vel prætor, *secundum suam jurisdictionem;* in provinciis autem præsides, ex inquisitione, tutores crearent; vel magistratus, *jussu præsidum,* si non sint magnæ pupilli facultates.

4. Mais d'après le droit que nous suivons, à Rome le préfet de la ville ou le préteur suivant leur jurisdiction, dans les provinces le président, nomment les tuteurs sur enquête, ou bien ce sont les magistrats sur l'ordre du président, si la fortune du pupille est peu considérable.

Nous avons suffisamment développé, dans l'histoire du droit, ce qu'étaient le préfet de la ville, dont les pouvoirs ne s'étendaient pas au delà d'un rayon de cent milles autour de Rome (pag. 134) (3), les préteurs (pag. 63, 87.), les présidents des provinces (pag. 92, 133, 190), et les magistrats particuliers des cités (pag. 176). On ne sait pas l'époque précise où le pouvoir de nommer des tuteurs fut attaché à ces diverses magistratures; mais déjà ce pouvoir existait sous l'empereur Sévère, du temps

____

(1) Suet. in Claud. c. 23. — (2) Jul. Capitolinus, M. Anton. Vita. c. 10. — (3) D. 1. 12. f. Ulp. § 4.

d'Ulpien , de Paul, de Tryphoninus , comme l'attestent divers fragments de ces auteurs (1).

Secundum suam jurisdictionem. Ce n'est pas que le préfet et le préteur exerçassent leur autorité sur un territoire différent. On a vu , dans l'histoire du droit, que les attributions de chacun d'eux s'étendaient sur toute la ville ; et cela n'établissait aucune espèce de conflit, puisque ces attributions étaient distinctes. Mais, du moment que l'on donna à ces deux magistrats le pouvoir de nommer chacun séparément les tuteurs, il fallut nécessairement, pour éviter un conflit, partager entre eux, pour cet objet seulement, ou le territoire de la ville ou les personnes, selon leur qualité, peut-être leur fortune. C'est ce dernier partage que semble indiquer Théophile en ces termes : « Je dis *suivant leur jurisdiction,* parce qu'il est quelques personnes auxquelles c'est le préfet et non le préteur qui peut donner les tuteurs » (2).

Jussu præsidum. Le président n'aurait pas pu de sa propre autorité déléguer la nomination d'un tuteur à quelqu'un que la loi elle-même n'aurait point déclaré capable de faire cette nomination (*nec mandante præside alius tutorem dare poterit*) (3) ; mais les magistrats municipaux étaient au nombre de ceux que la loi déclarait capables (4) , et le président pouvait, sur leur rapport, ou nommer luimême le tuteur, ou les charger de cette nomination ; les magistrats devaient là dessus attendre ses ordres (5).

---

(1) D. 26. 5. 3. f. Ulp. — 26. 7. 46. § 1 et 6. f. Paul. — 27. 1. 45. § 3. f. Tryph. — C. 5. 34. 5. — (2) Theop. h. p. — (3) D. 26. G. 8. f. Ulp. — (4) D. 26. 5. 5. — (5) D. 27. 8. 1. § 2. f. Ulp.

5. Nos autem, per constitutio- | 5. *Mais nous, par notre consti-*
nem nostram hujusmodi difficul- | *tution, dissipant ces embarras de*
tates hominum resecantes, nec | *personnes, nous avons ordonné*
expectata jussione præsidum, | *que, sans attendre l'ordre des pré-*
disposuimus, si facultates pupilli | *sidents, lorsque la fortune du pu-*
vel adulti usque ad quingentos | *pille ne dépassera point cinq cents*
solidos valeant, defensores civi- | *solides, les tuteurs et curateurs*
tatum una cum ejusdem civitatis | *seront nommés par les défenseurs*
religiosissimo antistite, vel alias | *des cités, conjointement avec le*
publicas personas, id est magis- | *saint evêque, ou par les autres per-*
tratus, vel juridicum Alexandri- | *sonnes publiques, savoir les magis-*
næ civitatis, tutores vel cura- | *trats, ou le juge d'Alexandrie. La*
tores creare; legitima cautela se- | *caution légale doit être fournie*
cundum ejusdem constitutionis | *conformément à cette constitution,*
normam præstanda, videlicet eo- | *c'est-à-dire aux risques de ceux*
rum periculo qui eam accipiunt. | *qui la reçoivent.*

Le changement apporté par Justinien consiste en ce que les magistrats des cités ne sont plus obligés d'attendre l'ordre du président de la province pour faire la nomination. — Nous avons déjà parlé des défenseurs des cités (*H. d. d., p.* 197.), des évêques (p. 188.), du juge d'Alexandrie (p. 133, en note). En résumé, les tuteurs, sous Justinien, sont nommés à Constantinople par les préfets et le préteur, chacun selon leur jurisdiction et avec enquête; dans les provinces, lorsque la fortune du pupille excède cinq cents solides (1), ils sont nommés par les présidents avec enquête; lorsque la fortune ne

---

(1) Le solide, ou sou d'or, contenait en or, autant qu'on a pu l'évaluer, le poids que contiendrait une pièce d'environ vingt-deux francs cinquante centimes. D'après ce calcul, cinq cents solides formeraient en or un peu plus de douze mille francs de nos jours.

s'élève pas au dessus de cette somme, ce sont les magistrats particuliers des cités qui les nomment sans enquête, mais avec caution. — Les tuteurs nommés sur enquête (*ex inquisitione*) ne le sont qu'après une information faite par le magistrat sur leur fortune, leur rang, leurs mœurs, leur fidélité et leur capacité (1). Cette information est une garantie pour les intérêts du pupille. Les tuteurs nommés avec caution sont obligés de présenter quelqu'un qui réponde de leur gestion. Ce mode de garantie est plus simple et même plus sûr que le précédent; mais il n'était guère applicable qu'aux petites propriétés, parce qu'il devait être plus difficile de trouver des personnes qui voulussent répondre d'un patrimoine considérable. — Les magistrats pouvaient nommer plus d'un tuteur au même pupille; mais ils ne pouvaient subordonner la nomination à un terme, ou à une condition, parce qu'ils devaient pourvoir sur-le-champ et en totalité aux intérêts du pupille (2).

Ici se termine l'exposé des diverses tutelles. « On voit par là combien il y en a de sortes; mais si nous demandons combien elles forment de genres, la controverse sera longue; car les anciens ont eu de grands doutes à ce sujet..... Les uns, tels que Quintus Mucius, en ont compté cinq genres; d'autres trois, comme Servius Sulpicius; d'autres deux, comme Labéon; d'autres ont cru qu'il y avait autant de genres de tutelles que d'espèces (3) ».

---

(1) Theoph. h. t. — D. 26. 5. 21. § 5. f. Modest.

(2) *Sub conditione a præsidibus provinciarum non posse dari tutorem placet* (D. 26. 1. 6. § 1. f. Ulp.).

(3) G. 1. § 188.

Ainsi s'exprime Gaius lui-même ; et nous ne saurions mieux faire que de le traduire, pour donner les véritables idées des jurisconsultes romains sur cette matière. Quant aux commentateurs et aux jurisconsultes modernes, ils ont généralement divisé les tutelles en trois genres : tutelle *testamentaire*, *légitime*, et celle qu'ils nomment *dative*, selon qu'elle est donnée par testament, par la loi, par le magistrat. Les Instituts paraissent en distinguer quatre genres : la tutelle *testamentaire*, *légitime*, *fiduciaire* et celle déférée par les magistrats.

6. Impuberes autem in tutela esse naturali juri conveniens est, ut is qui perfectæ ætatis non sit, alterius tutela regatur.

6. *Il est conforme au droit naturel que les impubères soient mis en tutelle, afin que celui qui n'est pas d'âge à se défendre se trouve sous la protection d'un autre.*

Cette réflexion générale sur la nature des tutelles est prise dans Gaius (1) ; nous l'avons déjà faite quand nous avons dit (p. 458) que la tutelle, dans son principe, dérive de la raison naturelle ; ce qui n'empêchait pas que ses dispositions, chez les Romains, fussent du droit civil et applicables aux seuls citoyens, comme les dispositions sur les justes noces.

7. Cum igitur pupillorum, pupillarumque tutores negotia gerant, post pubertatem tutelæ judicio rationem reddunt.

7. *Les tuteurs ayant géré les affaires des pupilles, après la puberté on leur fait rendre compte par l'action de tutelle.*

Ce n'est pas encore ici le lieu de nous appesantir sur ce compte et sur cette action.

---

(1) G. 1. § 189.

De l'Administration des Tuteurs.

Il est des formalités que le tuteur doit remplir avant de prendre l'administration des biens : la première, c'est qu'il doit fournir caution de bien gérer (*satisdatio rem pupilli salvam fore*), à moins qu'il ne soit au nombre de ceux qu'on en dispense : nous reviendrons sur cette matière plus en détail. La seconde, c'est qu'il doit, en présence de personnes publiques, faire l'inventaire des biens du pupille (*repertorium, inventarium*) (1), à moins que le testateur ne l'ait formellement défendu (2). Le tuteur doit bien se garder de faire aucun acte d'administration, avant d'avoir accompli ces formalités, si ce n'est pour les choses pressantes, qui ne peuvent souffrir de délai (3). Lorsque la caution est donnée et l'inventaire fait, le tuteur doit administrer, il peut même y être contraint ; il est d'ailleurs responsable du préjudice que pourrait apporter toute espèce de retard (*suo periculo cessat*) (4).

Mais il peut arriver, comme nous l'avons vu, qu'il y ait plusieurs tuteurs. A qui l'administration doit-elle être remise? Elle sera ou confiée à un seul, ou donnée à tous en commun, ou partagée entre chacun d'eux. — 1° *Elle est confiée à un seul* (et c'est le parti qu'il faut toujours s'efforcer de prendre, comme le plus favorable au pupille): lorsqu'il s'agit de tuteurs qui ne sont point obligés de fournir caution, et que l'un d'eux offre d'en fournir une

---

(1) D. 26. 7. 7. f. Ulp. — C. 5. 37. 24. — (2) C. 5. 51. 13. § 1. — (3) C. 5. 42. l. 1. 5 et 5. — D. 26. 7. 7. p. f. Ulp. — (4) D. 26. 7. 1. § 1. f. Ulp.

(il doit être préféré à tous les autres) ; lorsqu'il s'agit de tuteurs testamentaires, et que le testateur a désigné celui qui doit administrer ; à défaut de ces deux circonstances, lorsque les tuteurs ont, à la majorité des voix, décerné la tutelle à l'un d'eux ; enfin, lorsque les tuteurs ne l'ayant point fait, le magistrat a lui-même désigné l'administrateur. Les tuteurs non gérants sont nommés tuteurs honoraires (*honorarii tutores*) ; ils ne font point d'acte de gestion, mais ils sont comme les surveillants de celui qui gère (*quasi observatores actus ejus et custodes*), et ils sont responsables en cette qualité (1). — 2° *Elle est donnée à tous en commun*, lorsqu'ils ne veulent point consentir à laisser gérer seul celui que le magistrat a désigné. L'administration leur devenant commune, ce que chacun d'eux fait sans fraude est valable ; mais la responsabilité est aussi commune (2). — 3° *Elle est divisée entre chacun d'eux*, par le testateur, ou par le magistrat lorsque, sur leur demande, il le juge convenable. Cette division s'opère, ou par partie : l'un, par exemple, prenant telle partie de l'administration, le second telle autre partie ; ou par régions : l'un prenant les biens de telle province, le second les biens d'une autre province (*in partes vel in regiones*). Alors chacun d'eux administre seulement sa partie ou sa région ; il ne peut se mêler des autres que comme surveillant ; la responsabilité de gestion est aussi divisée (3).

L'administration du tuteur s'étend à la personne et aux biens du pupille. — Pour la personne, il doit principa-

---

(1) D. 26. 7. 3. § 1 à 7. l. Ulp. — (2) D. 26. 7. 3. § 8. — 27. 3. 1. § 11 et suiv. l. Ulp.—(3) D. 26. 7. 1. 3. § 9 et l. 4.—C. 5. 52. 2.

lement veiller à son entretien et à son éducation, le tout proportionnellement à sa fortune et à son rang (1); il doit même, lorsqu'il s'agit de déterminer le lieu où le pupille sera élevé, consulter le magistrat (2). — Quant aux biens, le tuteur doit vendre les animaux inutiles au pupille et les choses sujettes à dépérissement; on mettait autrefois dans cette classe les objets mobiliers et les bâtiments (3): poursuivre les débiteurs du pupille et les faire payer ; si lui-même était débiteur du père du pupille, il doit acquitter sa dette (4): administrer tous les biens et en percevoir tous les revenus: déposer dans un lieu désigné l'argent du pupille dans le but d'en acheter des fonds; la somme à laquelle le dépôt doit avoir lieu est fixée selon les circonstances ; le tuteur qui ne dépose pas doit les intérêts (5) : faire emploi de l'argent, soit en le plaçant à intérêt, soit en achetant des fonds; l'emploi doit être fait dans les six mois, la première année de la tutelle ; les années suivantes, dans les deux mois ; après ce délai, le tuteur doit les intérêts en usage sur les lieux ; s'il détournait l'argent à son profit, il devrait l'intérêt légal qui était le plus haut, le douze pour cent (*centesimæ usuræ*) (6): payer les créanciers du pupille, et se payer soi-même s'il est créancier (7) : défendre le pupille en justice, soit en agissant, soit en défendant, soit en appelant (8).

---

(1) D. 26. 7. 12. § 3. f. Paul et 13. p. f. Gai. — (2) C. 5. 49. — (3) C. 5. 37. 22. — D. 26. 7. 1. 5. § 9 et 7. § 1. — (4) D. 26. 7. 1. 1. § 4 et l. 15. — (5) D. 26. 7. l. 5. p. et 7. § 7. — (6) Ib. l. 7. § 2, 3, 4, 10 et 11. — (7) Ib. l. 9. § 5. — (8) Ib. l. 1. § 2 et 3. — C. 5. 37. l. 6 et 11.

Dans tous ces actes, et en général dans son administration entière, le tuteur doit apporter tous les soins qu'il apporterait à ses propres affaires (*quantam in rebus suis diligentiam*); il est responsable non seulement de la fraude dont il se rendrait coupable, mais encore de ses fautes (*dolum et culpam præstat*) (1). Il fait les actes de gestion, soit en agissant par lui-même et sans le pupille : c'est ce qu'on nomme, à proprement parler, *negotia gerere;* soit en intervenant quand le pupille contracte, afin de valider le contrat par sa présence et par son approbation : c'est ce qu'on nomme *auctor fieri, auctoritatem interponere* (2). Pour mieux déterminer dans quels cas le tuteur devait agir lui-même, dans quels cas il pouvait faire agir le pupille, il est indispensable de faire quelques réflexions générales sur la capacité de ce dernier. On distinguait deux périodes dans l'âge de l'impubère : la première était celle de l'enfance (*infantia*), elle s'étendait jusqu'à l'âge de sept ans révolus; la seconde était au-dessus de l'enfance, elle comprenait depuis sept ans révolus jusqu'à la puberté; on la subdivisait encore en deux parties, selon que le pupille était plus près de l'enfance (*proximus infantiæ*), ou plus près de la puberté (*proximus pubertati*). Le pupille, tant qu'il était *infans* (ne pouvant parler), et même rigoureusement, tant qu'il était *proximus infantiæ*, n'était sensé avoir aucune intelligence des choses sérieuses (*nullum habent intellectum*); était-il *proximus pubertati* alors il

---

(1) D. 27. 3. 1. p. — 50. 17. 23. p. f. Ulp.

(2) *Pupillorum pupillarumque tutores et negotia gerunt, et auctoritatem interponunt.* (Ulp. Reg. 11. § 25.)

avait l'intelligence de ce qu'il faisait (*jam aliquem intellectum habent*), quoiqu'il n'eût pas le jugement nécessaire
pour peser les avantages et les inconvénients d'une chose
(*animi judicium*). Par une interprétation favorable, on
assimila bientôt le pupille *proximus infantiæ* à celui qui
était *proximus pubertati*; ainsi nous n'aurons plus à distinguer que l'enfance et l'âge au-dessus de l'enfance (1).
Ces réflexions faites, nous poserons en principe : 1° que
l'enfant (*infans*), n'ayant aucune intelligence de ce qu'il
fait, ne peut être partie dans aucun acte ; que ceux qu'il
passe ne peuvent être regardés comme sérieux, et sont
totalement non avenus, tant envers lui qu'envers les
tiers ; qu'en conséquence c'est le tuteur qui le repré-
sente, qui agit en son nom et gère seul ses affaires : 2° que
toutes les fois qu'un acte ne demande dans celui qui le
fait que l'intelligence de ce qu'il fait (*aliquem intellectum*),
le pupille au dessus de sept ans en est capable seul et sans
autorisation, parce qu'il a cette intelligence; mais lorsque
l'acte demande un jugement (*animi judicium*), le pupille,
sans l'autorisation du tuteur, est censé n'avoir aucune volonté ni pour, ni contre, parce qu'il ne peut pas juger
(*quoniam nondum plenum judicium animi habet*) (2). Du
reste, cette capacité qu'avait le pupille au dessus de l'enfance de figurer dans les actes, n'enlevait pas au tuteur
celle d'agir par lui-même s'il le jugeait convenable. Ainsi,
par exemple, dans un procès, le tuteur pouvait ou se pré-

_____

(1) G. 3. § 108. — Inst. 3. 19. 10.

(2) *Pupillus nec velle nec nolle in ea ætate, nisi adposita tutoris auctoritate creditur : nam quod animi judicio fit, in eo tutoris auctoritas
necessaria est.* D. 50. 17. 189. f. Celsi. — Ulp. Reg. 20. § 12.

senter lui-même en justice, ou faire présenter le pupille en se portant *auctor* (1). Il était certains actes cependant, tels que l'adrogation, l'affranchissement d'un esclave (2), l'acceptation d'une hérédité (3), dans lesquels le pupille devait paraître lui-même.

<table>
<tr><td>TIT. XXI.</td><td>TIT. XXI.</td></tr>
<tr><td>DE AUCTORITATE TUTORUM.</td><td>DE L'AUTORISATION DES TUTEURS.</td></tr>
</table>

Les mots spécialement consacrés, *auctoritas, auctor,* ne sont point rendus par les mots généraux, *autorisation, autorisant ;* le terme exact manque à notre langue : faute de pouvoir traduire l'expression latine, nous allons tâcher d'en faire saisir le sens et le caractère particulier. Le pupille, même au-dessus de l'enfance, n'avait qu'une capacité, en quelque sorte une personne, incomplète ; faisait-il un acte en son nom ? Pour compléter cette capacité, cette personne, le tuteur venait se joindre à lui ; ainsi par sa présence, son concours dans l'acte, et par sa déclaration formelle, il augmentait la personne du pupille, *augebat,* il augmentait ; *auctor fiebat,* il devenait augmentant ; c'est cette action du tuteur que désigne le mot *auctoritas :* on voit qu'il n'exprime point une simple autorisation, encore moins une ratification ; mais bien une participation active du tuteur dans le contrat (4). De plus, cette participation active dans le but d'augmenter, en

____

(1) D. 26. 7. 1. § 2. f. Ulp. — (2) C. 7. 1. 3. — D. 40. 2. 24. f. Paul. — (3) D. 29. 2. 8. f. Ulp. — (4) D. 26. 8. 9. § 5. f. Gai. — Inst. h. t. § 2.

quelque sorte, une personne incomplète (*auctoritas*), cette qualité d'individu augmentant (*auctor*), étaient propres à la tutelle seule et ne se rencontraient nulle part ailleurs. Nos mots *autorisation, autorisant*, n'expriment, comme on le voit, rien de tout cela.

Auctoritas autem tutoris in quibusdam causis necessaria pupillis est, in quibusdam non est necessaria ; ut ecce si quid dari sibi stipulentur, non est necessaria tutoris auctoritas, quod si aliis pupilli promittant, necessaria est tutoris auctoritas. Namque placuit meliorem quidem suam conditionem licere eis facere, etiam sine tutoris auctoritate; deteriorem vero, non aliter quam tutoris auctoritate. Unde, in his causis ex quibus obligationes mutuæ nascuntur, ut in emptionibus, venditionibus, locationibus, conductionibus, mandatis, depositis, si tutoris auctoritas non interveniat, ipsi quidem qui cum his contrahunt, obligantur, at invicem pupilli *non obligantur.*

L'autorisation du tuteur dans certains actes est nécessaire aux pupilles, et dans d'autres ne l'est point. Par exemple : elle n'est pas nécessaire lorsqu'ils stipulent qu'on leur donnera quelque chose ; elle est indispensable lorsqu'ils promettent à d'autres. En effet, il a été établi qu'ils peuvent, sans l'autorisation du tuteur, rendre leur condition meilleure, mais qu'ils ne peuvent la rendre pire qu'avec cette autorisation. D'où il suit que dans ces actes qui engendrent des obligations réciproques, comme dans les achats, les ventes, les louages, les mandats, les dépôts, si l'autorisation du tuteur n'intervient pas, ceux qui contractent avec les pupilles sont obligés, mais les pupilles ne le sont point réciproquement.

Ces expressions diverses, que les impubères peuvent, sans l'autorisation du tuteur, rendre leur condition meilleure, mais non la rendre pire ; obliger les autres envers eux, mais non s'obliger envers les autres (1); stipuler,

---

(1) Inst. 3. 19. § 9.

mais non promettre , toutes ces expressions sont bien loin d'être synonymes , mais elles expriment des règles qui ne sont que la conséquence l'une de l'autre. La plus générale est la première : les pupilles peuvent , sans l'autorisation de leur tuteur, rendre leur condition meilleure, en effet de pareils actes n'exigent que l'intelligence de ce qu'ils font (*aliquem intellectum*) ; mais non la rendre pire , en effet il faut alors un jugement (*animi judicium*), pour estimer si la perte est compensée par un bénéfice suffisant. Voilà le principe fondamental ; les autres n'en sont qu'une conséquence, et c'est ce qu'indique notre texte lui-même. Ainsi les pupilles peuvent bien recevoir un objet qu'on leur donne , accepter la libération d'une dette , parce que c'est rendre évidemment leur condition meilleure, et qu'il leur suffit, pour la validité de ces actes, d'avoir l'intelligence de ce qu'ils font ; mais ils ne peuvent aliéner ce qui leur appartient, libérer un débiteur, payer un créancier, parce que c'est rendre leur condition pire , et qu'il faudrait un jugement pour balancer la perte que ces actes leur font essuyer avec le bénéfice qu'ils peuvent leur procurer. De là découle aussi la seconde règle : ils peuvent obliger les autres envers eux, car celui qui impose à quelqu'un l'engagement de donner, de faire ou de ne pas faire quelque chose, rend évidemment sa condition meilleure ; il lui suffit pour la validité de l'acte, d'avoir l'intelligence de ce qu'il fait : mais ils ne peuvent s'obliger envers les autres , car celui qui prend envers quelqu'un l'engagement de donner, de faire ou de ne pas faire, rend sa condition pire ; et lors même que son obligation n'est que le prix d'un avantage qu'on lui a procuré, il faut un jugement pour balancer la perte et l'avantage. De là découle aussi la troisième règle : ils peuvent stipuler, car ce n'est qu'une manière spéciale d'obliger les autres envers soi ; mais ils ne peuvent promettre, car ce n'est qu'une manière spéciale de s'obliger. La stipulation, en effet, était un contrat solennel, propre aux citoyens romains, dont les formes consistaient dans une interrogation et une réponse conforme ; par exemple : Promettez-vous de me payer dans deux mois cent solides ? — Je le promets. On appelait *stipulant* celui qui faisait l'interrogation, c'est-à-dire envers qui l'on s'obligeait, et promettant celui qui faisait la réponse, c'est-à-dire, qui s'obligeait.

Non obligantur. Ces contrats, qui, comme tous les autres, renferment un concours de volonté, se décomposent en deux actes : d'un côté, acte de l'une des parties qui s'engage envers le pupille ; de l'autre côté, acte du pupille qui s'engage envers l'autre partie. Le pupille ne figure, dans le premier acte, que comme individu envers qui on s'oblige et qui rend sa condition meilleure ; il lui suffit, pour remplir son rôle, d'avoir l'intelligence de ce qui se fait (*aliquem intellectum*) ; cet acte est donc valable. Dans le second, le pupille figure comme voulant s'obliger, rendre sa condition pire, ce qui exigerait un jugement (*animi judicium*), pour peser l'engagement qu'il va prendre et le balancer avec celui qu'on a pris envers lui, jugement dont il est incapable ; il est donc censé n'avoir aucune volonté ni pour ni contre cet acte, et son engagement n'existe pas. — Il ne faut pas croire néanmoins, que le pupille ne soit soumis à aucune obligation. On suit envers lui cette règle, que personne ne doit s'enrichir aux dépens d'autrui : *Jure naturæ æquum est, neminem cum alterius detrimento et injuria fieri locupletiorem* (1).

______

(1) D. 5o. 17. 2o6. f. Pomp.

En conséquence, s'il retire quelque profit du contrat, il est obligé jusqu'à concurrence de ce profit (*in quantum locupletior factus est*) (1). Si donc il a vendu quelque objet, il ne sera point obligé de le livrer ; s'il l'a livré, son tuteur pourra le reprendre par vendication ; mais s'il en a reçu le prix, il devra rendre tout l'argent qu'il n'a point perdu ou follement dépensé, en un mot, qui a tourné à son profit ; de même si le pupille a reçu un mandat, un dépôt, il ne peut être poursuivi pour avoir mal rempli le mandat, mal soigné le dépôt, perdu les choses appartenant au mandant ou au déposant ; mais il doit rendre tout ce qu'il a conservé et qu'il ne pourrait garder sans s'enrichir aux dépens d'autrui. Quant aux individus qui ont contracté avec le pupille, ils sont entièrement obligés ; s'ils ont acheté, vendu, confié un mandat, un dépôt, le tuteur peut les contraindre à payer le prix convenu, livrer la chose vendue, indemniser le pupille des dépenses qu'il a faites pour le mandat ou le dépôt.

1. Neque tamen hereditatem adire, neque bonorum possessionem petere, neque hereditatem ex fideicommisso suscipere aliter possunt, nisi tutoris auctoritate, quamvis illis lucrosa sit, neque ullum damnum habeant.

1. *Cependant ils ne peuvent, sans l'autorisation du tuteur, ni faire adition d'hérédité, ni demander une possession de biens, ni recevoir une succession par fidéicommis, bien qu'elle soit lucrative, et qu'ils n'y trouvent aucune perte.*

L'hérédité est la succession déférée par le droit civil ; *hereditatem adire* signifie accepter l'hérédité (*ire ad he-*

---

(1) D. 26. 8. 5. § 1. f. Ulp.

reditatem). — La possession de biens est un droit accordé par le préteur sur une hérédité ; c'est en quelque sorte une succession prétorienne (*H. d. d., p.* 125). — L'hérédité fidéicommissaire est celle qu'on reçoit par une personne interposée, que le testateur a chargée de faire cette transmission (*H. d. d., p.* 146). — Le pupille ne peut acquérir aucune de ces successions sans l'autorisation du tuteur, parce que son acquisition l'obligerait à payer les dettes du défunt : or il ne peut s'obliger tout seul. Telle est la raison toute simple, qui dérive du principe fondamental, et que d'ailleurs Ulpien donne expressément en ces termes : *More nostræ civitatis neque pupillus, neque pupilla, sine tutoris auctoritate obligari possunt : hereditas autem quin obliget nos æri alieno, etiam si non sit solvendo, plus quam manifestum est* (1). Cependant il n'en était pas de l'hérédité comme des contrats dont nous avons parlé dans le paragraphe précédent ; il existait deux différences remarquables qu'on ne peut se dispenser de signaler. 1° L'adition d'hérédité était au nombre de ces actes qui ne pouvaient être faits par procureur (2) ; la personne intéressée devait agir elle-même. Ainsi, le tuteur ne pouvait la faire seul et sans l'intervention du pupille. De ce principe découlait la conclusion rigoureuse que tant que ce dernier était *infans*, il lui était impossible d'acquérir une succession, puisque, n'ayant aucune intelligence, il ne pouvait faire adition lui-même, et que le tuteur ne le pouvait pas sans lui. Cependant Théodose et Valentinien, dans une constitution, donnèrent, dans ce cas, au tuteur

---

(1) D. 29. 2. 8. f. Ulp. — (2) Ib. 90. f. Paul.

la faculté d'accepter au nom du pupille (1). Mais, dès que le pupille avait atteint l'âge de sept ans révolus, on rentrait dans la règle ordinaire, l'adition ne pouvait plus être faite que par lui-même, avec l'autorisation du tuteur (2) ; et, pour ce cas, on n'avait nullement hésité à lui accorder le droit d'agir, quoiqu'il fût encore tout près de l'enfance : *Pupillus si fari possit, licet hujus ætatis sit ut causam adquirendæ hereditatis non intelligat, ... tamen cum tutoris auctoritate hereditatem adquirere potest; hoc enim favorabiliter ei præstatur* (3). 2° La seconde différence consiste en ce que si le pupille accepte sans l'autorisation du tuteur, son acceptation est radicalement nulle, tellement qu'elle n'est pas même considérée comme valable dans les intérêts du pupille, lorsque l'hérédité est avantageuse et n'offre aucune espèce de perte. Cette disposition particulière à l'hérédité peut, au premier abord, paraître en opposition avec ce qui a lieu dans les contrats passés par le pupille ; et néanmoins elle est parfaitement en harmonie et découle des mêmes principes. En effet, si les contrats tels que la vente, le louage, etc., sont valables dans l'intérêt du pupille, c'est qu'outre la volonté de ce dernier, ils sont aussi le résultat de la volonté d'une autre personne, et se composent de deux actes : l'un pour lequel il suffit au pupille d'avoir *aliquem intellectum*, c'est cet acte qui est valable ; l'autre pour lequel il faudrait au pupille *animi judicium*, c'est celui là qui est nul (p. 515). Mais dans l'acceptation d'hérédité, il n'y a qu'un seul acte, résultat de la seule volonté, du seul choix de l'héritier. Pour ce choix, il ne suffit pas d'avoir l'intelligence de ce

---

(1) C. 6. 30. 18. § 2. — (2) Ib. l. 5. — (3) D. 29. 2. 9. f. Paul.

qu'on fait, il faut encore un jugement pour peser les
avantages et les charges de l'hérédité. Or le pupille, étant
incapable de ce jugement, est censé, tant qu'il n'agit pas
avec l'autorisation du tuteur, n'avoir aucune volonté ni
pour ni contre l'acceptation (p. 511), et puisque cet acte
réside en entier dans sa volonté, la conséquence rigoureuse est qu'il doit être totalement nu.

2. Tutor autem statim in ipso negotio præsens debet auctor fieri, si hoc pupillo prodesse existimaverit. Post tempus vero, vel per epistolam interposita auctoritas, nihil agit.

2. *Du reste le tuteur doit, présent à l'acte même, donner à l'instant son autorisation s'il le juge utile au pupille; car, donnée après un délai, par lettre ou par intermédiaire, l'autorisation est sans effet.*

Nous avons déjà dit que la grande incapacité du pupille l'avait fait considérer comme hors d'état d'agir seul
dans les actes exigeant non seulement l'intelligence, mais
encore un jugement; qu'il n'avait pour ces actes qu'une
personne en quelque sorte imparfaite, qui avait besoin d'être
augmentée, complétée, ce que le tuteur faisait en inter-
posant son *auctoritas.* De là il résulte que cette augmentation (*auctoritas*), ne pouvait être qu'une participation
active du tuteur dans l'acte et non une approbation donnée
à l'avance, encore moins une ratification survenue après.
Le tuteur était partie dans le contrat, il déclarait se porter
auctor (*ego in hanc rem auctor fio*); il faisait cette déclaration sur l'interrogation qu'on lui adressait ordinairement,
mais il pouvait la faire aussi sans être interrogé (1). Il

____

(1) D. 26. 8. 3. f. Paul.

ne pouvait pas mettre de condition à son autorisation , qui devait être pure et simple (1). Les tuteurs honoraires, n'ayant pas l'administration des affaires, ne pouvaient pas valablement se porter autorisants (2), si ce n'est pour l'acceptation d'une hérédité (3), parce qu'il suffisait, dans cet acte , d'apprécier l'hérédité en elle-même, ce qui n'exigeait pas la connaissance des affaires du pupille.

3. Si inter tutorem pupillumque judicium agendum sit , quia ipse tutor in rem suam auctor esse non potest, non prætorius tutor, ut olim, constituitur ; sed curator in locum ejus datur, quo interveniente , judicium peragitur, et, eo peracto, curator esse desinit.	*3. S'il doit y avoir action en justice entre le pupille et le tuteur, celui-ci ne pouvant se porter autorisant dans sa propre cause, on donne, non pas comme jadis, un tuteur prétorien, mais, à sa place, un curateur qui intervient dans la poursuite, et qui, l'instance terminée, cesse d'être curateur.*

Il faut remarquer cette maxime : *Tutor in rem suam auctor esse non potest.* Le tuteur en effet, dans aucune affaire, dans aucun acte qu'il a avec le pupille , ne peut intervenir comme étant à la fois l'une et l'autre partie ; agissant d'un côté pour lui-même contre le pupille, de l'autre pour le pupille contre lui-même. — Jadis, quand les actions de la loi existaient (*H. d. d., p.* 53), le pupille ne pouvait être représenté en justice par d'autres que par un tuteur (4) ; d'où il suivait que, si le procès s'élevait entre le pupille et son tuteur, il fallait nécessairement pour ce procès lui donner un autre tuteur. Aussi, cet

---

(1) Ib. 8. f. Ulp. — (2) Ib. 4. f. Pomp. — (3) D. 29. 2. 49. f. Afric. — (4) G. 4. § 82. — Inst. 4. 10. p.

usage s'introduisit et ce tuteur fut appelé *tutor prœto-rius*, *prœtorianus*, parce qu'il était nommé par le préteur de la ville (1). Il formait exception à la règle, que les tuteurs ne peuvent être donnés pour une affaire spéciale. Après la suppression des actions de la loi (*H. d. d., p.* 97), cette formalité devint moins nécessaire, parce que dans la plupart des cas on put agir par procureur (2). Elle était entièrement inutile sous Justinien , parce que depuis long-temps la forme des procédures était simplifiée. Voilà pourquoi on donne ici à ce représentant du pupille le titre de curateur et non celui de tuteur; modification qui apportera quelque différence dans les actions qui auront pour but de lui faire rendre compte.

TIT. XXII.

QUIBUS MODIS TUTELA FINITUR.

TIT. XXII.

DE QUELLES MANIERES FINIT LA TUTELLE.

Quelquefois la tutelle finit pour le pupille, et alors finissant aussi pour le tuteur, elle est entièrement terminée; quelquefois elle ne cesse que pour le tuteur seul qui se trouve remplacé par un autre, et alors par rapport au pupille qui reste toujours en tutelle, il y a changement de tuteur mais non fin de la tutelle.

Pupilli pupillæque, cum puberes esse cœperint, tutela liberantur. Pubertatem autem veteres quidem non solum ex annis,

Les pupilles, dès qu'ils ont atteint la puberté, sortent de tutelle. Or la puberté, chez les anciens, se jugeait dans les mâles non seulement

____

(1) G. 1. § 184. — Ulp. Reg. 11. § 24. — (2) G. Ibid.

sed etiam ex habitu corporis in masculis æstimari volebant. Nostra autem majestas, dignum esse castitate nostrorum temporum, bene putavit, quod in feminis etiam antiquis impudicum esse visum est, id est, inspectionem habitudinis corporis, hoc etiam in masculos extendere. Et ideo, sancta constitutione promulgata, pubertatem in masculis post decimumquartum annum completum illico initium accipere disposuimus ; antiquitatis normam in feminis personis bene positam, suo ordine relinquentes, ut post duodecimum annum completum viri potentes esse credantur.

par l'âge, mais encore par le développement du corps. Mais notre majesté a justement cru digne de la chasteté de notre siècle qu'un acte considéré même par les anciens comme contraire à la pudeur à l'égard des femmes, c'est-à-dire l'examen de l'état du corps, fût pareillement réprouvé à l'égard des hommes. En conséquence, par une sainte constitution, nous avons établi que la puberté, chez les mâles, commencerait dès l'âge de quatorze ans accomplis, sans déranger la règle si bien posée par l'antiquité pour les femmes, qui doivent être réputées nubiles à douze ans accomplis.

L'homme pubère est celui qui peut engendrer (*qui generare potest*) (1) ; la femme pubère ou nubile, celle qui peut concevoir (*viripotens*). La puberté est donc, pour les deux sexes, l'état où ils peuvent s'unir l'un à l'autre. Cet état dépend du développement physique du corps : il arrive plus tôt chez les femmes que chez les hommes. Généralement, dans le même lieu, il commence à peu de chose près au même âge pour toutes les personnes d'un même sexe ; cependant il peut être plus précoce chez l'une que chez l'autre ; mais la nature l'indique à chaque individu, et l'extérieur du corps lui-même le fait connaître : c'est l'indice le plus naturel. La loi civile devait

---

(1) G. 1. § 196. — Ulp. Reg. 11. § 28.

nécessairement attacher à la puberté la capacité de se marier; c'est ce qu'elle avait fait, comme nous l'avons déjà dit (pag. 365). Mais, en outre, elle y attacha encore pour les hommes : 1° la capacité de se gouverner, et par conséquent la fin de la tutelle ; 2° la capacité de faire un testament (1). Nous disons pour les hommes, parce que les femmes étaient primitivement soumises à une tutelle perpétuelle ; il est vrai que cette tutelle finit par tomber en désuétude, et les femmes alors acquirent, à leur puberté, les mêmes droits que les hommes. — Quant à l'époque de la puberté, le droit civil l'avait fixée à douze ans accomplis pour les femmes, laissant pour les hommes l'indice naturel, l'extérieur du corps. Sous l'Empire, les jurisconsultes proculéiens de l'école de Labéon et de Proculus (*H. d. d. pag.* 144) pensèrent qu'il fallait désigner pour les hommes, comme on l'avait fait pour les femmes, une époque fixe où ils seraient réputés pubères, l'époque de quatorze ans ; les cassiens, disciples de Capiton et de Cassius, persistèrent au contraire à vouloir conserver l'ancien droit (2). Il paraît que, relativement à la capacité de tester, on s'accorda généralement à adopter le terme fixe de quatorze ans (3) ; mais sur les autres points la dissidence d'opinions continua, et ne disparut entièrement que sous Justinien qui la détruisit par une Constitution citée ici (4). En conséquence, sous cet empereur, les hommes à quatorze ans, les femmes à douze, sont capables de se marier, sont libérés de la tutelle, et peuvent faire un testament.

---

(1) Ulp. Reg. 20. § 12 et 15. — (2) G. 1. § 196. — Ulp. Reg. 11. § 28. — (3) G. 2. § 113. — (4) C. 5. 60. 3.

1. Item finitur tutela, si adrogati sint adhuc impuberes, vel deportati; item, si in servitutem pupillus redigatur, vel si ab hostibus captus fuerit.

1. *La tutelle finit encore si le pupille est, avant sa puberté, adrogé ou déporté, fait esclave ou pris par l'ennemi.*

Ces cas renferment les trois diminutions de tête du pupille; comme il cesse d'être ou libre ou citoyen ou maître de lui-même, il ne peut plus avoir de tuteur. Mais un impubère pouvait-il être déporté ou fait esclave? Oui. Celui qui était *proximus pubertati* pouvait être condamné comme ayant agi en connaissance de son crime (*doli capax*) (1). Il pouvait être fait esclave, non pour s'être laissé vendre, peine infligée seulement au majeur de vingt ans, mais pour avoir été ingrat envers son patron.

2. Sed et si usque ad certam conditionem datus sit in testamento tutor, æque evenit ut desinat esse tutor existente conditione.

2. *Pareillement si quelqu'un a été, par testament, nommé tuteur jusqu'à une certaine condition, il cesse de l'être, la condition accomplie.*

Si la tutelle testamentaire avait été donnée *sub conditione* et non *ad conditionem*, l'accomplissement de la condition, au lieu de faire cesser la tutelle testamentaire, la ferait commencer; mais elle mettrait fin à la tutelle déférée par le magistrat.

3. Simili modo, finitur tutela morte vel pupillorum, vel tutorum.

3. *La tutelle finit aussi par la mort des pupilles ou des tuteurs.*

---

(1) D. 50. 17. 111.   Gai.

4. Sed et capitis deminutione tutoris, per quam libertas vel civitas amittitur, omnis tutela perit. Minima autem capitis deminutione tutoris, veluti si se in adoptionem dederit, *legitima tantum* tutela perit, ceteræ non pereunt. Sed pupilli et pupillæ capitis deminutio, *licet minima sit*, omnes tutelas tollit.

4. *Et même la diminution de tête du tuteur qui entraîne la perte de la liberté ou de la cité, détruit toute tutelle; mais sa petite diminution de tête, comme s'il se donne en adoption, ne détruit que la tutelle légitime, et non les autres. Tandis que toute diminution de tête des pupilles, même la petite, met fin à toute tutelle.*

Legitima tantum. Parce que la tutelle légitime des agnats, étant la seule qui soit attachée aux droits de famille, doit être la seule qui finisse par la perte de ces droits.

Licet minima. Parce que le pupille cesse d'être *sui juris*, et passe au pouvoir de l'adrogeant.

5. Præterea, qui ad certum tempus testamento dantur tutores, finito eo deponunt tutelam.

5. *De plus, les tuteurs donnés par testament jusqu'à un certain temps, ce temps expiré, déposent la tutelle.*

Appliquez ici ce que nous avons dit au paragraphe 2.

6. Desinunt etiam tutores esse qui, vel removentur a tutela ob id quod suspecti visi sunt; vel qui ex justa causa sese excusant, et onus administrandæ tutelæ deponunt, secundum ea quæ inferius proponemus.

6. *Les tuteurs cessent même de l'être, lorsqu'ayant été jugés suspects, ils sont écartés de la tutelle, ou lorsque, sur un motif légitime, ils s'excusent et déposent le fardeau de l'administration, conformément à ce que nous exposerons plus bas.*

De la tutelle des Femmes.

Les Instituts n'indiquent pas même cette partie de la législation primitive de Rome ; elle nous était inconnue dans ses détails, lorsque la découverte des Instituts de Gaius a fait cesser notre ignorance. Je manquerais au plan de cet ouvrage, si j'omettais de développer dans leur ensemble les idées toutes nouvelles que nous avons acquises sur cette matière.

Les anciens Romains avaient voulu que les femmes, à cause de la faiblesse de leur sexe, fussent soumises à une tutelle perpétuelle. C'est ce que nous apprenaient plusieurs auteurs, Ulpien, Tite-Live (1), et c'est ce que Gaius dit aussi en ces termes : *veteres voluerunt feminas etiam si perfectæ ætatis sint, propter animi levitatem in tutela esse* (2).

Leur tutelle, comme celle des impubères, ne pouvait avoir lieu que lorsqu'elles étaient *sui juris ;* car la femme qui se trouvait au pouvoir d'un maître, ou d'un père de famille (*in potestate*), au pouvoir d'un mari (*in manu*), ou soumise au *mancipium* (*in mancipio*), n'avait d'autre défenseur que celui à qui elle appartenait. — Le tuteur était nommé aux femmes, comme aux impubères, ou par testament, ou par la loi, ou par les magistrats.

Un tuteur testamentaire pouvait être donné par le chef de famille, à ses filles ou petites-filles ; par le mari à l'é-

---

(1) *Et propter sexus infirmitatem, et propter forensium rerum igno-rantiam.* Ulp. Reg. 11. § 1.—Tit. Liv. 32. 2.— Cic. p. Mur. 12. 27.
(2) G. 1. § 144.

pouse qu'il avait *in manu*, comme à une fille ; par le beau-père à la femme placée *in manu filii*, comme à une petite-fille (1). Pourvu, dans tous ces cas, que la femme à qui le tuteur était nommé dût à la mort du testateur se trouver *sui juris*. — Il y avait cela de particulier, quant à la nomination faite par le mari, qu'on avait permis à ce dernier de donner à sa femme l'option du tuteur (*tutoris optio*), c'est-à-dire le droit de se choisir elle-même le tuteur : *Titiæ uxori meæ tutoris optionem do* (2). Le tuteur choisi par la femme s'appelait *tuteur optif* et c'est par opposition qu'on nommait *tuteur datif*, celui qui était désigné nominativement par le testament (3).

A défaut de tuteurs testamentaires, venaient les tuteurs donnés par la loi. Comme ceux des impubères, on les appelait, à proprement parler, tuteurs légitimes, lorsqu'ils descendaient des douze Tables directement ou par conséquence ; dans le cas contraire, tuteurs fiduciaires. — Les tuteurs légitimes étaient, pour les ingénues, les agnats (4), pour les affranchies, le patron, et après lui ses enfants. Et ce qu'on peut remarquer, c'est que, bien que les enfants du patron fussent eux-mêmes impubères, ils n'en étaient pas moins tuteurs de l'affranchie ; tant il est vrai que la tutelle était pour eux un droit de patronage

---

(1) G. 1. § 144 et 148.

(2) G. 1. § 150. — Cette option appartient bien au droit primitif, puisque Tite-Live y fait allusion en racontant un événement passé en 557 de Rome. (*Tit. Liv.* 59. 19.)

(3) *Vocantur autem hi qui nominatim testamento tutores dantur, dativi ; qui ex optione sumuntur, optivi.* G. 1. § 154. — Ulp. Reg. 11. § 14. — Ceci explique ce que nous avons dit pag. 462.

(4) G. 1. § 157.

qu'on ne pouvait leur ôter ; mais ils ne pouvaient autoriser en rien cette affranchie (1). — Les tuteurs fiduciaires
étaient ceux qui ayant une femme *in mancipio* et l'affranchissant, en prenaient la tutelle à l'exemple des patrons (2).
Parmi eux on aurait dû ranger l'ascendant émancipateur,
qui, à l'aide d'une *mancipation* et d'une *remancipation*,
avait acquis sa fille *in mancipio*, et l'avait affranchie ; mais,
par honneur pour lui, on le considérait comme tuteur
légitime (3). — Une chose propre à la tutelle légitime
des femmes, c'est qu'il était permis aux agnats, au patron
ou à ses enfants, de se débarrasser de cette tutelle perpétuelle en la cédant à un autre, tandis qu'on ne pouvait
jamais céder la tutelle des pupilles mâles, parce qu'elle
était moins onéreuse ayant un terme fixe, la puberté.
Cette cession se faisait en justice (*in jure cessio*) ; le nouveau tuteur se nommait cessionnaire (*cessicius tutor*). Il
n'était que le remplaçant du cédant ; car, à la mort de
ce dernier, il quittait ses fonctions ; ou bien s'il mourait
avant le cédant, celui-ci reprenait la tutelle (4). — Le
droit de cession était-il accordé aux tuteurs fiduciaires ?
Gaius nous indique cette question comme controversée.
Il ajoute que, si l'on décidait que ces tuteurs ne doivent
point avoir ce privilége, il ne faudrait pas du moins appliquer cette décision à l'ascendant émancipateur, parce
qu'on doit le considérer comme légitime, et ne pas lui
accorder moins de droits qu'au patron (5).

---

(1) G. 1. § 178, 179 et 180.—Ulp. Reg. 11. § 20 et 22. — (2) G.
1. § 166. — Ulp. Reg. 11. 5. — (3) G. 1. § 172 et 175. — (4) G.
1. § 168, 169, 170. — Ulp. Reg. 11. 7. — (5) G. 1. § 172. C'est là
ce qui nous prouve que, d'après le droit strict, cet ascendant n'eût
été qu'un tuteur fiduciaire (pag. 493).

Quand les femmes n'avaient aucun tuteur, ni testamentaire, ni légitime, ni fiduciaire, elles pouvaient, comme les impubères, en vertu de la loi Atilia, en demander un aux magistrats (1). Le passage dans lequel Tite-Live fait allusion à la loi Atilia, et que nous avons cité p. 498 est même relatif à une affranchie qui vivait an 557 de Rome, et qui, à la mort de son patron, s'était trouvée sans tuteur.

La tutelle des femmes était perpétuelle. Il y avait pour elles changement de tuteur, mais non fin de la tutelle. Une seule exception existait pour les vestales, que la dignité du sacerdoce rendait libres de toute puissance (2). Quand les femmes perdaient la liberté ou la cité, ou bien encore lorsqu'elles devenaient *alieni juris,* par exemple, en se mariant de manière à passer *in manu,* leur tutelle devait nécessairement finir, parce qu'elles étaient devenues esclaves, étrangères, ou la propriété d'autrui.

Tel était le droit primitif. La tutelle sur les femmes commença à s'adoucir même sous la République. Tous les tuteurs, à l'exception des tuteurs légitimes, perdirent en réalité leur pouvoir; les femmes traitaient elles-mêmes leurs affaires, les tuteurs n'interposaient leur autorité que dans certains cas, et pour la forme (*dicis causa*), tellement qu'ils pouvaient y être contraints par le préteur (3). C'est pour cela que Cicéron dit, dans une de ses harangues: « Nos ancêtres voulurent que toutes les femmes fussent au pouvoir des tuteurs; les jurisconsultes inven-

---

(1) G. 1. 185 et 195 — Ulp. Reg. 11. 18. — (2) G. 1. § 145. — (3) G. 1. § 190.

tèrent des espèces de tuteurs qui se trouvèrent au pouvoir des femmes » (1). Les tuteurs légitimes, savoir les agnats, les patrons et les ascendants émancipateurs, furent les seuls qui conservèrent une tutelle réelle, comme un droit qu'on ne pouvait leur enlever; et dans certains actes importants pour la conservation des biens de la femme (2), celle-ci ne pouvait rien faire sans leur autorisation, d'autant plus qu'étant héritiers présomptifs, ils étaient personnellement intéressés à cette conservation (3).

Dès lors les femmes cherchèrent à éluder ces tutelles légitimes; elles en trouvèrent le moyen dans la loi elle-même. Avec le consentement de son tuteur légitime, la femme se laissait vendre fictivement à un tiers (*coemptionem facere*); celui-ci l'affranchissait, ou bien la revendait au premier tuteur ou à tout autre qui l'affranchissait, et alors libérée de son tuteur légitime, dont les droits s'étaient évanouis par la vente, elle ne se trouvait plus soumise qu'à l'autorité impuissante d'un tuteur fiduciaire, celui qui l'avait affranchie (4).

La première loi que nous connaissions comme ayant porté une atteinte directe à la tutelle des femmes, est la

---

(1) *Mulieres omnes propter infirmitatem consilii majores in tutorum potestate, esse voluerunt: hi invenerunt genera tutorum, quæ potestate mulierum continerentur.* Cicer. pro Mur. c. XII. 27.

(2) Ulp. Reg. 11. § 27.

(3) G. 1. § 192. C'est à ce propos que Gaius dit que les tutelles légitimes sur les femmes avaient quelque force : *Legitimæ tutelæ vim aliquam habere intelliguntur.* Voyez ce que nous avons dit là dessus, pag. 460.

(4) G. 1. § 195.

fameuse loi *Papia Poppea*, dans laquelle Auguste, toujours dans le but de propager le nombre des citoyens et de récompenser la fécondité, établit que les femmes ingénues, lorsqu'elles auraient trois enfants, seraient libérées même de la tutelle légitime, et les affranchies seulement des autres tutelles. Dès lors, il put y avoir des femmes entièrement indépendantes de toute autorité.

Plus tard, sous l'empereur Claude, en 798 de Rome, fut rendue la loi *Claudia* qui, supprimant en entier la tutelle des agnats, ne laissa plus subsister parmi les tutelles légitimes et réelles, que celles des ascendants et des patrons (1).

Cette législation est celle qui existait encore sous Gaius. Aussi, dans ses Commentaires, cet auteur, faisant quelques réflexions sur les tutelles, dit-il que celle des impubères est conforme à la raison naturelle; mais que celle des femmes n'est appuyée sur aucun bon motif; car la raison qu'on en donne, qu'elles sont susceptibles de se laisser surprendre par légéreté d'esprit, lui semble plus spécieuse que juste; d'autant plus que les femmes traitent elles-mêmes leurs affaires et que les tuteurs n'interviennent que pour la forme (2). — Sous Septime Sévère, du temps d'Ulpien, ce droit se soutenait encore (3). Mais par la suite, tombant successivement en désuétude, il

---

(1) G. 1. § 157. — Ulp. Reg. 11. § 8. Il est à remarquer que cet acte législatif, qui était probablement un sénatus-consulte, fut nommé *lex Claudia*, comme si c'était un plébiscite, quoique ce genre de lois eut alors entièrement cessé.

(2) G. 1. § 190. — (3) Ulp. Reg. 11. § 8.

finit par s'éteindre, probablement, sans qu'aucune loi spéciale l'abrogeât formellement, car il ne nous est resté aucune trace de lois qui aient eu cet objet (1).

<table>
<tr><td align="center">TIT. XXIII.</td><td align="center">TIT. XXIII.</td></tr>
<tr><td align="center">DE CURATORIBUS.</td><td align="center">DES CURATEURS.</td></tr>
</table>

Lorsqu'une cause générale, telle que la faiblesse de l'âge chez les impubères, celle du sexe chez les femmes, mettait les individus hors d'état d'exercer leurs droits, on leur nommait, comme nous venons de le voir, des tuteurs. Mais, lorsqu'une cause particulière ou accidentelle frappait d'incapacité une personne qui, selon le droit commun et sans cette cause, eût été capable, alors on nommait un curateur (*curator*).

La loi des douze Tables mettait sous la curatelle de leurs agnats (*in curatione*, *in cura*) ceux qu'elle nommait *furiosus* et *prodigus*. Nous ne connaissons de cette disposition que les premières paroles que j'ai citées (*H. d. d. pag.* 46), et qui nous sont indiquées par Cicéron : *Si furiosus esse incipit....* (2); mais Ulpien nous donne, sinon les termes, du moins le sens de la loi : *Lex duodecim Tabularum furiosum, itemque prodigum cui bonis interdictum est, in curatione jubet esse adgnatorum* (3). L'expression de *furiosus*, furieux, désignait celui dont la démence était portée à l'excès ; mais non le fou ni l'imbécille. Quant au mot de *prodigus*, par quelque motif particulier qui ne nous est pas connu, il signifiait, dans les

---

(1) Cette tutelle n'existait déjà plus sous Constantin. C. 2. 45. 2. §1.
(2) Cicer. Tusc. quest. 3. 5. — (3) Ulp. Reg. 12. § 2.

douze Tables, non pas toute espèce de dissipateur, mais seulement celui qui, ayant succédé à son père *intestat*, dissipait les biens paternels. Aussi, dans la formule d'interdiction que l'usage avait introduite et que le préteur employait, on ne reprochait au prodigue que la dissipation de cette sorte de biens : *moribus per prætorem bonis interdicitur, hoc modo* : Quando tua bona paterna avitaque nequitia tua disperdis, liberosque tuos ad egestatem perducis, ob eam rem tibi ea re (ou ære) commercioque interdico (1). Il résultait de là que les enfants, lorsqu'ils avaient succédé à leur père en vertu d'un testament, et les affranchis qui n'avaient jamais de biens paternels, n'étaient point mis en curatelle, bien qu'ils dissipassent leur fortune. Ulpien nous apprend que les préteurs y remédièrent en leur nommant eux-mêmes des curateurs (2). Ils étendirent de même les dispositions des douze Tables, qui n'avaient parlé que des furieux, aux fous, aux imbécilles, à ceux qu'une infirmité perpétuelle rendait incapables. Ainsi, toutes ces personnes se trouvèrent sous la surveillance de curateurs, qui se nommaient légitimes (*legitimi*) lorsqu'ils venaient des douze Tables, honoraires (*honorarii*) quand ils étaient donnés par le préteur (3).

Cependant il est facile de s'apercevoir que les Romains ayant confondu l'âge où l'on est pubère avec celui où l'on est capable de se gouverner, il en résul-

---

(1) Paul. Sent. liv. 3. tit. 4. (A). § 7. — (2) Ulp. Reg. 12. § 5.

(3) *Curatores aut legitimi sunt, id est qui ex lege duodecim Tabularum dantur, aut honorarii, id est qui a prætore constituuntur.* Ulp. Reg. 12. § 1.

tait que les individus *sui juris*, dès qu'ils avaient atteint quatorze ans, se trouvaient placés à la tête de leurs affaires. C'eût été bien pire pour les femmes, si l'on avait suivi le même principe; car, étant pubères avant les hommes, dès l'âge de douze ans elles auraient été abandonnées à elles-mêmes; mais, comme dans le droit primitif leur tutelle était perpétuelle, l'inconvénient que nous signalons n'existait que pour les hommes. Comment y fut-il remédié? La première loi qui traita de cette matière, paraît être un plébiscite rendu pendant la deuxième guerre punique. Les manuscrits des auteurs anciens le désignent tantôt sous le nom de *lex Lætoria*, tantôt sous celui de *lex Lectoria*, tantôt enfin sous celui de *lex Plætoria*, son véritable nom (1). Le but principal et le contenu entier de cette loi ne nous sont point connus. Nous savons seulement qu'elle était relative aux mineurs de vingt-cinq ans (2); qu'elle donnait une accusation publique contre les créanciers qui auraient profité de l'inexpérience de ces mineurs, pour les tromper (3); que

---

(1) C'est ainsi qu'il est nommé sur les fragments trouvés au dernier siècle dans le golfe de Tarente, près d'Héraclée, et appelés pour cela *Tables d'Héraclée*. Nous avons vu (*H. d d.*, *p.* 109 *en note*) que la date de ce monument remontait environ de 660 à 680, c'est-à-dire moins de cent ans après la *lex Plætoria*. Cette antiquité, et la foi bien plus certaine qui s'attache à un monument doivent l'emporter sur les manuscrits.

(2) Aussi Plaute, en y faisant allusion, l'appelle-t-il *lex Quinavicennaria* (Pseudol. act. 1. scen. 3. v. 68.)

(3) *Inde judicium publicum rei privatæ lege Lætoria* (Plætoria) (*Cic. de nat. deor.* 3. 30. — *Id. de offic.* 3. 15.*)

cette accusation entraînait inévitablement certaines peines contre le condamné, mais, entre autres effets, qu'elle le rendait incapable de faire partie de l'ordre municipal d'une ville (1). A peu près à la même époque, les préteurs introduisirent dans leurs édits la restitution en entier (*restitutio in integrum*), en faveur des mineurs de vingt-cinq ans qui auraient été trompés dans quelque affaire. Ainsi ils se trouvèrent protégés par la loi *Plætoria* et par l'édit prétorien qui tendaient à punir et à réparer les fraudes commises envers eux. Mais plus tard, pour prévenir ces fraudes, Marc-Aurèle-Antonin voulut qu'on pût leur donner des curateurs, par cela seul qu'ils n'avaient pas vingt-cinq ans (2). Aussi Ulpien, après avoir parlé de

---

(1) Table d'Heraclée, deuxième fragment.

(2) Ce point historique du droit est encore controversé. Julius Capitolinus, dans la Vie de Marc-Aurèle-Antonin, après avoir dit que ce prince fut le premier qui donna au préteur le droit de nommer les tuteurs, ajoute : *de curatoribus vero, quum ante non nisi ex lege Lectoria* (Plætoria) *propter lasciviam vel propter dementiam darentur, ita statuit ut omnes adulti curatores acciperent non redditis causis.* Deux interprétations ont été données à ce passage : 1° l'une est que, d'après la loi *Plætoria*, on pouvait nommer aux mineurs de vingt-cinq ans des curateurs pour cause de mauvaise conduite (*lascivia*) ou de démence, et que Marc-Aurèle voulut qu'on leur en donnât sans autre motif que leur âge; 2° la seconde, proposée par Henneccius, est qu'il y avait avant Marc-Aurèle trois sortes de curateurs. Ceux qui étaient donnés, *ex lege Plætoria*, aux mineurs de vingt-cinq ans, quand leur demande était fondée sur quelque motif valable; ceux qui étaient donnés, en vertu des douze Tables, soit *propter lasciviam* aux prodigues, soit *propter dementiam* aux fous. Quoique ces deux opinions ne diffèrent guère en réalité que sur la manière de traduire

la restitution en entier accordée aux mineurs de vingt-cinq ans à cause de leur inexpérience, ajoute-t-il : *Et ideo hodie in hanc usque ætatem adolescentes curatorum auxilio reguntur* (1) ; de même, il dit ailleurs, en parlant du préteur et en énumérant les curateurs honoraires : *Præterea dat curatorem ei etiam, qui nuper pubes factus idonee negotia sua tueri non potest* (2).

Enfin, et en troisième lieu, il se présentait des cas où, même pendant la tutelle, on avait besoin d'adjoindre un curateur au tuteur. Ce qui nous donne trois circonstances bien distinctes, dans lesquelles des curateurs étaient nommés : 1° pendant la tutelle, pour les impubères ; 2° depuis la puberté jusqu'à vingt-cinq ans, pour les adultes ; 3° même au delà de vingt-cinq ans, pour les furieux, insensés, prodigues, etc. Nous allons examiner ces divers cas, selon les Instituts et dans le même ordre.

Masculi *puberes, et feminæ* viri potentes, usque ad vicesimum quintum annum completum curatores accipiunt ; quia, licet puberes sint, adhuc tamen ejus ætatis sunt ut sua negotia tueri non possint.	*Les hommes et les femmes, depuis leur puberté jusqu'à vingt-cinq ans révolus, reçoivent des curateurs, parce que, bien que pubères, ils sont cependant encore dans un âge à ne pouvoir défendre leurs intérêts.*

la phrase latine, j'adopterai la première, et je la développerai en disant qu'il existait, d'après les douze Tables, des curateurs pour les prodigues et les fous ; que la loi *Plætoria* n'en donnait pas aux adultes, si ce n'est *propter lasciviam* ou *propter dementiam*, ce qui n'était qu'une application, peut-être un peu étendue, de la loi des douze Tables, et que Marc-Aurèle fut le premier qui voulut qu'on leur en donnât sans autre motif que leur âge. (*Non redditis causis.*)

(1) D. 4. 4. 1. § 3. f. Ulp. — (2) Ulp. Reg. 12. § 4.

Puberes et feminæ, dit le texte ; en effet, dès l'instant que la tutelle perpétuelle des femmes cessa, elles eurent besoin, encore plus que les hommes, qu'on leur nommât des curateurs ; car étant pubères avant eux, elles se seraient vues, dès l'âge de douze ans, abandonnées à elles-mêmes. — Nous avons posé en principe que l'on donnait des tuteurs pour une incapacité commune à tout le monde, des curateurs pour une incapacité particulière ; on fera peut-être cette objection que la faiblesse de l'âge chez les mineurs de vingt-cinq ans est générale, et que cependant on nommait des curateurs. C'est que, selon le droit strict, les mineurs de vingt-cinq ans étaient capables. Ce n'est que par une législation postérieure qu'il fut permis de leur donner des curateurs, non pas à tous, mais seulement à ceux qui le demandaient : ainsi, cette incapacité n'était pas générale.

1. Dantur autem curatores ab eisdem magistratibus quibus et tutores. Sed curator testamento non datur : sed datus, confirmatur decreto prætoris vel præsidis.

1. *Les curateurs sont donnés par les mêmes magistrats que les tuteurs. Ils ne peuvent l'être par testament ; toutefois celui qui est ainsi donné, est confirmé par décret du préteur ou du président.*

Les curateurs pour les furieux et les prodigues étaient les seuls légitimes, les seuls que la loi des douze Tables donnât ; tous les autres étaient honoraires, nommés par les magistrats, d'après les règles exposées pag. 524. Nul curateur ne pouvait être nommé par testament ; la loi des douze Tables ne donnait pas ce droit au testateur. On ne le lui donna pas non plus pour les curatelles introduites postérieurement ; et la raison, c'est que les causes pour lesquelles on donnait des curateurs , tenant toutes à des circonstances particulières, et frappant d'une sorte d'incapacité des personnes généralement capables , il ne devait pas être au pouvoir du testateur d'agir , de sa propre autorité , comme si ces causes existaient.

<table>
<tr><td>

2. Item , inviti adolescentes curatores non accipiunt, præterquam in litem; curator enim et ad certam causam dari potest.

</td><td>

2. *Les adolescents ne reçoivent point de curateur contre leur gré, si ce n'est pour un procès ; car le curateur peut être donné, même pour une affaire spéciale.*

</td></tr>
</table>

Puisque , généralement et selon le droit, les individus parvenus à la puberté étaient capables , on ne leur imposait pas forcément un curateur ; mais on en donnait à ceux qui le demandaient , ne se sentant pas en état d'administrer seuls leurs affaires. Notre texte énonce ce principe formellement ; pareillement, un fragment de Papinien au Digeste dit : *Minoribus annorum desiderantibus curatores dari solent* (1). Le curateur devait être demandé par l'adulte lui-même , ou par un procureur agissant en son nom ; ainsi la mère, le patron, l'affranchi, les parents ne pouvaient pas le demander (2), mais ils pouvaient avertir l'adulte de le faire. Les Constitutions en imposaient même l'obligation au tuteur , qui eût été responsable si, à la fin de la tutelle, il avait négligé de donner cet avertis-

---

(1) D. 26. 5. 15. § 2.

(2) D. 26. 6. 2. § 4. f. Modest. — *An autem alius petere curatorem possit minori, quæsitum est : et Ulpianus egregius ita scribit, non licere alium ei petere, sed ipsum sibi.* Ib. § 5.

sement (*si non admonuerit, ut sibi curatores peteret*) (1).
Du reste , lorsque l'adolescent, sur sa demande, avait
reçu un curateur , il devait rester sous sa surveillance
jusqu'à l'âge de vingt-cinq ans. — Les adultes pouvaient
recevoir des curateurs contre leur gré dans trois cas :
1° pour recevoir les comptes de leurs tuteurs (2) ; 2° pour
un procès : c'est l'exception indiquée par notre texte ;
3° pour recevoir un paiement (3). Dans ces trois circonstances ; le tuteur , l'adversaire ou le débiteur avaient le
droit, pour leur plus grande sûreté , d'exiger qu'un curateur fût donné à l'adulte , afin qu'on ne pût les attaquer par
la suite comme ayant profité de l'inexpérience de ce dernier pour le tromper. Ils ne pouvaient demander le curateur eux-mêmes , mais ils pouvaient refuser de satisfaire
l'adulte jusqu'à ce qu'il eût fait la demande (4) ; et
même , une Constitution de l'empereur Gordien permet
au tuteur, en cas de refus du pupille , de demander lui-
même (5). Mais ces curateurs n'avaient de mission que
pour l'affaire spéciale pour laquelle ils étaient nommés :
cette affaire terminée , leurs fonctions cessaient (6).

---

(1) D. 26. 7. 5. § 5. f. Ulp. — (2) C. 5. 31. 7. — (3) D. 4. 4. 7.
§ 2. f. Ulp. — (4) Ib. —(5) C. 5. 31. 7. — (6) D. 4. 4. — C. 2. 22.
— Cette règle des Instituts, que les adultes ne reçoivent point
des curateurs malgré eux , a donné matière à controverse; et l'on a
signalé plusieurs textes comme y formant antinomie , notamment le
principium de ce titre des Instituts; et, au Digeste, liv. 4 , tit. 4. loi
1. § 3. et loi 3. princ., liv. 26, tit 7. loi 33. § 1. On a ajouté que, depuis
Marc-Aurèle, comme le prouve le passage de J. Capitolinus, cit. p. 535,
tous les mineurs de vingt-cinq ans devaient recevoir des curateurs
sans **exception** , et sans aucune autre raison que leur âge (*non red-*

Il résulte de ce que nous avons dit, que les mineurs de vingt-cinq ans n'étaient pas considérés comme pouvant toujours bien administrer leurs affaires; que, s'ils avaient demandé des curateurs, ils restaient sous leur surveillance jusqu'à vingt-cinq ans; que, s'ils n'en avaient point demandé, ils pouvaient, dans certaines circon-

---

ditis causis). Sans entrer dans la discussion de ces textes, je ferai observer que ceux que je viens de développer dans mon explication prouvent, d'une manière concluante, que les adultes ne recevaient dé curateurs que sur leur demande. Quant à J. Capitolinus, il dit bien que Marc-Aurèle voulut qu'on donnât des curateurs aux adultes, sans alléguer d'autres raisons que leur âge; mais il ne dit point qu'on dût leur donner ces curateurs à tous, sans exception, et contre leur gré. Henneccius, comme un parti mitoyen, adopte cette opinion que les adultes, en droit, n'étaient pas contraints d'avoir des curateurs; mais qu'en fait, ils en avaient tous, parce qu'il était défendu aux tuteurs de leur rendre compte sans leur en avoir fait donner. Cette prétendue défense est bien loin d'être suffisamment prouvée par les textes qu'invoque Henneccius (*D.* 26. 7. 5. § 5 et 33. § 1.) Il entrait dans les fonctions du tuteur d'avertir l'adulte de demander des curateurs; s'il ne le faisait pas, il en était responsable; s'il rendait ses comptes à l'adulte seul, il s'exposait à les voir annulés par une restitution en entier: mais tout cela ne signifiait pas qu'il ne pût quitter l'administration qu'après avoir fait nommer des curateurs. En admettant même cela, en admettant aussi, ce qui pourrait bien être, que le curateur, nommé sur la demande du tuteur, pour la reddition des comptes, ne fût pas nommé pour cette affaire seule, et dût continuer ses fonctions jusqu'à la fin de l'adolescence, en pourrait-on conclure que tous les adultes avaient des curateurs? Combien n'existait-il pas d'adultes qui, n'étant devenus *sui juris* qu'après leur puberté, et n'ayant jamais eu de tuteurs, n'avaient jamais eu de compte de tutelle à recevoir!

stances, en recevoir contre leur gré : nous devons ajouter
que, dans les affaires qu'ils traitaient, ils étaient susceptibles d'être restitués par le préteur (*restitui in integrum*),
lorsque ce magistrat reconnaissait qu'ils avaient éprouvé
un préjudice. Cette faveur réparait ce préjudice ; mais
aussi elle diminuait leur crédit dans les affaires, parce
qu'on craignait de faire avec eux des contrats, puisqu'ils
n'étaient pas irrévocables. Enfin ils ne pouvaient, sans
un décret, aliéner ou hypothéquer leurs immeubles (1).
Pour être relevés de toutes ces conséquences, les adultes
devaient obtenir une dispense d'âge (*ætatis venia*), qui ne
pouvait être accordée que par l'empereur (2) à ceux qui
justifiaient d'une bonne conduite et qui étaient parvenus
à l'âge de vingt ans pour les hommes, de dix-huit pour
les femmes. Après cette dispense, les adultes, s'ils étaient
en curatelle, en étaient libérés et pouvaient agir dans
leurs affaires comme des majeurs de vingt-cinq ans , sauf
toutefois qu'ils ne pouvaient pas , sans décret, aliéner ou
hypothéquer leurs immeubles (3).

Quant à la maxime que les curateurs peuvent être donnés pour une affaire spéciale, nous y reviendrons bientôt.

---

3. Furiosi quoque et prodigi ,
licet majores viginti-quinque annis sint, tamen in curatione sunt
agnatorum , ex lege duodecim tabularum. Sed solent Romæ præfectus urbi vel prætor et in provinciis præsides, ex inquisitione
eis curatores dare.

3. *Les furieux et les prodigues ,*
bien que majeurs de vingt-cinq ans,
sont placés par la loi des douze Ta-
bles sous la curatelle de leurs agnats.
Mais ordinairement, à Rome le
préfet de la ville ou les préteurs,
dans les provinces les présidents ,
leur nomment des curateurs sur
enquête.

---

(1) C. 5. 71. — (2) D. 4. 4. 3. princ. f. Ulp. — (3) C. 2. 45.

Ce n'est pas que la curatelle légitime des agnats soit abolie ; la paraphrase de Théophile dit : que les magistrats donnent des curateurs aux furieux et aux prodigues, quand il n'y a pas d'agnat, ou quand le plus proche agnat est inhabile à l'administration. Il faut ajouter que comme les mots de *prodigue* et de *furieux* n'étaient pris, dans la loi des douze Tables, que dans un sens très restreint, que les préteurs avaient été obligés d'étendre (p. 533), et comme, dans tous les cas, compris dans cette extension, ils nommaient eux-mêmes le curateur, la plupart du temps, c'est par les magistrats qu'étaient donnés les curateurs aux furieux et surtout aux prodigues.

4. Sed et mente captis, et surdis, et mutis, et qui perpetuo morbo laborant quia rebus suis superesse non possunt, curatores dandi sunt.	4. *Les insensés, les sourds, les muets, ceux que travaille une maladie perpétuelle, ne peuvent présider à leurs affaires, il leur faut donc des curateurs.*

Les curateurs étaient nommés à toutes ces personnes par les magistrats, car la loi des douze Tables n'en avait rien dit. — Les furieux et les fous peuvent avoir des intervalles lucides. Les jurisconsultes romains discutaient entre eux si, à chaque moment d'intervalle, la curatelle cessait, sauf à recommencer quand la fureur ou la folie revenait. Justinien décide que la curatelle ne doit pas ainsi s'éteindre et renaître à chaque intervalle, qu'elle continue toujours ; mais que cependant le furieux et le fou, dans les moments lucides peuvent faire seuls tous les actes, et qu'ils n'ont besoin d'être assistés du curateur que pendant leur état de fureur ou de folie (1).

---

(1) C. 5. 70. 6.

5 Interdum autem et pupilli curatores accipiunt, utputa si legitimus tutor non sit idoneus, quoniam habenti tutorem tutor dari non potest. Item, si testamento datus tutor, vel a prætore vel a præside, idoneus non sit ad administrationem, nec tamen fraudulenter negotia administret, solet ei curator adjungi. Item in loco tutorum qui non in perpetuum, sed ad tempus, a tutela excusantur, solent curatores dari.

5. Quelquefois on donne aux pupilles eux-mêmes des curateurs; par exemple : si le tuteur légitime est incapable, car on ne peut donner un second tuteur à celui qui déjà en a un. De même si un tuteur, nommé par testament par le préteur ou par le président, n'est point propre à l'administration des affaires, quoiqu'il n'y apporte aucune fraude, on lui adjoint ordinairement un curatear; et pareillement les tuteurs qui s'excusent, non à perpétuité, mais pour un temps, sont remplacés par des curateurs.

Il s'agit ici des curateurs nommés pendant la tutelle, ce qui termine l'indication des cas dans lesquels ils sont donnés.

6. Quod si tutor, adversa valetudine, vel alia necessitate, impediatur quominus negotia pupilli administrare possit, et pupillus vel absit, vel infans sit; quem velit actorem, periculo ipsius tutoris, prætor, vel qui provinciæ præerit, decreto constituet.

6. Mais si par le mauvais état de sa santé ou par toute autre force majeure, le tuteur est mis dans l'impossibilité d'administrer les affaires du pupille, qui lui-même est absent ou enfant, le préteur ou le président de la province choisira et constituera, par un décret, un agent, aux risques du tuteur lui-même.

Il ne faut point confondre cet agent (*actor*) avec un curateur. Il ne s'agit ici que d'un procureur, agissant au nom du pupille et aux risques du tuteur. La nomination de cet agent est, d'après notre texte, faite par décret du préteur, seulement dans le cas où le pupille est absent ou enfant; en effet, s'il est sur les lieux et au-dessus de l'enfance, dit Théophile, il peut lui-même constituer un procureur avec l'autorisation du tuteur (1).

Administration et fin de la Curatelle.

Les expressions même de *tutor* et de *curator* nous indiquent une différence dans les fonctions du tuteur et du curateur; l'un est chargé de défendre (*tueri*), l'autre de surveiller (*curare*). Mais si des mots nous passons aux choses, cette différence se développera davantage. L'impubère a une personne incomplète; il ne peut contracter; tous les actes qu'il fait sont nuls, à moins qu'ils ne demandent qu'une simple intelligence. Les adultes, au contraire, ont une personne complète; en règle générale ils peuvent gérer leurs affaires et s'obliger (2); ils peuvent conduire leur personne, consentir une adrogation , un mariage (3); à moins que la fureur ou la folie leur aient enlevé l'usage de leur raison, et encore, dans cet état, peuvent-ils avoir des intervalles lucides. Il suit de là que le protecteur donné aux impubères doit être chargé de remplacer, de compléter leur personne imparfaite; c'est ce que fait le tuteur quand il interpose son *auctoritas*. Au contraire, le surveillant donné aux adultes n'est point chargé d'augmenter leur personne qui est complète : il doit seulement les assister dans les actes qu'ils font, et donner son assentiment (*consensus*), ou bien les représenter comme une sorte de procureur quand ils sont totalement

---

(1) D. 26. 7. 24. f. Paul. — (2) D. 45. 1. 101. — (3) D. 23. 2. 20. f. Paul. — C. 5. 4. 8.

empêchés d'agir. Voilà d'où viennent ces deux règles que le tuteur est donné à la personne : *personæ non rei vel causæ datur* (1) ; tandis que le curateur est donné aux biens ou à la chose. Voilà aussi d'où vient qu'on peut donner un curateur pour une affaire spéciale. Ces règles n'empêchent pas d'ailleurs que le tuteur, tout en remplaçant ou complétant la personne de l'impubère, s'occupe de ses biens ; et que de même, le curateur, sans augmenter la personne de l'adulte, sans le représenter autrement que comme un procureur, sans même être nécessaire lorsqu'il s'agit de son mariage, veille cependant à son éducation et à son entretien (2), au bien-être et à la guérison de l'infirme ou du fou qui lui est confié (3).

La curatelle donnée au pupille pendant la tutelle finit à la puberté (4), celle des adultes finit à vingt-cinq ans, ou lorsqu'ils obtiennent la dispense d'âge (*vænia ætatis*) (5) ; celle des furieux, des fous, des sourds et muets, etc., quand ils sont guéris (6) ; celle des prodigues lorsqu'ayant changé de mœurs, ils ont été relevés de l'interdiction ; celle donnée pour une affaire spéciale, quand l'affaire est terminée.

<table>
<tr><td>

TIT. XXIV.

DE SATISDATIONE TUTORUM VEL CURATORUM.

</td><td>

TIT. XXIV.

DE LA SATISDATION DES TUTEURS OU CURATEURS.

</td></tr>
<tr><td>

Ne tamen pupillorum pupilla-rumve, et eorum qui quæve in

</td><td>

Pour empêcher le patrimoine des pupilles ou des personnes soumises

</td></tr>
</table>

---

(1) D. 26. 2. 14. f. Marci.—(2) D. 27. 2. 3. 7. § 5. — C. 5. 50. 2. — (3) D. 27. 10. princ. 7.— (4) D. 26. 5. 25. f. Paul.—(5) H. t. p. — D. 4. 4. 3. p. — C. 2. 45. — (6) D. 27. 10. 1. princ. f. Ulp.

curatione sunt, negotia a cura- | à la curatelle, d'être consumé ou
toribus tutoribusve consumantur | diminué par les tuteurs ou cura-
vel diminuantur, curet prætor ut | teurs, que le préteur veille à ce que
et tutores et curatores eo nomine | ces derniers fournissent à ce sujet
satisdent. Sed hoc non est per- | satisdation. Toutefois, cette règle
petuum; nam tutores testamento | n'est pas sans exception, car on
dati satisdare non coguntur, quia | ne force à satisdonner ni les tuteurs
fides eorum et diligentia ab ipso | donnés par testament, parce que
testatore approbata est. Item, ex | leur fidélité et leur zèle sont re-
inquisitione tutores vel curatores | connus par le testateur même, ni
dati, satisdatione non onerantur, | les tuteurs donnés sur enquête,
quia idonei electi sunt. | parce qu'on les a choisis offrant
| toute ûreté.

Nous avons déjà dit p. 507) que les tuteurs, avant de commencer leurs fonctions, doivent donner aux pupilles des sûretés pour la bonne administration de leurs affaires (*cavere rem pupilli salvam fore*). Il en est de même des curateurs ; cette obligation leur est commune, et ce que nous allons dire s'applique aux uns et aux autres. Il est plusieurs moyens de donner à quelqu'un des sûretés ; une promesse solennelle, un serment, des gages, une hypothèque, des répondants, sont autant de garanties plus ou moins assurées. Le mot *cavere* est générique, il s'applique à tous les actes que l'on fait pour précautionner quelqu'un (*ut quis cautior sit et securior*). Quelle était la sûreté que les tuteurs ou curateurs devaient au pupille? Celle que les Romains nommaient *satisdatio*, mot que nous traduirons littéralement par *satisdation*. Cet acte consistait à précautionner quelqu'un en lui donnant des fidéjusseurs (*cavere ut aliquem securum faciamus datis fidejussoribus*) (1).

---

(1) D. 2. 8. 1. f. Gai.

Donner des fidéjusseurs, c'était présenter une ou plusieurs personnes qui s'engageaient, par les formes solennelles de la stipulation, à répondre de votre obligation (1). Ainsi le tuteur ou le curateur commençait par s'obliger lui-même par stipulation ; on l'interrogeait, par exemple, en ces termes : *Promittisne rem pupilli salvam fore ?* Il répondait *Promitto.* Et alors, présentant celui ou ceux qui devaient être fidéjusseurs, on les interrogeait à leur tour : *Fidejubesne rem pupilli salvam fore ?* Ils répondaient : *Fidejubeo,* et ils étaient engagés comme garants. Par qui les interrogations devaient-elles être faites ? Par le pupille ou adulte, s'il était présent et sachant parler, car l'action de stipulation était acquise à celui qui interrogeait. Si le pupille ne pouvait parler, ou bien s'il était absent, un de ses esclaves devait interroger, parce que les esclaves acquièrent à leur maître. S'il n'avait pas d'esclave, on devait lui en acheter un, ou bien faire faire la stipulation par un esclave public, ou par une personne désignée par le préteur. Dans ces deux derniers cas, bien que rigoureusement l'action de stipulation n'eût pas dû appartenir au pupille ou adulte, cependant on la lui donnait (2). Cette stipulation n'était pas *conventionnelle*, parce qu'elle n'avait pas lieu par la seule volonté des parties, puisque les tuteurs ou curateurs y étaient forcés par les magistrats ; elle était à la fois et *prétorienne*, parce qu'elle était généralement faite sur l'ordre des préteurs, et *judiciaire*, parce qu'il arrivait quelquefois que le juge d'un procès l'ordonnait : aussi verrons nous plus loin qu'elle se rangeait dans la classe des stipulations *communes* (3).

---

(1) Inst. 3. 20. — (2) D. 46. 6. l. 2, 3, 4 et 6. — (3) Inst. 3. 18.

Ces observations faites, il faut examiner, avec le texte, quels étaient les tuteurs forcés ou dispensés de satisdonner. Il en résulte que les tuteurs ou curateurs légitimes, et ceux donnés par les magistrats inférieurs des cités, étaient seuls contraints à la satisdation. Il n'y avait pas d'exception de plein droit pour le patron ; mais il pouvait, en connaissance de cause, être dispensé par le préteur ; et même un fragment au Digeste nous dit que ce n'était pas facilement qu'on l'obligeait à satisdonner (1). Il faut en dire autant du père, bien que les textes cités ne parlent que du patron. Et même on pourrait soutenir avec plus de raison, que, puisque le choix que faisait le père d'un tuteur testamentaire, suffisait pour dispenser ce dernier de satisdonner, à plus forte raison, le père lui-même devait en être dispensé. — Le tuteur ou curateur nommé par testament était dispensé de la satisdation, même dans le cas où sa nomination avait besoin d'être confirmée, pourvu qu'elle eût été faite par l'ascendant (2).

1. Sed si ex testamento vel inquisitione duo pluresve dati fuerint, potest unus offerre satis de indemnitate pupilli vel adolescentis, et contutori suo vel concuratori præferri, ut solus administret ; vel ut contutor satis offerens præponatur ei, ut et ipse solus administret. Itaque per se non potest petere satis a contutore

1. *Mais, si par testament ou sur enquête, deux tuteurs ou plus ont été donnés, l'un peut offrir caution pour la sûreté du pupille ou de l'adolescent, afin ou d'être préféré à son cotuteur ou cocurateur et d'administrer seul, ou de contraindre ce cotuteur ou cocurateur à offrir satisdation s'il veut être préféré et prendre seul l'administra-*

---

(1) D. 26. 4. 5. § 1. f. Ulp. — Ib. 5. 13. § 1. f. Papin. — (2) D. 26. 3. 3. f. Juli. — C. 5. 70. 7. § 5.

vel concuratore suo, *sed offerre debet,* ut electionem det concuratori vel contutori suo, utrum velit satis accipere, an satisdare. Quod si nemo eorum satis offerat, si quidem adscriptum fuerit a testatore quis gerat, ille gerere debet. Quod si non fuerit scriptum, quem major pars elegerit ipse gerere debet, ut edicto prætoris cavetur. Sin autem ipsi tutores dissenserint, circa eligendum eum, vel eos, qui gerere debent, prætor partes suas interponere debet. Idem et in pluribus ex inquisitione datis comprobandum est, id est, ut major pars eligere possit, per quem administratio fiat.

lion. Ainsi, par lui-même, il ne peut exiger satisdation de son cotuteur ou cocurateur; mais il doit la lui offrir, afin de lui donner le choix ou de la recevoir, ou de la fournir lui-même. Lorsqu'aucun d'eux n'offre satisdation, si l'un a été désigné par le testateur pour gérer, il gèrera; si nul n'a été désigné, celui que la majeure partie aura choisi prendra la gestion, comme y a pourvu l'édit du préteur. Mais si les tuteurs eux-mêmes sont en désaccord dans le choix de celui ou de ceux qui doivent gérer, le préteur doit interposer sa volonté. Ceci doit s'appliquer au cas où plusieurs ont été donnés sur enquête, c'est-à-dire que la majeure partie pourra choisir l'administrateur.

Sed offerre debet. Nous avons déjà développé les dispositions de ce paragraphe (pag. 507). Il faut remarquer que lorsqu'il y a plusieurs tuteurs, il est de leur propre intérêt que celui qui administre fournisse satisdation, parce qu'ils sont tous responsables de la gestion. Il faut remarquer encore que celui qui offre satisdation le premier, donne aux autres, par cela seul, le choix ou de l'accepter ou de satisdonner eux-mêmes. Outre les garanties dont nous venons de parler, les impubères et les adultes ont de plus une hypothèque sur tous les biens des tuteurs ou curateurs.

2. Sciendum autem est, non solum tutores vel curatores pupillis, vel adultis, ceterisque

2. Sachez du reste que non seulement les tuteurs ou curateurs sont tenus pour l'administration des

personis, ex administratione rerum teneri, sed etiam in eos qui
satisdationem accipiunt , *subsidiariam actionem* esse quæ ultimum eis præsidium possit adferre.
Subsidiaria autem actio in eos
datur qui aut omnino a tutoribus
vel curatoribus satisdari non cu-
raverunt, aut non idonee passi
sunt caveri : quæ quidem , tam
ex prudentum responsis, quam
ex constitutionibus imperialibus,
etiam in heredes eorum extendi-
tur.

*biens envers les pupilles, adultes et
autres ; mais que ces derniers ont
encore contre ceux qui reçoivent la
satisdation une action subsidiaire,
qui peut leur fournir un dernier
secours. L'action subsidiaire se
donne contre ceux qui ont ou négligé entièrement de forcer les tuteurs ou curateurs à satisdonner,
ou souffert qu'ils donnassent une
caution insuffisante. De plus, cette
action, d'après les réponses des
prudents aussi bien que d'après
les Constitutions impériales, s'é-
tend aussi contre les héritiers.*

Subsidiariam actionem. Il s'agit dans ce paragraphe
d'une action donnée aux pupilles ou à l'adulte, même
contre les magistrats chargés de recevoir la satisdation.
Nous trouvons sur cet objet un titre au Digeste et au Code
sous la rubrique : *De Magistratibus conveniendis* (1). Cette
action était subsidiaire: on nomme ainsi celles qui présentent un dernier recours (*ultimum subsidium*), et qui
ne sont données qu'à défaut de toute autre. Presque
toutes les lois du Code, sous le titre que nous venons de
citer, nous disent que le pupille ou l'adulte n'a de recours
contre les magistrats que lorsque, après avoir discuté,
fait vendre tous les biens du tuteur ou curateur et de leurs
fidéjusseurs, il n'a pu être indemnisé en entier.

Etiam in heredes. Mais l'action était moins rigoureuse
contre les héritiers que contre le magistrat lui-même. Les

---

(1) D. 27. 8. — C. 5. 35.

premiers n'étaient responsables que lorsque le magistrat avait mis dans ses fonctions une bien grande négligence (1).

3. Quibus constitutionibus et illud exprimitur, ut, nisi caveant tutores vel curatores, pignoribus captis coerceantur.	*3. Dans ces constitutions il est même dit expressément que, si les tuteurs et curateurs ne fournissent caution, on saisira des gages pour les y contraindre.*

C'est-à-dire que le magistrat ordonnera la saisie d'une partie de leurs biens, que l'on gardera en nantissement.

4. Neque autem præfectus urbi, neque prætor, neque præses provinciæ, neque quis alius, cui tutores dandi jus est, hac actione tenebitur, sed hi tantummodo qui satisdationem exigere solent.	*4. Ni le préfet de la ville ou le préteur, ni le président de la province, ni tous autres magistrats revêtus du droit de nommer les tuteurs, ne seront soumis à cette action, mais seulement ceux qui sont dans l'usage d'exiger satisdation.*

Le préfet de la ville, le préteur, le président de la province, investis du droit de nommer les tuteurs et curateurs, devaient bien veiller à ce qu'on exigeât d'eux satisdation, dans les cas où elle était nécessaire ; mais il paraît qu'il n'entrait dans leurs fonctions ni d'apprécier, ni de recevoir cette satisdation. Un fragment d'Ulpien nous parle d'un président de province qui, après avoir nommé lui-même le tuteur, charge les magistrats particuliers de la

---

(1) D. 27. 8. 6. f. Ulp. — C. 5. 35. 2.

cité d'exiger satisdation (1). De même une constitution de Zénon, après avoir cité l'ordonnance d'un préteur qui nomme un curateur, nous parle d'une sorte de greffier appelé *scriba*, chargé d'estimer la fortune de l'adulte et de recevoir la satisdation (2). Ces textes nous font comprendre parfaitement cette règle, que l'action subsidiaire ne se donne pas contre les magistrats investis du droit de nommer les tuteurs, mais seulement contre ceux chargés d'exiger satisdation. Une seule explication encore est nécessaire : elle porte sur ces mots : *neque quis alius cui tutores dandi jus est.* Les magistrats municipaux, dira-t-on peut-être, ont le droit dans certains cas de nommer les tuteurs, et pourtant, comme on vient de le dire, ils sont tenus de l'action subsidiaire : les expressions du texte ne sont donc pas exactes. C'est que ces expressions sont tirées d'Ulpien (3), qui les écrivait à une époque où les magistrats supérieurs possédaient seuls le droit de faire ces nominations ; quant aux magistrats particuliers des cités, ils ne les faisaient que comme délégués du président, et sur son ordre. Ce n'est que Justinien qui leur a donné le droit de nommer sans attendre aucun ordre. Du reste, s'ils sont tenus de l'action subsidiaire, ce n'est point parce qu'ils ont fait la nomination, mais parce qu'ils doivent en outre exiger satisdation.

TIT. XXV.

DE EXCUSATIONIBUS TUTORUM VEL CURATORUM.

TIT. XXV.

DES EXCUSES DES TUTEURS ET CURATEURS.

La tutelle et la curatelle étaient des charges publiques ;

---

(1) D. 27. 8. 1. § 2. f. Ulp. — (2) C. 5. 75. 6. — (3) D. 27. 8. 1. § 1. f. Ulp.

non pas qu'elles eussent pour but l'intérêt public de l'Etat ; mais, en ce sens, que chaque citoyen pouvait y être appelé, et devait les remplir. Pour certains motifs on pouvait être excusé. Les excuses sont, à proprement parler, des causes de dispense que l'on peut faire valoir, auxquelles on peut aussi renoncer ; de sorte que l'on est le maître d'accepter la tutelle ou la curatelle, ou de ne point la prendre en s'excusant. Elles diffèrent des exclusions ; car celui qui est exclus ne peut être tuteur ni curateur, lors même qu'il le voudrait : cependant nous trouvons quelques textes dans lesquels le mot *excusari* est pris pour *être exclus* ; mais ce n'est point là le sens ordinaire et propre du mot.

Excusantur autem tutores vel curatores variis ex causis ; plerumque tamen propter liberos, sive in potestate sint, sive emancipati. Si enim *tres liberos superstites Romæ* quis habeat, vel in Italia quatuor, vel in provinciis quinque, a tutela vel cura potest excusari, exemplo ceterorum munerum ; nam et tutelam vel curam placuit publicum munus esse. Sed adoptivi liberi non prosunt : in adoptionem autem dati, naturali patri prosunt. Item nepotes ex filio prosunt, ut in locum patris succedant ; ex filia non prosunt. Filii autem superstites tantum ad tutelæ vel curæ muneris excusationem prosunt ; defuncti autem non prosunt. Sed si in bello amissi sunt, quæsitum

Il est plusieurs motifs pour lesquels s'excusent les tuteurs et curateurs, mais le plus souvent c'est pour le nombre des enfants qu'ils ont, soit en leur puissance, soit émancipés. En effet celui qui a dans Rome trois enfants vivants, dans l'Italie quatre, dans les provinces cinq, peut s'excuser de la tutelle ou curatelle, comme des autres charges : car la tutelle et la curatelle sont des charges publiques. Les enfants adoptifs ne comptent pas ; donnés en adoption, ils comptent au père naturel. Les petits-enfants issus d'un fils comptent lorsqu'ils prennent la place de leur père, issus d'une fille ils ne comptent pas. Ce sont seulement les enfants vivants qui servent à s'excuser de la tutelle ou curatelle, ceux qui sont

est an prosint? Et constat eos so-
los prodesse qui in acie amittun-
tur; hi enim qui pro Republica
ceciderunt, in perpetuum per
gloriam vivere intelliguntur.

morts ne servent point. Et s'ils ont
péri à la guerre, a-t-on demandé,
comptent-ils? Oui sans doute, mais
seulement quand ils sont morts au
combat; car ceux qui succombent
pour la République, la gloire les
fait vivre éternellement.

Tres liberos superstites Romæ. Cette excuse, accordée
pour le nombre d'enfants, vient de la loi *Papia Poppea,*
dont nous avons déjà vu plus d'une disposition tendant
à favoriser les mariages et à augmenter la population (*H.*
d. d. pag. 145). On peut remarquer la différence entre
Rome, l'Italie et les provinces; différence qui est conservée dans les Instituts, bien qu'à cette époque Rome et
l'Italie fussent encore au pouvoir des Ostrogoths.

1. Item divus Marcus *in Semes-*
tribus rescripsit, eum qui res fisci
administrat a tutela vel cura,
quamdiu administrat, excusari
posse.

1. *De même, le divin Marc-Au-*
rèle dans ses semestres a répondu
que celui qui administre le fisc peut
s'excuser de la tutelle ou curatelle
pendant tout le temps de son admi-
nistration.

On sait par Suétone qu'Auguste et Tibère réunissaient
pendant six mois des conseils particuliers, composés de
sénateurs (*semestria consilia*), où ils discutaient certaines
affaires (1). Notre texte des Instituts peut faire présumer
que Marc-Aurèle avait suivi cet exemple. Il n'y avait plus

______

(1) Suet. Aug. 35.

de différence , sous Justinien , entre le trésor du prince (*fiscus*) et celui de l'Etat (*ærarium*) (*H. d. d. pag.* 134).

2. Item, qui Reipublicæ causa absunt, a tutela vel cura excusantur. Sed et si fuerint tutores vel curatores, deinde reipublicæ causa abesse cœperint, a tutela vel cura excusantur, quatenus Reipublicæ causa absunt ; et interea curator loco eorum datur. Qui, si reversi fuerint, recipiunt onus tutelæ : nam *nec anni habent vacationem*, ut Papinianus libro quinto Responsorum scripsit; nam hoc spatium habent ad novas tutelas vocati.

2. *De même, les absents pour la République sont excusés de la tutelle ou curatelle. Quant à ceux qui, nommés tuteurs ou curateurs, se sont absentés par la suite pour la République, ils sont excusés pendant tout le temps de leur absence; dans cet intervalle on met un curateur à leur place; mais, à leur retour, ils reprennent leur charge, car, comme l'a écrit Papinien au livre cinq de ses Réponses, ils n'ont pas une année de dispense ; ce délai n'existe que pour les nouvelles tutelles auxquelles ils seraient appelés.*

Nec anni habent vacationem. De retour d'une absence pour la République on ne pouvait, pendant une année, être appelé malgré soi à une nouvelle tutelle ou curatelle ; mais, quant à celles dont on était chargé avant son départ, on était forcé de les reprendre sur-le-champ : ainsi elles n'avaient été que suspendues pendant l'absence ; aussi dans l'intervalle nommait-on un curateur.

3. Et qui potestatem habent aliquam, se excusare possunt, ut divus Marcus rescripsit; sed cœptam tutelam deserere non possunt.

3. *Ceux qui sont investis de quelque pouvoir peuvent s'excuser, selon le rescrit du divin Marc-Aurèle; mais ils ne peuvent abandonner une tutelle commencée.*

4. Item, propter litem quam cum pupillo vel adulto tutor vel

4. *Pour un procès qu'il a contre le pupille ou l'adulte, le tuteur ou*

curator habet, excusare nemo se potest, nisi forte de omnibus bonis vel hereditate coutroversia sit.

curateur ne peut s'excuser, à moins que la contestation s'étende à tous les biens ou à une hérédité.

Justinien, plus tard, dans la Novelle 72 c. 1, décida que, lorsqu'on serait créancier ou débiteur du pupille ou adulte, on ne pourrait pas être admis à la tutelle ou curatelle.

5. Item, tria onera tutelæ non adfectatæ, vel curæ, præstant vacationem, quamdiu administrantur : ut tamen plurium pupillorum tutela vel cura eorumdem bonorum, veluti fratrum, pro una computetur.

5. Trois charges de tutelle ou de curatelle qu'on n'a point recherchées, fournissent aussi une excuse tant qu'on les administre. En observant toutefois que la tutelle de plusieurs pupilles, ou la curatelle de plusieurs biens, lorsqu'il y a indivision, par exemple, celle de frères, ne comptent que pour une.

6. Sed et propter paupertatem excusationem tribui, tam divi fratres, quam per se divus Marcus rescripsit, si quis imparem se oneri injuncto possit docere.

6. Pour pauvreté, une excuse est aussi accordée à celui qui peut justifier que la charge qu'on lui impose est au-dessus de ses forces. Les divins frères, et, en son particulier, le divin Marc-Aurèle l'ont répondu.

Par divins frères on entend Marc-Aurèle-Antonin le philosophe, et son frère par adoption, Lucius Verus (*H. d. d. pag.* 156).

7. Item, propter adversam valetudinem, propter quam nec suis quidem negotiis interesse potest, excusatio locum habet.

7. De même, une santé débile qui empêche de s'occuper de ses propres affaires donne lieu à une excuse.

8. Similiter, eum qui litteras nescit, esse excusandum divus Pius rescripsit, quamvis et imperiti litterarum possint ad administrationem negotiorum sufficere.

8. *Pareillement un rescrit d'Antonin le Pieux porte que ceux qui ne connaissent point l'écriture doivent être excusés. Néanmoins ils peuvent quelquefois être capables d'administrer.*

C'est donc aux magistrats à juger, d'après l'importance de la tutelle, si elle peut être gérée par quelqu'un qui ne sait ni lire ni écrire, et si, en conséquence, l'excuse doit être admise ou rejetée (1).

9. Item, si propter inimicitias aliquem testamento tutorem pater dederit, hoc ipsum præstat ei excusationem; sicut, per contrarium, non excusantur qui se tutelam administraturos patri pupillorum promiserant.

9. *Celui que le père aurait dans son testament nommé tuteur par inimitié, obtiendrait par cela seul une excuse; et, à l'inverse, on n'excuse point ceux qui avaient promis au père du pupille d'administrer la tutelle.*

On suppose qu'un père, dans le but d'imposer à son ennemi une charge onéreuse, l'aurait dans son testament nommé tuteur de ses enfants : on donne alors une excuse ; mais il faut prouver que c'est par inimitié que la nomination a été faite, et non comme un acte de réconciliation.

10. Non esse autem admittendam excusationem ejus qui hoc solo utitur, quod ignotus patri pupillorum sit, divi fratres rescripserunt.

10. *On ne peut admettre l'excuse de celui qui se fonde seulement sur ce qu'il était inconnu au père du pupille. C'est ce qu'ont répondu les divins frères.*

---

(1) D. 27. 1. 6. § 19. f. Modest.

11. Inimicitiæ, quas quis cum patre pupillorum vel adultorum exercuit, si capitales fuerunt, nec reconciliatio intervenit, a tutela vel cura solent excusare.

11. *Les haines élevées entre une personne et le père des pupilles ou adultes, si elles étaient capitales et qu'il n'y ait pas eu réconciliation, excusent de la tutelle ou curatelle.*

Par haines capitales, il faut entendre celles qui allaient jusqu'à vouloir priver de la vie, naturelle ou civile.

12. Item, is qui status controversiam a pupillorum patre passus est, excusatur a tutela.

12. *Comme aussi on excuse celui qui a essuyé de la part du père du pupille une contestation d'état.*

Par exemple, si on l'a attaqué, soutenant qu'il était esclave ou non citoyen.

13. Item, major septuaginta annis a tutela vel cura excusare se potest. Minores autem viginti-quinque annis olim quidem excusabantur, nostra autem Constitutione prohibentur ad tutelam vel curam adspirare, adeo ut nec excusatione opus sit. Qua Constitutione, cavetur ut nec pupillus ad legitimam tutelam vocetur, nec adultus : cum erat incivile, eos qui alieno auxilio in rebus suis administrandis egere noscuntur, et ab aliis reguntur, aliorum tutelam vel curam subire.

13. *Le majeur de soixante-dix ans peut s'excuser de la tutelle et de la curatelle. Les mineurs de vingt-cinq ans jadis étaient excusés; mais, d'après notre Constitution, ils sont incapables d'aspirer à la tutelle ou curatelle; et, par là il n'est plus besoin d'excuse. Cette Constitution pourvoit à ce que ni les pupilles, ni les adultes ne soient appelés à la tutelle légitime; car il est contraire à la raison que des individus reconnus comme ayant besoin du secours d'autrui dans l'administration de leurs affaires, et placés eux-mêmes sous une direction étrangère, prennent la tutelle ou la curatelle des autres.*

14. Item et in milite obser-
vandum est ut, nec volens, ad
tutelæ onus admittatur.

14. *Il faut pareillement observer
pour les militaires qu'ils ne soient
point admis, même volontairement,
à gérer la tutelle.*

C'est ici une incapacité plutôt qu'une excuse.

15. Item, Romæ grammatici,
rhetores et medici, et qui in patria sua id exercent, et intra nu-
merum sunt, a tutela vel cura
habent vacationem.

15. *A Rome, les grammairiens,
les rhéteurs et les médecins, de
même ceux qui exercent ces professions dans leur patrie, et qui sont
compris dans le nombre légal,
sont dispensés de la tutelle et curatelle.*

Il existait, nous dit Théophile, une Constitution
d'Antonin le Pieux qui fixait le nombre de grammairiens, rhéteurs, etc., que chaque cité devait avoir. Modestin nous fait même connaître les dispositions de cette
Constitution et les diverses limites qu'elle posait (1).

16. Qui autem vult se excusare, si plures habeat excusa-
tiones, et de quibusdam non
probaverit, aliis uti intra tempora
constituta non prohibetur. Qui
autem excusare se volunt, *non
appellant; sed, intra dies quinquaginta continuos,* ex quo co-
gnoverint se tutores datos, excusare se debent, cujuscunque
generis sint, id est, qualitercun-
que dati fuerint tutores, si intra

16. *Celui qui veut s'excuser et
qui a plusieurs excuses, lorsque
quelques unes ont été rejetées, est
maître de faire valoir les autres
dans les délais fixés. Pour s'excuser on n'a point recours à l'appel;
mais de quelque classe que l'on
soit, c'est à dire de quelque manière que l'on ait été nommé à la
tutelle ou curatelle, on doit proposer ses excuses dans les cinquante jours continus, à partir du*

---

(1) D. 27. 1. 6. § 2, 7 et 9. f. Modest.

centesimum lapidem sunt ab eo loco ubi tutores dati sunt. Si vero ultra centesimum habitant, dinumeratione facta viginti millium diurnorum, et amplius triginta dierum : quod tamen, ut Scævola dicebat, sic debet computari, *ut ne minus sint quam quinquaginta* dies.

moment que l'on a connu sa nomination, si l'on est à moins de cent milles du lieu où l'on a été nommé. Si l'on demeure à plus de cent milles, on compte un jour par vingt milles, plus trente jours en sus : calcul néanmoins qui doit se faire, comme le disait Scévola, de telle sorte que jamais il n'y ait moins de cinquante jours.

Non appellant. Ce paragraphe fixe dans quelle forme on doit s'excuser et dans quel délai. En général, lorsqu'on était appelé à une fonction publique, et qu'on prétendait avoir une excuse, c'est par la voie de l'appel qu'on la faisait valoir ; c'est à dire en s'adressant à un magistrat supérieur, pour faire réformer la sentence de celui qui vous avait nommé (1). Une Constitution de Marc-Aurèle-Antonin ordonna qu'il en serait autrement pour les tutelles et curatelles. C'est devant le magistrat formant le premier degré de juridiction que les tuteurs et curateurs doivent se présenter et proposer leurs excuses ; si ce premier magistrat les rejette, c'est alors qu'ils pourront appeler de sa sentence (2). Cette règle est commune à tous les tuteurs ou curateurs, légitimes, testamentaires, ou donnés par les magistrats ; tous peuvent également s'excuser, à l'exception cependant des affranchis, auxquels la reconnaissance impose l'obligation de gérer la tutelle ou curatelle des enfants du patron, et qui ne peuvent invoquer des excuses pour s'en dispenser (3).

____

(1) D. 49. 4. 1. § 2. f. Ulp. — (2) Ib. § 1. — D. 27. 1. 13. p. f. Modest. — (3) C. 5. 62. 5.

Intra quinquaginta dies continuos. Quand on calculait par *jours utiles*, on ne comptait que ceux où il était permis de se présenter devant le juge ; par *jours continus*, on les comptait tous sans distinction. C'est cette dernière méthode qu'on devait suivre pour les tuteurs et curateurs. Dans le délai fixé, il fallait non seulement qu'ils se fussent présentés au magistrat (*ad judicem accedere*), mais encore qu'ils eussent spécifié leurs excuses (*remissionis causam nominare*) (1). S'ils en avaient plusieurs, ils n'étaient pas obligés de les spécifier toutes à la fois ; mais, lorsque les premières avaient été rejetées, ils pouvaient proposer les autres, pourvu qu'ils fussent toujours dans le délai.

Ne minus sint quam quinquaginta dies. Il résulte du calcul indiqué par les Instituts que, si on le uivait sans modification, ceux qui sont à plus de cent milles auraient souvent un délai plus court que ceux qui sont moins éloignés. Par exemple, un individu qui demeure à trois cents milles, aurait un jour par vingt milles, c'est à dire quinze jours ; plus trente jours en sus, en totalité quarante-cinq jours seulement. Voilà pourquoi les jurisconsultes ajoutaient que, dans tous les cas, il faut agir de manière à ce que personne n'ait jamais moins de cinquante jours (2). D'après cela on peut aisément s'assurer, en faisant les calculs, qu'il ne commence à y avoir plus de cinquante jours que lorsque les tuteurs habitent à plus de quatre cents milles ; en sorte que la règle eût été plus juste et plus simple si l'on avait dit : le délai sera de cinquante jours pour ceux qui demeureront à quatre cents

----

(1) D. 27. 1. 13. § 8.—(2) D. 27. 1. 13. § 2. f. Modest.

milles, ou moins ; on ajoutera un jour pour chaque vingt milles en sus de cette distance.

Les tuteurs et curateurs sont les maîtres, comme nous l'avons dit, d'user de leurs excuses ou d'y renoncer. Ils y renoncent tacitement lorsqu'ils laissent expirer les délais, ou même lorsqu'ils prennent l'administration sans faire aucune réserve (1), à moins qu'il s'agisse d'une excuse survenue postérieurement, et pouvant dispenser même d'une charge commencée, comme, par exemple, l'absence pour la république.

17. Datus autem tutor, ad universum patrimonium datus esse creditur.	17. *La nomination du tuteur est censée faite pour le patrimoine entier.*

Par conséquent, ajoute Cujas, si les biens sont situés dans des provinces différentes, il n'en est pas moins chargé en totalité. D'où il suit que, s'il veut se décharger de l'administration des biens trop éloignés, il ne peut le faire qu'en proposant une excuse fondée sur l'éloignement, ce qui est conforme à un fragment du Digeste (2). Quelques commentateurs pensent que le texte des Instituts est incomplet, et que la suite développait ce que nous venons de dire. La paraphrase de Théophile n'en dit pas plus que les Instituts.

18. Qui tutelam alicujus gessit, invitus curator ejusdem fieri non compellitur : in tantum ut, licet paterfamilias qui testamento tu-	18. *Celui qui a géré la tutelle d'une personne n'est pas forcé d'en prendre la curatelle malgré soi : tellement que si un père de famille,*

---

(1) C. 5. 63. 2. — (2) D. 27. 1. 21. § 2. f. Marci.

torem dedit, adjecerit se eundem curatorem dare : tamen invitum eum curam suscipere non cogendum, divi Severus et Antoninus rescripserunt.

en nommant un tuteur par testament, avait ajouté qu'il donnait le même individu pour curateur, on ne pourrait point le contraindre à prendre la curatelle contre son gré, selon le rescrit des divins Sévère et Antonin.

C'est ici Septime-Sévère et Antonin-Caracalla que l'on veut désigner (*H. d. d. pag.* 158).

19. Iidem rescripserunt maritum uxori suæ curatorem datum, excusare se posse, licet se immisceat.

19. *Les mêmes empereurs ont répondu que le mari donné pour curateur à sa femme peut s'excuser, bien qu'il se soit immiscé.*

Non seulement il peut s'excuser, mais il le doit ; car il est incapable d'être curateur de sa femme, comme le disent formellêment plus d'un texte du Digeste et du Code (1). *Maritus, etsi rebus uxoris suæ debet affectionem, tamen curator ei creari non potest* (2). Cette règle est la réciproque de celle déjà connue, que le curateur d'une femme ne peut l'épouser (pag. 385): Le motif est le même : on craindrait que le mari n'abusât de sa position pour se dispenser de rendre des comptes. Si donc, par ignorance du droit, ou par tout autre motif, des magistrats avaient nommé un mari à la curatelle de sa femme, celui-ci, dès qu'il l'apprendrait, devrait s'excuser sur-le-champ, afin d'éviter toute responsabilité à ce sujet (3). Il faut supposer que la femme a besoin d'un curateur, soit parce qu'elle est mineure de vingt-cinq ans, soit

---

(1) D. 27. 1. 1. § 5. f. Modest. — 27. 10. 10. 14. f. Pap. —
(2) C. 5. 34. 2. — (3) C. 5. 62. 4. —

parce qu'elle est insensée, etc. (1). Il faut de plus supposer qu'elle a des biens à elle propres et non compris dans la dot (pag. 389).

20. Si quis autem falsis allegationibus excusationem tutelæ meruerit, non est liberatus onere tutelæ.	20. *Si, par de fausses allégations, quelqu'un est parvenu à se faire dispenser de la tutelle, il n'est point dégagé de ses obligations.*

En conséquence il est toujours responsable, par l'action de tutelle, de tous les préjudices que pourrait éprouver le pupille : il faut en dire autant pour la curatelle. C'est une exception faite, en faveur des pupilles ou adultes, à cette règle, que la chose jugée passe pour la vérité.

Il est encore plusieurs motifs d'excuse autres que ceux que nous venons de parcourir; mais la matière n'est pas assez importante pour les tous examiner : ils sont énumérés au Digeste et au Code (2).

Des actions relatives a la tutelle et a la curatelle. La tutelle pouvait donner lieu à plusieurs actions; savoir : l'action directe de tutelle, l'action pour les distractions faites dans les comptes, et l'action contraire de tutelle. — L'action directe de tutelle, qui se nommait *actio directa tutelæ*, ou *judicium tutelæ*, ou bien encore *arbitrium tutelæ*, était celle qu'on donnait au pupille contre le tuteur, pour lui faire rendre compte de son administration. Elle n'était ouverte que lorsque la tutelle était finie soit pour le pupille lui-même, soit pour le tuteur seulement.

____

(1) D. 27. 10. 14. — (2) D. 27. 1. — C. 5. 62.

Elle était accordée au pupille ou à ses héritiers, contre le tuteur ou contre ses héritiers. Le tuteur était responsable, par cette action, non seulement des fraudes qu'il aurait commises, mais encore des fautes qu'il aurait faites, et même de sa négligence. Lorsqu'il était, par suite de cette action, convaincu de fraude, il était noté d'infamie (1). — L'action pour les distractions faites dans les comptes se nommait *actio de distrahendis rationibus.* Elle était donnée au pupille contre le tuteur, quand celui-ci avait commis quelques soustractions sur le patrimoine qu'on lui avait confié. Elle n'était ouverte qu'à la fin de la tutelle. Elle avait pour résultat de faire noter le tuteur d'infamie, et de le faire condamner à restituer le double de ce qu'il avait soustrait ; elle ne passait point contre les héritiers du tuteur, parce qu'ils n'étaient point les coupables. On ne pouvait pas exercer à la fois l'action directe de tutelle et l'action *de rationibus distrahendis ;* intenter l'une, c'était renoncer à l'autre (2).—L'action contraire de tutelle (*actio contraria tutelæ*) était celle qui, à la fin de la tutelle, était donnée au tuteur contre le pupille, pour se faire indemniser de toutes les avances qu'il pouvait avoir faites, et de toutes les obligations qu'il pouvait avoir contractées pour lui. Une remarque générale, et qui nous servira plus d'une fois par la suite, c'est que ces expressions, *action directe, action contraire,* prises par opposition l'une à l'autre, désignaient toujours, la première, une action en quelque sorte principale, découlant directement et essentielle-

---

(1) D. 27. 3. l. 4. 1 § 16 et 17. Ib. princ. — Voy. aussi C. 5. 2. — (2) D. 27. 3. l. 1. § 19 et suiv., l. 2.

ment d'un contrat ou d'un fait ; la seconde, une action en quelque sorte accessoire, survenue postérieurement au contrat, à cause d'une circonstance particulière. Ainsi, dans notre exemple, par cela seul qu'il y a tutelle, il y a, comme une conséquence directe et essentielle, action directe de tutelle ; tandis que l'action contraire ne viendra qu'accessoirement, si le tuteur par la suite se trouve avoir fait quelque avance.

La curatelle donnait lieu à l'action utile de gestion d'affaires (*actio utilis negotiorum gestorum*), accordée à celui qui était en curatelle, pour faire rendre compte au curateur. Il est à remarquer que rien n'empêchait d'intenter cette action, si les circonstances l'exigeaient, même pendant que la curatelle durait encore (1). De son côté, le curateur avait, pour se faire indemniser de ses avances, l'action contraire utile de gestion d'affaires (*actio contraria utilis negotiorum gestorum*) (2). Observons encore ici que l'expression *action directe* se prenait aussi par opposition à *action utile ;* qu'alors elle avait un autre sens que celui expliqué ci-dessus. Elle désignait une action découlant directement du droit lui-même ; tandis que, par *action utile,* on entendait une action que l'équité, l'utilité seule avaient fait introduire par analogie d'une action existante dans la loi. Ainsi, dans notre exemple, l'action directe *negotiorum gestorum,* est celle que le droit lui-même donnait pour faire rendre compte à celui qui, volontairement et à l'insu d'un propriétaire,

____

(1) Ib. 4. § 5 et 16. § 1. — D. 26. 7. 26. — (2) D. 27. 4. 1. § 2. f. Ulp.

s'était mis à gérer ses affaires. Le curateur n'était pas absolument dans cette position, puisque ce n'était point de son seul mouvement qu'il avait pris la gestion. On n'avait donc pas réellement contre lui l'action directe de gestion d'affaires ; mais, par analogie et par utilité, on avait donné une action à peu près semblable *actio utilis negotiorum gestorum.* — L'action accordée par le préteur pour obtenir une restitution en entier (*restitutio in integrum*), à cause de l'âge, se rapporte aussi à la matière que nous examinons. Lorsqu'un mineur de vingt-cinq ans, agissant soit avec l'autorisation de son tuteur, soit avec le consentement de son curateur, soit par lui-même en âge de puberté, avait éprouvé un préjudice dans une affaire qui, selon le droit, était valable, le préteur néanmoins lui permettait d'agir pour se faire restituer en entier, c'est à dire replacer dans son premier état, comme si l'affaire n'avait pas eu lieu : c'est là ce qu'on nommait une *restitutio in integrum.* Le préteur, du reste, ne l'accordait qu'en connaissance de cause, et lorsqu'il reconnaissait qu'il y avait un préjudice assez considérable (1).

Étaient communes à la tutelle et à la curatelle, l'action de stipulation (*actio ex stipulatu*) contre ceux qui s'étaient engagés comme répondants du tuteur ou du curateur ; l'action subsidiaire contre les magistrats ; et enfin l'accusation dirigée contre le tuteur ou curateur, pour le faire écarter comme suspect. Nous allons, avec le texte, parler plus en détail de cette accusation.

____

(1) D. 4. 4. — C. 2. 22.

TIT. XXVI.

DE SUSPECTIS TUTORIBUS VEL CURATORIBUS.

TIT. XXVI.

DES TUTEURS OU CURATEURS SUSPECTS.

L'accusation de suspicion, intentée contre un tuteur ou curateur, n'était point une accusation criminelle, proprement dite : elle n'avait point pour objet de faire infliger à un coupable une punition publique ; son but principal était un intérêt civil, celui de défendre la fortune du pupille, en écartant quelqu'un qui pourrait y malverser. Il est vrai qu'elle entraînait quelquefois l'infamie ; mais cet effet lui était commun avec plusieurs actions civiles, telles que celle de tutelle, de dépôt. Il suit de là que cette accusation n'était point portée devant les juges criminels, mais seulement devant les juges civils. Il suit encore que, dès que la tutelle ou curatelle avait fini, l'accusation ne pouvait plus avoir lieu, puisqu'elle eût été sans objet. D'un autre côté cette accusation diffère des actions civiles, et se rapproche des accusations criminelles, en ce sens qu'elle n'est pas ouverte seulement à la partie intéressée, mais que tout le monde a le droit de l'intenter.

Sciendum est, suspecti crimen ex lege duodecim Tabularum descendere.

1. Datum est autem jus removendi tutores suspectos Romæ prætori, et in provinciis præsidibus earum, et legato proconsulis.

Sachez que l'accusation de suspicion vient de la loi des douze Tables

1. Le droit d'écarter les tuteurs suspects appartient à Rome aux préteurs, dans les provinces aux présidents et au lieutenant du proconsul.

Ce droit leur appartient parce qu'il s'agit d'un intérêt civil, et que leur jurisdiction s'étend aux causes de cette nature. Nous avons expliqué ce qu'était le lieutenant du proconsul (*H. à. d. pag.* 93).

2. Ostendimus, qui possunt de suspecto cognoscere, nunc videamus, qui suspecti fieri possunt. Et quidem omnes tutores possunt sive testamentarii sint, sive non, sed alterius generis tutores. Quare et si legitimus fuerit tutor, accusari poterit. Quid si patronus? Adhuc idem erit dicendum : dummodo meminerimus, famæ patroni parcendum, licet ut suspectus remotus fuerit.

2. *Après avoir dit quels magistrats peuvent connaître de l'accusation de suspicion, voyons quels tuteurs peuvent être accusés ; tous le peuvent, qu'ils soient testamentaires, ou qu'ils soient de toute autre classe, fût-ce même un tuteur légitime. Mais un patron ? La même décision lui est applicable, pourvu qu'on se souvienne qu'il faut ménager sa réputation, même en l'écartant comme suspect.*

Ni les enfants ni les affranchis ne pouvaient diriger contre leurs ascendants ou leur patron une action infamante (1). Les actions qui avaient ce caractère devaient en être dépouillées, et le fils ou l'affranchi devait agir seulement pour défendre ses intérêts. C'est ce qui aura lieu ici : l'ascendant ou le patron sera écarté sans être noté d'infamie ; et même fort souvent, d'après Modestin, on se contentera de lui adjoindre un curateur (2).

3. Consequens est, ut videamus qui possunt suspectos postulare. Et sciendum est, *quasi publicam* esse hanc accusationem,

3. *Après cela, voyons qui peut accuser les suspects ; et l'on saura que cette accusation est quasi publique, c'est à dire ouverte à tout*

---

(1) D. 37. 15. 5. f. Ulp. — (2) D. 26. 10. 9.

hoc est; omnibus patere. Quinimo et *mulieres admittuntur*, ex rescripto divorum Severi et Antonini, sed hæ solæ quæ, pietatis necessitudine ductæ, ad hoc procedunt, utputa mater, nutrix quoque; et avia possunt, potest et soror. Sed et si qua alia mulier fuerit, cujus prætor perpensam pietatem intellexerit, non sexus verecundiam egredientem, sed pietate productam, non continere injuriam pupillorum : admittet eam ad accusationem.

le monde. Bien plus, on y admet les femmes, d'après le rescrit des divins Sévère et Antonin, mais seulement celles qu'un sentiment irrésistible d'affection pousse à cette démarche; comme la mere, la nourrice aussi, l'aieule, ainsi que la sœur; et même s'il est une autre femme en qui le préteur reconnaisse une vive affection, qui paraisse, sans sortir de la modestie de son sexe, mais conduite par cette affection, ne pouvoir supporter le préjudice fait aux pupilles, elle sera admise à cette accusation.

Quasi publicam. Nous avons dit, au commencement de ce titre, en quoi cette accusation différait de celles qui étaient réellement publiques, et en quoi elle leur ressemblait.

Mulieres admittuntur. En général les femmes ne pouvaient intenter d'accusation publique, si ce n'est quand elles voulaient poursuivre la vengeance d'un délit ou d'un crime commis contre elles ou quelqu'un des leurs (1).

4. Impuberes non possunt tutores suos suspectos postulare, puberes autem curatores suos ex consilio necessariorum suspectos possunt arguere : et ita divi Severus et Antoninus rescripserunt.

4. *Les impubères ne peuvent poursuivre leurs tuteurs comme suspects; les adultes peuvent, avec l'avis de leurs parents, poursuivre leurs curateurs. C'est ainsi que l'ont répondu les divins Sévère et Antonin.*

---

(1) D. 48. 2. 1. f. Pomp., 2. f. Pap. — C. 9. 1. 12.

5. Suspectus autem est, qui non ex fide tutelam gerit, licet solvendo sit, ut Julianus quoque scripsit. Sed et antequam incipiat tutelam gerere tutor, posse eum quasi suspectum removeri, idem Julianus scripsit, et secundum eum constitutum est.

5. *Est suspect celui qui gère infidèlement la tutelle, bien que solvable, comme l'a écrit aussi Julien. Et même, avant d'avoir commencé à gérer, un tuteur peut être écarté comme suspect ; le même Julien l'a écrit, et, d'après lui, une Constitution l'a décidé.*

C'est sur sa réputation, s'il était connu pour un homme improbe ou de mauvaises mœurs, qu'on l'écarterait, même avant qu'il eût commencé l'administration.

6. Suspectus autem remotus, si quidem ob dolum, famosus est; si ob culpam, non æque.

6. *Le suspect écarté pour dol est noté d'infamie ; pour faute, il ne l'est pas.*

Chaque citoyen jouissait d'une considération qui lui était propre et qui dépendait de sa conduite, de son état, des honneurs dont il était revêtu ; cette considération se nommait *existimatio.* Elle est définie au Digeste, *dignitatis illæsæ status, legibus ac moribus comprobatus* (1). L'existimation pouvait augmenter, diminuer ou même se perdre. Elle était perdue totalement pour ceux qui étaient privés de la liberté ou des droits de cité ; elle était diminuée, par exemple, quand on était relégué, expulsé du sénat, rejeté de son ordre dans un ordre inférieur, etc. Il existait même des actions qui, pour toute peine, emportaient l'infamie, c'est à dire une diminution très-étendue de l'existimation (2). Telles étaient l'action de tu-

---

(1) D. 5. 15. 5. § 1. f. Callist. — (2) Ib. § 2 et 3.

telle, l'accusation de suspicion, quand le tuteur était convaincu de fraude. — L'individu déclaré infâme était frappé de plusieurs incapacités. Nous aurons occasion de revenir sur ce sujet.

7. Si quis autem suspectus postulatur, quoad cognitio finiatur, interdicitur ei administratio, ut Papiniano visum est.

7. Si quelqu'un est poursuivi comme suspect, l'administration lui est interdite, selon l'avis de Papinien, jusqu'à ce que la cause soit jugée.

8. Sed si suspecti cognitio suscepta fuerit, postea quam tutor vel curator decesserit, extinguitur suspecti cognitio.

8. Si, pendant l'instance commencée contre le suspect, le tuteur ou le curateur décède, l'instance s'éteint.

La même décision doit s'appliquer à tous les cas où, pour une cause quelconque, la tutelle ou curatelle finit. Nous en avons donné la raison : c'est que l'accusation n'avait d'autre but que d'écarter le suspect. Mais il reste toujours contre ce dernier, ou contre ses héritiers, l'action pour faire rendre compte.

9. Si quis tutor copiam sui non faciat ut alimenta pupillo decernantur, cavetur epistola divorum Severi et Antonini, ut in possessionem bonorum ejus pupillus mittatur; et quæ mora deteriora futura sunt, dato curatore distrahi jubentur. Ergo ut suspectus removeri poterit, qui non præstat alimenta.

9. Si le tuteur ne paraît pas pour faire allouer des aliments au pupille, un rescrit des divins Sévère et Antonin ordonne que le pupille sera mis en possession de ses biens, et qu'après la nomination d'un curateur, les choses que le retard détériorerait seront vendues. On pourra donc écarter comme suspect celui qui ne fournit pas des aliments.

Ut alimenta pupillo decernantur. La somme à dépenser annuellement pour l'entretien du pupille, n'était pas laissée entièrément à l'arbitraire du tuteur. Le testateur pouvait la fixer dans son testament ; s'il ne l'avait point fait, il était d'usage que le préteur la déterminât. Ce magistrat devait avoir égard au rang, à la fortune, à l'âge du pupille ; il ne devait point permettre de dépenser tous les revenus : il était bon que l'on fît chaque année quelques économies. C'était au tuteur à faire faire cette estimation ; et même quand elle avait été faite, soit par le testateur, soit par le magistrat, s'il arrivait que, par des circonstances postérieures, la somme allouée devînt trop forte, le tuteur devait avertir pour qu'on la diminuât. S'il négligeait ces devoirs, il s'exposait à ce que, dans le compte de tutelle, on n'admît point toutes les dépenses qu'il porterait pour l'entretien du pupille. Néanmoins, si ces dépenses, quoique n'ayant pas été fixées, étaient modérées, elles devaient être admises (1). — Notre texte s'occupe du cas où le tuteur, au lieu de faire fixer la somme pour l'entretien, aurait disparu. Alors il faut distinguer : si son absence a été forcée et imprévue, on pourvoira, en attendant son retour, à l'entretien du pupille (2) ; mais si son absence provient de négligence ou de mauvaise foi, s'il se cache ou s'il s'est enfui, abandonnant ainsi les intérêts du pupille, on agira envers lui à peu près comme on agit contre un débiteur qui disparaît. De même que les créanciers sont alors envoyés en possession des biens de leur débiteur (3), qu'ils peuvent faire nommer un curateur à ces biens pour qu'ils soient vendus (4) ; de même le pupille sera envoyé en

---

(1) D. 27. 2. 2 et 3. f. Ulp. — C. 5. 5o. — (2) D. 27. 2. 6. f. Tryph. — (3) D. 42. 2. — (4) Ib. 4.

possession des biens du tuteur, et, sur-le-champ, un curateur étant donné à ces biens, on vendra les choses sujettes à se détériorer, afin de pourvoir aux aliments du pupille. Le tuteur de plus pourra être écarté comme suspect (1). — On peut remarquer les expressions : *copiam sui non faciat*, pour dire ne présente point sa personne ; et *alimenta*, pour désigner non seulement la nourriture du pupille, mais tout ce qui est nécessaire à son entretien.

10. Sed si quis præsens negat propter inopiam alimenta posse decerni, si hoc *per mendacium dicat*, remittendum eum esse ad præfectum urbi puniendum placuit, sicut ille remittitur qui, data pecunia, ministerium tutelæ redemerit.

10. *Mais lorsqu'il paraît et prétend qu'on ne peut, à cause de la pauvreté du pupille, lui allouer des aliments, si cette assertion est mensongère, il faudra le renvoyer devant le préfet de la ville pour être puni, comme on y renvoie celui qui, à prix d'argent, a racheté les fonctions de tuteur.*

Per mendacium dicat. On suppose ici que le tuteur ne disparaît point, mais qu'il cherche à frauder le pupille par des assertions mensongères. Un fragment du Digeste veut que, dans ce cas, on donne des avocats au pupille pour contester ce que dit le tuteur. — Quant à celui qui, à prix d'argent, rachète la tutelle, ce ne peut être qu'en gagnant les employés du préteur. Aussi Cujas rétablit le texte de cette manière : *Data pecunia ministeriis tutelam redemerit.* On lit au Digeste : *Qui tutelam, corruptis ministeriis prætoris, redemerit* (2).

---

(1) D. 27. 2. 6. — 26. 10. 3. § 14. f. Ulp. — (2) Ib. § 15.

11. Libertus quoque, si fraudulenter tutelam filiorum vel nepotum patroni gessisse probetur, ad præfectum urbi remittitur puniendus.

11. *De même, l'affranchi, convaincu d'avoir géré frauduleusement la tutelle des fils ou petits-fils de son patron, est renvoyé au préfet de la ville pour être puni.*

Dans tous ces cas, on renvoie au préfet de la ville, parce qu'il est le juge criminel.

12. Novissime sciendum est eos qui fraudulenter tutelam, vel curam administrant, etiam si satis offerant, removendos esse a tutela, quia satisdatio tutoris propositum malevolum non mutat, sed diutius grassandi in re familiari facultatem præstat.

12. *Enfin sachez que ceux qui administrent frauduleusement, bien qu'ils offrent satisdation, doivent être écartés de la tutelle, parce que cette satisdation ne change pas leurs projets malveillants, mais leur fournit le moyen de dilapider plus long-temps la fortune du pupille.*

La satisdation offre bien une garantie, mais elle n'est pas entièrement sûre; et d'ailleurs, il vaut mieux prévenir le mal que d'avoir à le réparer.

13. Suspectum enim eum putamus, qui moribus talis est ut suspectus sit. Enimvero tutor vel curator, quamvis pauper est, fidelis tamen et diligens, removendus non est quasi suspectus.

13. *Nous considérons aussi comme suspect celui que ses mœurs rendent tel; mais un tuteur ou un curateur, bien qu'il soit pauvre, s'il est néanmoins fidèle et zélé, ne doit pas être écarté comme suspect.*

On ne doit pas garantir seulement la fortune, mais encore la moralité du pupille. Ainsi l'on doit écarter le tuteur qui a de mauvaises mœurs, comme celui qui gère frauduleusement.

RÉSUMÉ.

Des causes générales ou des causes particulières peuvent rendre les individus incapables de se gouverner et de se défendre; dans le premier cas on les met en tutelle, dans le second en curatelle; mais il n'y a que les individus *sui juris* qui soient en tutelle ou en curatelle; les personnes *alieni juris* ne peuvent jamais s'y trouver.

On donnait primitivement des tuteurs aux femmes, quelque âgées qu'elles fussent, et aux impubères. La tutelle des impu-bères est la seule qui existe sous Justinien. Elle est définie : *vis ac potestas in capite libero, ad tuendum eum qui per ætatem se ipse defendere nequit, jure civili data ac permissa.*

On nomme tutelle testamentaire (*testamentaria tutela*) celle qui est déférée par testament. — Qui a le droit de donner un tuteur testamentaire? Le père de famille seul : il tient ce droit de sa puissance paternelle; aussi peut-il déshériter ses enfants, et néanmoins leur assigner un tuteur. — Qui peut recevoir un tuteur testamentaire? Les enfants soumis à la puissance du chef, et qui à sa mort doivent se trouver *sui juris* et impubères : parmi eux il faut comprendre les posthumes, dans certain cas. Les enfants émancipés n'en peuvent point recevoir; mais ce-pendant la nomination faite par le père doit être confirmée par le magistrat, sans enquête. — Qui peut être nommé tuteur testamentaire? Les individus seuls avec qui le testateur a faction de testament, encore ne sont-ils pas tous capables d'être tu-teurs : les femmes ne le sont pas; les esclaves, les fous, les mi-neurs de vingt-cinq ans ne sont capables que pour l'époque où ils seront devenus libres, sains d'esprit, majeurs de vingt-cinq ans. — Comment peut-être faite la nomination? Avant ou après l'institution d'héritier ; purement et simplement, sous un terme, ou sous une condition ; elle peut comprendre plusieurs tuteurs ; mais elle ne peut tomber sur une personne incertaine, ni être faite pour une affaire spéciale.

On nomme tutelle légitime (*legitima tutela*), en général, celle qui est déférée par une loi (*quæ ex lege aliqua descendit*) ; plus spécialement celle qui découle de la loi des douze Tables directement, ou par conséquence (*quæ ex lege duodecim tabularum introducitur, seu propalam, seu per consequentiam*). Ce genre de tutelle a lieu lorsque la tutelle testamentaire manque, soit parce qu'il n'y en a pas eu ; soit parce qu'elle a cessé de plein droit avant la puberté du pupille. — Dans le sens spécial du mot, la tutelle des agnats, celle du patron et de ses enfants sont les seules tutelles légitimes. La première découle directement de la loi des douze Tables, la seconde en découle par conséquence.

Les agnats sont appelés par la loi des douze Tables à la tutelle, pourvu qu'ils soient capables de la gérer, dans le même ordre qu'à la succession ; de là cette règle : *Ubi emolumentum successionis ibi et onus tutelæ.* S'il y a plusieurs agnats au même degré, la tutelle leur est commune. — A ce sujet les Instituts examinent ce qu'on entend par *agnats* et par *cognats ;* comment se perdent les droits *d'agnation* et de *cognation.* L'état de citoyen Romain se compose de trois éléments constitutifs : la liberté, la cité, la famille ; trois changements distincts peuvent frapper sur cet état, selon que l'un ou l'autre de ces éléments est attaqué. Ces changements d'état se nomment diminutions de tête (*est capitis deminutio prioris status mutatio*). Si l'on perd le premier élément (*libertas*), tous les autres sont perdus, l'état de citoyen est détruit en entier, il y a grande diminution de tête (*maxima*). Si l'on perd le second élément (*civitas*), la famille est aussi perdue, l'état de citoyen romain est détruit, il ne reste que la qualité d'homme libre ; il y a moindre, ou moyenne diminution de tête (*minor, vel media*). Si l'on perd seulement le troisième élément (*familia*), la qualité d'homme libre, ni l'état de citoyen romain ne sont détruits; on ne perd même sa famille que pour l'échanger contre une autre; la position seulement de l'individu est modifiée (*status duntaxat hominis mutatur*); il y a petite diminution de tête (*minima*). L'influence de ces changemens sur l'agnation et la cognation est celle-ci : Le lien même de l'agnation, et les droits qu'elle donne sont détruits par toute diminution de tête; le lien naturel de la cognation n'est rompu par aucune diminution; les droits civils, qui y sont attachés, périssent par la grande et la moyenne, mais non par la petite.

Le patron et ses enfants sont appelés indirectement par la loi des douze Tables à la tutelle de l'affranchi impubère, parce que cette loi les appelle à la succession.

On nommait tutelles fiduciaires (*tutelæ fiduciariæ*), celles que l'usage avait fait déférer, par confiance et par similitude des tutelles du patron et de ses enfants, à certaines personnes sur l'homme libre, placé *in mancipio* et affranchi avant sa puberté. Ces tutelles étaient : 1º celle du propriétaire affranchissant, quand l'impubère lui avait été livré *in mancipio* sans fiducie; 2º celle du père émancipateur, quand il avait fait l'émancipation avec fiducie, parce qu'il était alors lui-même propriétaire affranchissant; 3º celle des enfants du père émancipateur, après la mort de ce dernier. — Là-dessus il faut observer : que la première n'a plus lieu sous Justinien; que la seconde, même sous Gaius, au lieu d'être considérée comme fiduciaire, était, par honneur pour le père, rangée parmi les tutelles légitimes; que par conséquent la troisième est la seule, sous Justinien, qui ait retenu le nom de tutelle fiduciaire.

On nomme tutelle donnée par les magistrats (*tutela a magistratibus data*), celle qui est déférée par le choix de certains magistrats. On a recours à cette tutelle : 1º quand il n'y a absolument aucun tuteur ni testamentaire, ni légitime; 2º quand la tutelle testamentaire est suspendue ou interrompue pour une cause quelconque; 3° quand le tuteur testamentaire, ou le tuteur légitime s'excusent ou sont destitués. — Les premières lois qui concernent ce genre de tutelle sont, pour Rome, la loi *Atilia;* pour les provinces, la loi *Julia et Titia,* d'où sont venus le nom de *tutor Atilianus,* et celui de tutor *Juliotitianus* indiqué par Théophile. — Ces tuteurs, sous Justinien, sont nommés, à Constantinople, par le préfet et le préteur, chacun selon leur jurisdiction et avec enquête : dans les provinces, lorsque la fortune du pupille excède cinq cents solides, ils sont nommés par les présidents avec enquête; lorsque la fortune ne s'élève pas au dessus de cette somme, ce sont les magistrats particuliers des cités qui les nomment sans enquête, mais avec caution. — La nomination peut comprendre plusieurs tuteurs; mais elle ne peut être subordonnée à un terme ou à une condition.

Le tuteur doit, avant de prendre l'administration, donner caution de bien gérer, et faire l'inventaire des biens du pupille. — S'il y a plusieurs tuteurs, l'administration est, selon les cas, confiée à un seul, donnée à tous en commun, ou divisée entre chacun d'eux. — Les fonctions du tuteur consistent soit à agir par lui-même et sans le pupille (*negotia gerere*), soit à intervenir quand le pupille contracte, afin de valider le contrat par sa présence et par son approbation (*auctoritatem interponere*). Le pupille au dessous de sept ans (*infans*) n'a aucune intelligence et ne peut faire aucun acte valable, le tuteur doit toujours agir seul. Au dessus de sept ans, le pupille a l'intelligence de ce qu'il fait (*aliquem intellectum*), mais non du jugement (*animi judicium*); en conséqence, il peut faire, seul, tous les actes qui ne demandent que l'intelligence; mais il ne peut faire, sans l'autorisation du tuteur, ceux qui demandent le jugement. D'où il suit qu'il peut, sans autorisation, rendre sa condition meilleure, mais non la rendre pire; obliger les autres envers lui, mais non s'obliger envers les autres; stipuler, mais non promettre. Lorsque le contrat, fait par le pupille sans autorisation, peut, comme la vente, se décomposer en deux actes, dont l'un ne demande que l'intelligence et l'autre exige du jugement, le premier acte est valable, le second nul, et le contrat est conservé en partie dans l'intérêt du pupille; mais lorsque l'acte qui exige du jugement est indivisible, comme l'acceptation d'une hérédité, et ne peut se prêter à une pareille décomposition, il est totalement nul, s'il a été fait sans autorisation, lors même que, par le fait, il pourrait être avantageux au pupille. L'autorisation (*auctoritas*) est la participation active du tuteur dans l'acte, afin d'augmenter, de compléter la personne imparfaite du pupille. Elle ne peut être donnée ni avant, ni après.

La tutelle finit, pour le pupille, par la puberté et par les trois diminutions de tête; et alors, finissant aussi pour le tuteur, elle est entièrement terminée. Mais quelquefois elle ne cesse que pour le tuteur seul, qui se trouve remplacé par un autre. C'est ce qui a lieu par la mort du tuteur; par sa grande, ou sa moyenne diminution de tête; quant à la petite diminution, elle ne met fin qu'à la tutelle légitime des agnats; par sa captivité, il est vrai que, dans ce cas, ses droits sont seulement suspendus; par l'événement du terme ou l'accomplissement de la condition; par les excuses ou les destitutions.

La tutelle perpétuelle sur les femmes commença à s'adoucir même sous la république; Auguste, par la loi *Papia Poppea*, accorda aux femmes, dans certains cas, le droit d'en être délivrées; sous Claude, la loi *Claudia* les affranchit entièrement de la tutelle de leurs agnats. Cette législation existait encore au temps de Gaius, et à celui d'Ulpien; mais elle tomba successivement en désuétude, et aucune trace n'en resta dans l'Empire d'Orient.

La curatelle peut avoir lieu dans trois circonstances bien distinctes : 1° pendant la tutelle, pour les impubères; 2° depuis la puberté jusqu'à vingt-cinq ans, pour les adultes; ces derniers ne reçoivent pas des curateurs contre leur gré, si ce n'est pour les comptes de leurs tuteurs, pour un procès, pour un paiement ; 3° même au delà de vingt-cinq ans ; pour les furieux, insensés, prodigues, etc. — Il n'y a que la curatelle des furieux et des prodigues qui soit légitime, et qui appartienne de plein droit aux agnats ; les autres curateurs sont nommés par les mêmes magistrats que les tuteurs : ils ne peuvent être donnés par testament, cependant, lorsqu'ils l'ont été, ils sont confirmés. — Le tuteur est donné à la personne et non aux biens ; le curateur, aux biens, même à une affaire spéciale, et non à la personne. Le premier interpose son *auctoritas*, le second donne seulement son adhésion (*consensus*). — La curatelle finit avec la cause pour laquelle elle avait été établie.

Les tuteurs et curateurs, à l'exception de ceux nommés par testament ou sur enquête, sont obligés de fournir satisdation pour la sûreté du pupille et adulte.

Ces derniers ont une action subsidiaire contre les magistrats qui, chargés d'exiger la satisdation, auraient négligé entièrement de le faire, ou bien auraient reçu une sûreté insuffisante. Cette action s'étend contre les héririers des magistrats.

La tutelle et la curatelle sont des charges publiques, en ce sens que tout citoyen peut y être appelé. Il est cependant des motifs d'excuses pour lesquels on peut se faire dispenser. Ce n'est point par la voie de l'appel qu'on fait valoir ses excuses : on les présente au magistrat dans un délai déterminé ; s'il les rejette, c'est alors qu'on peut appeler de sa sentence.

La tutelle donne lieu à plusieurs actions : l'action directe et l'action contraire de tutelle (*actio tutelæ directa et contraria*), données l'une contre le tuteur pour lui faire rendre compte, l'autre au tuteur pour se faire indemniser de ses avances ; l'action pour les soustractions faites dans les comptes (*actio de rationibus distrahendis*), contre le tuteur qui a soustrait quelque chose du patrimoine du pupille. Ces actions ne sont ouvertes qu'à la fin de la tutelle. — La curatelle produit aussi l'action *utilis negotiorum gestorum*, et l'action *utilis contraria nego-*

tiorum gestorum; l'une contre le curateur, pour faire rendre compte; l'autre au curateur, pour se faire indemniser. — Quand les mineurs de vingt-cinq ans ont été lésés dans une affaire, qui selon le droit strict est valable, le préteur leur donne une action pour se faire restituer en entier (*restitutio in integrum*). — Quelques actions sont communes à la tutelle et à la curatelle : celle contre les fidéjusseurs, celle contre les magistrats, enfin l'accusation quasi publique contre les suspects.

FIN DU PREMIER LIVRE.

TABLE

DE L'EXPLICATION DES INSTITUTS DE JUSTINIEN.

LIVRE PREMIER.

ERRATA DU PREMIER VOLUME.

Pag. 52, lig. 19, au lieu de *Jus connubii*, lisez connubium.

Mêmes fautes, pag. 295, lig. 21 et 22 ; pag. 296, lig. 20.

Pag. 180, en note, *Oriphtianum*, lisez Orphitianum.

245, lig. 20, *et ce qui est obscurci*; lisez et ce qui était obscurci.

302, 12, *Térence et Horace ne devaient la liberté*, etc., lisez Térence ne devait la liberté qu'à une manumission, Horace était fils d'affranchi.

492, 11, après *ni indirectement*, restituez cette note (2).

(2) Voy. pourtant Ulp. liv. 2. Inst. tit. de success. ab intest. §.

www.ingramcontent.com/pod-product-compliance
Lightning Source LLC
LaVergne TN
LVHW050349060726
842524LV00002B/302